Catherine Rihoit

Le bal des débutantes

Gallimard

Toute ressemblance avec des personnes ou des événements existant ou ayant existé serait pure coïncidence.

Catherine Rihoit est née à Caen. Agrégée d'anglais, elle est maître-assistant à Paris-Sorbonne et fait des recherches sur Henry James. Mais surtout, elle est la romancière de *Portrait de Gabriel* (1977), *Le bal des débutantes* (1978), *Les abîmes du cœur* (1980) et *Les petites annonces* (1981).

A Ferdinand de Saussure

Assise à côté de sa sœur sur le talus, Alice commençait à être fatiguée de n'avoir rien à faire. Une fois ou deux elle avait jeté un coup d'œil sur le livre que lisait sa sœur, mais il n'y avait dans ce livre ni images ni dialogues. « Et, pensait Alice, à quoi peut bien servir un livre sans images ni dialogues ? »

Lewis Carroll

I

Ensemble vide

Le 3 septembre, à trois heures de l'après-midi, je vis pour la première fois la tour du beffroi d'Ypallage fendre la houle céleste dans un nuage de mouettes.

J'étais arrivée le matin même à Wassingues, petite ville du Nord ensommeillée, où m'avaient accueillie des relents de fritures et de canaux. C'était là, au lycée de Wassingues, que je devais occuper pour la première fois un poste de professeur d'italien. « Vous vous plairez bien ici » m'avait dit la surveillante générale, qui portait des souliers plats, des bas à couture et une jupe à plis Dior. « Vous verrez, il y a le canal, c'est comme Amsterdam... ou même Venise », ajouta-t-elle avec un sourire entendu, presque complice. Elle m'avait ensuite demandé où je comptais habiter ; je lui avais confié mon hésitation entre Wassingues et Ypallage, la grande ville de la région, qui n'était qu'à vingt minutes de train. Mademoiselle Van der Oute se récria aussitôt : « Ypallage ! Mais vous y serez perdue ! C'est une trop grande ville, Mademoiselle, une métropole ! C'est bien pour l'aspect culturel, pour aller au cinéma le samedi après-midi, mais pour y habiter, franchement je vous le déconseille ; le mieux c'est de louer une chambre dans une maison particulière aux abords de Wassingues. Ainsi vous auriez la campagne, pour les promenades : vous verrez comme c'est joli ! Je peux vous donner des adresses si vous voulez. » Plus elle me parlait, plus je sentais qu'il fallait que je la quitte au plus vite. L'idée de la campagne wassinguaise, de promenades à travers des champs de betteraves à l'ombre des terrils me terrifiait, après Aix où j'avais vécu jusqu'alors. Je sortis du lycée, déjeunai très mal dans un restaurant poisseux et repris le train en direction d'Ypallage, où je louai le soir même, dans le centre, à cinq minutes de la gare, un appartement qui me sembla agréablement ensoleillé.

J'allais, pour la première fois, vivre entièrement seule, sans famille, sans amis. Le temps de mes études universitaires avait passé sans encombre, avec beaucoup de cinéma, de vacances italiennes ; les études que je poursuivais n'avaient fait qu'encourager une torpeur complaisante, tournées qu'elles étaient vers le charme d'un passé éclatant et fané. A vingt-deux ans, tout d'un coup, j'étais trop jeune pour avoir mes choix derrière moi, trop vieille pour les avoir devant ; on ne tourne pas comme cela le dos à six ans d'études facilement faites mais réputées difficiles, quand on a des parents instituteurs pour qui l'agrégation est le couronnement d'un grand mérite et comme le pactole, l'aboutissement de tous espoirs.

A six heures, j'avais choisi l'appartement, signé les papiers nécessaires ; je retins une chambre dans un hôtel qui s'appelait, de façon appropriée et un peu sinistre, l'Hôtel du Nord. Sa façade étroite et haute donnait sur une large rue menant à la gare. En fait de Nord, c'était un hôtel sans étoile : il me faudrait attendre octobre, plus tard peut-être, pour toucher un salaire qui me paraissait, dans mon innocence, devoir m'apporter une aisance financière considérable.

L'apparence extérieure de l'hôtel était moderne, cela s'arrêtait à l'escalier. Ma chambre avait du papier à fleurs, un lit de cuivre recouvert d'un édredon de cretonne assortie aux murs, une armoire à glace et un lavabo derrière un paravent. La fenêtre s'ouvrait sur un balcon étroit d'où l'on voyait les évolutions des tramways. Je dînai dans une grande brasserie tapissée de glaces, qui reflétaient beaucoup d'autres clients à beaucoup d'autres tables recouvertes de nappes de papier blanc ; tous, si j'en croyais mes yeux, se nourrissaient d'andouillettes et de frites. Les garçons en habit tournaient autour des tables au pas de course. Ils criaient, virevoltaient, portant en équilibre sur la paume de la main des plateaux redoutablement chargés.

Quand je sortis, la nuit commençait à tomber. Je n'osai m'aventurer plus avant dans la ville, de peur de ne pouvoir retrouver l'hôtel lorsqu'il ferait tout à fait sombre. Je rentrai ; l'angoisse qui avait accompagné mon voyage était en grande partie apaisée. C'était une grande ville ; je n'aimais que les grandes villes. Je passai devant un cinéma qui donnait *Autant en emporte le vent*. Je vis pour la deuxième fois le film avec autant de plaisir que la première. J'aimais voir les films plusieurs fois de suite. Je suçais un esquimau, le cœur battant ; j'étais heureuse. J'allais devenir adulte, j'allais commencer à vivre.

Le lendemain matin, je déjeunai à huit heures, sur une petite table devant la fenêtre. Il faisait frais et ensoleillé, les tramways passaient, les voitures, les autobus, beaucoup d'hommes à bicyclette. Mon allégresse continuait, sur un léger fond d'inquiétude. Je repartis pour Aix.

Je n'y passerais qu'une semaine avant de déménager. Il faisait très chaud, bien sûr, mais il me faudrait pour m'en apercevoir séjourner ailleurs. Les platanes étaient poussiéreux, dès midi. Les persiennes restaient fermées parfois, aussi tard que cinq heures ; les fontaines manquaient d'eau. Je me promenais dans les vieilles rues droites du centre de la ville, couloirs gris, les vitrines des échoppes anciennes, épiceries, cordonneries, étaient si encrassées que l'on voyait à peine ce qui se passait à l'intérieur, éclairé tout le jour par une ampoule jaune au plafond ; tout le jour, c'était d'ailleurs beaucoup dire, puisque, comme les persiennes, les boutiques fermaient à midi pour ne rouvrir que vers quatre heures et demie. C'étaient ces rues aux yeux clos qui me plaisaient, et non celles, animées, où les boutiques étaient modernes, où se pressaient les étudiants qui commençaient à rentrer, avec un mois d'avance pour s'habituer ; les rues aux yeux clos, c'était déjà l'Italie ; dans les rues aux yeux ouverts, on ne pouvait ignorer la différence du regard. J'aurais voulu voir dans les boutiques des vêtements plus élégants, et les prix en lires, et aux terrasses des cafés, dans les grandes brasseries de la place centrale, les gens boire des cappucino dans de petites tasses très étroites, non de vulgaires crèmes au nom mensonger. J'étais en deuil de l'Italie cette année-là, parce que je ne pouvais m'y permettre de vacances, à cause des dépenses qu'entraînait mon installation à Ypallage ; aussi je la recherchais partout où elle n'était pas. Il n'y avait personne dans ma vie ; j'étais vacante, fermée et

14

vide comme les grandes pièces grises derrière les persiennes. Mais cette vacance allait bientôt finir ; il faudrait entrer dans une vie adulte que je n'avais pas choisie, dont je devrais pourtant, tant bien que mal, m'accommoder. Aix n'avait plus tant pour moi la valeur des souvenirs que celle de l'italianité, dont quelques traits étaient, de très loin, apparentés au visage de l'amour. L'amour, un mot vide de substance, comme moi-même et tout ce qui m'entourait. Ce vide, pensais-je, n'était à moi que pour une semaine encore.

A vingt-deux ans, je n'existais guère, ou du moins c'est ce qu'il me semblait. Aujourd'hui j'ai plus d'épaisseur, je ne sais si c'est l'accumulation des ciels gris et de l'ennui. A quoi je ressemblais alors, quel était mon regard, je n'en savais rien, il ne fallait pas me le demander. Je me regardais pourtant souvent dans les glaces, afin de tenter d'éclaircir le flou de mon image ; en vain. Je vivais indécise, entre une conviction secrète d'être laide, et certaines affirmations d'autrui que j'étais jolie ; situation inconfortable. Je savais seulement que j'avais des cheveux châtains, presque noirs, qui avaient tendance à onduler lorsqu'il pleuvait, des yeux gris dont on me disait indifféremment qu'ils étaient bleus ou verts, une peau de blonde avec des taches de rousseur, une bouche plutôt grande, sensuelle à mon avis mais cela, personne ne me l'avait jamais dit. Qu'est-ce qui était vrai, qu'est-ce qui était faux, qu'est-ce qui était quoi, qu'est-ce qui était moi ? Mon corps aussi était indécis, il me semblait que j'avais une tendance à l'embonpoint, mais lorsque j'en parlais on me disait : « Mais non, tu n'es pas grosse », le médecin me riait au nez ; je prenais des vêtements de taille 40 dans les boutiques, et lorsque je me regardais ensuite dans une glace, je me trouvais énorme. Cet excès de poids ne correspondait pas à ce qui me semblait, au-delà d'apparences trompeuses et temporaires, ma vocation profonde d'être. En réalité, me disais-je, peut-être n'étais-je pas grosse mais mince, élancée, fluide même; mais qu'était-ce que cette réalité-là? Je me demandais quel coup d'épingle percerait mon enveloppe pneumatique, et quand : quel seigneur me délivrerait du mal d'être grosse?

Malgré le peu de concentration que j'avais accordé à mes études, je les avais prises pour excuses, pendant six ans, pour ne rien faire d'autre : l'image de moi que j'avais vaguement de loin, celle d'une personne élégante et pleine de succès, exerçant une activité qui me ferait « rencontrer des gens », je n'avais absolument rien fait pour qu'elle se rapproche, sous prétexte d'examens importants à préparer, pour lesquels, je le savais au fond de moi, je ne travaillerais que par petits coups de collier épisodiques. Ainsi je me mentais à moi-même depuis six ans, depuis que, libérée du carcan du lycée, j'avais acquis suffisamment d'autonomie pour « faire quelque chose », si vraiment je l'avais voulu. Et voilà que la longue excuse s'effondrait. Et je commençais sérieusement à me demander pourquoi ces remparts, et quelle était la chose que je craignais tant; ce devait être bien terrible pour que je la redoute au point de m'interdire de vivre comme les autres, les étudiants autour de moi, qui allaient danser, se couchaient à cinq heures du matin, faisaient l'amour ensemble. On avait toujours cru que je travaillais beaucoup plus qu'en réalité; les heures passées assise en tailleur sur la couverture grise qui servait de dessus de lit dans ma chambre d'étudiante, à fixer une reproduction en couleurs de vierge moyenâgeuse arrachée à un magazine et collée au mur, nul autre que moi n'en connaissait l'existence ; et les heures passées à sangloter aussi silencieusement que possible contre cette même couverture grise et rêche, personne non plus n'en savait rien, sauf peut-être mes voisines de chambre ; et pour celles-ci, dans l'anonymat de la résidence universitaire, ces sanglots étaient eux aussi anonymes : venaient-ils d'en haut, d'en bas, ou d'à côté ? Je ne connaissais de mes voisines que des ombres qui traversaient le couloir en robe de chambre, je ne voyais leur visage que le temps de faire chauffer une casserole d'eau sur la plaque électrique de la cuisine commune ; j'entendais le bruit du jet de leur douche dans la cabine d'à côté. Ceci me convenait, moi qui voulais que l'on sache de moi le moins possible, car j'avais honte de ce néant.

Je ne veux pas laisser entendre que je vivais tout à fait en solitaire. Comme tout le monde, du moins comme tout le monde le dit, j'avais des amis. Des amies surtout, parce que les garçons qui font des études supérieures d'italien, il n'y en a pas beaucoup. Quelques curés et quelques fils à maman énervés, quelques vantards qui roulent des mécaniques. Mais les filles ne s'en préoccupent guère, parce que pour ça il y a les Italiens pendant les vacances. Alors on reste entre soi, entre filles, et on se raconte des histoires de types en vacances. Je sais faire ça aussi bien que les autres ; l'ennui c'est que lorsque je les raconte, ces histoires qui me sont arrivées comme à tout le monde, ça ne me paraît plus vrai. Et pourtant, je ne suis pas comme ces filles qui en remettent ou qui inventent carrément. Mais j'ai toujours cette impression que cela ne m'est pas vraiment arrivé, ou que c'est arrivé à quelqu'un d'autre. C'est comme si je ne parvenais pas à croire à mon passé.

J'avais bien essayé d'organiser mon emploi du temps de manière à supprimer les trous ; rien à faire : ma vie était comme un gruyère trop sec. Ça marchait à peu près aux yeux des autres ; sûrement pas aux miens. Ce n'est pas que je manquais de choses à désirer : au contraire, j'avais envie de tout, de trop à la fois, d'une quantité de choses que de toute évidence je n'aurais jamais : de vivre à Paris, ou bien en pleine campagne dans une maison ancienne avec du lierre, menant une vie d'artiste. Comment je pourrais jamais y atteindre, je n'en avais aucune idée. Je voulais aussi beaucoup d'argent, et comme il était évident que je ne pourrais me procurer cela par mon travail, je voyais la fortune arriver jusqu'à moi sous les traits d'un monsieur d'un certain âge, autoritaire et au courant de tout, industriel de surcroît, qui me remarquerait un jour dans une rue (car il n'y avait aucun endroit plus intime où je puisse espérer rencontrer ce genre de personne), tomberait follement amoureux sur-le-champ, et m'épouserait, me faisant ainsi maîtresse de sa demeure campagnarde dont j'imaginais les fenêtres illuminées dans le crépuscule, au bout d'une vaste pelouse ; ensuite le monsieur, très pris par ses affaires, me laisserait de longues heures de liberté que je pourrais passer à ne rien faire, sauf parfois des enfants, qu'une nurse tiendrait hors de mes jambes la majeure partie du temps.

Pour l'instant, rien de semblable ne se présentait. Je vivais dans un désert, qu'aucun homme acceptable ne fréquentait. J'essayais bien de me persuader que les hommes que je rencontrais, pour peu qu'ils me semblent susceptibles de s'intéresser à moi, étaient somme toute intéressants eux-mêmes ; je faisais un effort, nous nous voyions trois ou quatre fois, puis ils me devenaient insupportables et je rompais la relation, ce pourquoi ils m'en voulaient beaucoup et je m'en voulais moi aussi, d'être aussi imprudente d'abord, d'autant manquer de tact ensuite. Comment dire à un homme qu'on en a assez de lui, qu'on le trouve bien gentil et même assez sympathique, mais qu'on ne couchera pas avec lui ? J'avais été élevée à considérer les hommes comme des êtres supérieurs, fiers et dignes, inoffensables ; au résultat je les offensais deux fois plus. Je me faisais la morale régulièrement : je me disais bien que j'attendais trop des hommes, que je devrais me résigner et je voyais plusieurs de mes amies, qui en tenant ce raisonnement avaient épousé des imbéciles qui leur avaient fait des enfants ; et plus leurs maris étaient bêtes, plus ils traitaient leurs femmes comme des idiotes, et plus elles les idolâtraient, pour tenter de se persuader qu'ils n'étaient pas aussi bêtes qu'elles les savaient en réalité ; au bout de peu de temps elles en devenaient véritablement stupides, et le processus était irréversible malheureusement, à cause de ces enfants qu'ils s'étaient empressés de leur faire. Ces filles traînaient à l'université d'interminables licences, qui étaient aux yeux de leurs maris des hochets pour épouses, et c'est ainsi que j'eus sous les yeux l'exemple de ce que je pourrais devenir si je n'y prenais garde ; et je préférais à cela d'autres formes de laisser-aller, la tristesse, la solitude.

La vie passait. Il n'est pas possible que la vie passe ainsi, me disais-je ; il faudrait bien que quelque chose en interrompe le cours monotone. J'attendais. Je passais d'exposé en dissertation, d'un examen à l'autre, de juin en octobre. L'issue était toujours la même : très bien, exceptionnel même. Mes professeurs me répétaient à intervalles réguliers que j'étais une étudiante exceptionnelle : une étudiante « comme on n'en voit plus » ou « comme on en voit peu » ou même parfois « comme on n'en avait jamais vu ». Dans ma vie, en tout cas, il n'y avait que de l'ordinaire.

Cependant la cassure s'était produite, si forte qu'il faudrait bien, de cet exil dans un lycée d'une petite ville du Nord, qu'il advienne quelque chose. Bientôt ma dernière semaine à Aix s'était écoulée ; le camion de déménagement s'ébranlait, chargé des vieux meubles dont j'avais, pour l'installer, débarrassé le grenier de mes parents. Il était six heures du matin, et il faisait presque froid. J'étais assommée par les choix qu'il avait fallu faire, les valises, les choses jetées. A l'arrivée Ypallage était ensoleillée. Le brouillard qui avait noyé les champs plats et les crassiers aux abords de la ville s'était dissipé. Les déménageurs étaient bientôt partis. Je tentais de mettre de l'ordre. L'eau et l'électricité ne fonctionnaient pas. J'étais fatiguée, j'avais peur. Je regardais toutes ces choses autour de moi, je ne parvenais pas à comprendre qu'elles m'appartenaient. Je prenais la bouilloire pour me faire une tasse de café, elle était neuve, hostile au toucher. Il restait encore trois jours avant la rentrée scolaire. Je ne connaissais absolument personne dans la ville. Je me promenais, je regardais les vitrines des boutiques. J'aurais voulu tout acheter. J'avais peur de manquer d'argent : on m'avait dit que, la première année, l'administration payait parfois avec un retard de deux mois. Je ne mangeais presque rien, du pain beurré avec du Nescafé, une pomme, du fromage. Je regardais les affiches des cinémas.

La rentrée n'arrangea pas les choses. Je m'étais persuadée qu'on ferait un effort pour m'accueillir. Au cocktail de rentrée du lycée personne ne me parla, sauf une vieille dame gâteuse qui me raconta son séjour aux États-Unis avec l'*International Youth Service*. Mes horaires se révélèrent très incommodes. A midi, il fallait déjeuner au réfectoire du lycée, dans une salle ronde dont les boiseries et le plafond à caissons ne pouvaient faire oublier la fadeur de la nourriture et des conversations. Il était clair que ces gens-là ne m'acceptaient pas. Mes élèves représentaient en quelque sorte mon unique contact avec l'humanité et elles me ravissaient. Cela n'était pas de mise, le bon ton consistait à déplorer leur bêtise, leur perversité et la « baisse du niveau ». Même les très jeunes professeurs déploraient une « baisse de niveau » fondée sur une expérience pour le moins conjecturale. Sans doute mon enthousiasme pour mes élèves était-il accru par la solitude épouvantable dans laquelle je me trouvais. Elles exceptées, pendant deux mois, je ne parlai véritablement à personne, sauf pour des raisons strictement utilitaires telles que demander une baguette de pain dans une boulangerie. Ma vie à Aix m'avait semblé solitaire, mais à présent et par comparaison, elle m'apparaissait riche en relations humaines. Maintenant lorsque après mon travail je rentrais dans mon appartement, je savais que je ne parlerais à personne jusqu'au lendemain 8 heures. Cette solitude en retour me rendait sauvage. En dehors du trajet de chez moi au lycée et du lycée chez moi, je sortais furtivement pour quelques minutes acheter de quoi manger. Je grossissais. Je me demandais comment j'en étais arrivée là. Il me semblait que ma vie était finie, ou qu'elle le serait bientôt : plutôt crever que ça *ad infinitum.* J'essayais de me raisonner, je pensais à tous les gens, mes « collègues », qui enduraient ça, les uns tant bien que mal, les autres avec zèle. Comment pouvait-on passer sa vie dans ce pays noir et perdu ? Mon emploi du temps ne me permettait pas d'aller à Aix aux week-ends. Les trois jours que j'y passai à la Toussaint ne rendirent mon isolement que plus insupportable au retour ; sur place, je les passai à cacher mon triste état à mes parents, qui se réjouissaient de me voir « une situation » et me disaient : « Alors, quel effet ça te fait de gagner vraiment ta vie ? Ça semble bon, hein ? » La moitié sud de la France étant trop demandée par les fonctionnaires, je n'avais aucune chance de m'y trouver mutée avant plusieurs années. J'avais interrogé la directrice à ce propos ; elle avait d'abord manifesté son étonnement que je songe à quitter « un lycée si agréable, dont une partie date du XVIᵉ siècle » ; ensuite elle me fit comprendre que j'étais bien ingrate, et que j'aurais dû m'estimer heureuse de pouvoir enseigner ma matière, alors qu'il y avait beaucoup trop de professeurs d'italien, qu'on ne savait quoi en faire, que le nombre d'élèves baissait constamment, car « l'italien, ce n'est pas une langue utile », que beaucoup de jeunes professeurs d'italien comme moi se voyaient contraints de n'enseigner que le français. Elle termina en me disant que « Wassingues était une bien belle ville, les gens du Nord connus pour leur hospitalité et leur gentillesse ; que l'on trouvait à Wassingues, outre un beffroi, un canal et une cour de justice, une maison de la culture renommée, où l'on donnait un spectacle de flamenco le soir même ». Et elle referma sur moi la porte de verre granité de son bureau moquetté de rouge.

Alors, de quoi me plaignais-je, moi, Isabelle de Santis ?

Je m'appelle Isabelle de Santis, j'ai vingt-deux ans, pas d'argent, un peu d'éducation, un peu d'intelligence, un regard surprenant, un grand désir d'une vie meilleure et de gens meilleurs.

Je suis Isabelle de Santis et je réclame le droit à l'existence.

Je suis Isabelle de Santis et personne ne s'en aperçoit.

Ayant formé le vague projet d'une thèse sur le Tasse, je passe mes soirées à lire et à relire *La Jérusalem délivrée :* mais c'est bien moi plutôt qui aurais besoin d'être délivrée, et personne ne s'y applique.

Et en disant cela encore je mens comme on m'a habituée à mentir, car ce que je veux vraiment, au fond de moi-même, ce n'est pas qu'on me délivre mais qu'on me donne, à moi, une Jérusalem à délivrer.

Mais tous les ans pour moi, c'est l'an prochain à Jérusalem, et j'enrage.

Tous les matins de la semaine, le réveil sonne à 6 h et demie. Je me persuade qu'il ne sonne pas, que c'est celui du voisin du dessus et je me rendors un quart d'heure puis je me lève, je n'ai pas eu le courage de mettre des rideaux à la fenêtre qui barre tout un mur. Aussi je vois des pigeons se promener sur le toit plat de l'imprimerie, des nuages d'encre bouger lentement dans le ciel qui blanchit, parfois des ouvriers qui réparent une fissure. Je vais dans la salle de bains, je me trempe le visage dans l'eau, je vais à la cuisine, je fais bouillir de l'eau pour une tasse de café, je m'habille, je mets n'importe quoi, toujours la même chose; ce que j'ai déposé sur le fauteuil de ma chambre, hier au soir en me déshabillant; je cherche dans l'armoire; il n'y a plus de collant propre, je n'ai pas eu le courage de le laver hier soir, je remets le même. Je m'habille vite, je prends ma serviette, elle est trop lourde, je mets tout dedans à la fois pour toute la semaine car le soir je n'ai pas le courage de faire une sélection et le matin, je n'ai pas le temps. Je me fais une tasse de Nescafé, elle est trop chaude et je n'ai pas le temps de la boire; c'est comme ça tous les matins. Je suis devenue tellement à l'envers que mon petit déjeuner, je le prends le soir : jour levé, nuit tombée, même chose; les jours n'ont plus qu'un milieu et un cadre autour. Je glisse une mandarine dans ma poche. Je mets mon manteau, je le boutonne en hâte, je ne trouve pas mes gants, je n'ai pas le temps de chercher. J'aurai froid. Je prends mon cartable, j'éteins la lumière, je claque la porte. L'ascenseur est occupé, je jure. Je dévale les quatre étages à pied. Je sors et je suis saisie par le froid. Je cours au petit trot, si je vais trop vite je serai obligée de m'arrêter à bout de souffle en chemin, je perdrai du temps. Je suis le petit nuage qui s'échappe de ma bouche. Je passe devant un immeuble en construction; il en sort un couple qui se tient par la main, la fille arrange ses cheveux. Il en sort aussi un rat qui a eu peur, il détale, traverse la rue, sa queue derrière lui comme un gros ver. Je passe devant trois boulangeries. Sur des assiettes argentées, dans la lumière, il y a de petites montagnes de brioches. Je ne peux pas m'en offrir, je suis affamée par le temps.

Quelque chose, je ne sais quoi, m'empêche tous les matins d'avoir devant moi les dix minutes qu'il faudrait pour aller à la gare calmement, acheter une brioche en chemin. Derrière les vitres des cafés les clients me regardent passer, leur café crème devant eux, de grands pains beurrés négligemment posés sur la petite table ronde. J'arrive à la gare. Je regarde l'horloge : 7 h 16. Il faut encore faire le tour de la gare, montrer ma carte en passant, monter dans le train. Le pied sur les marches, je regarde la deuxième horloge, celle qui est à l'intérieur de la gare : 7 h 18. Le train part à 7 h 19. Je suis dans les temps.

C'est un vieux train, à compartiments de huit places. Je ne choisis pas mon compartiment ; je rentre dans le premier de la première voiture, parce que c'est le premier. En face de moi il y a toujours les deux mêmes types, deux éducateurs qui lisent *Spirou*. Entre deux gares ils discutent de tests et de leurs petits élèves, et aussi de la femme du plus vieux qui a un pied bot (lui) qui est très malade (elle). Je ne sais pas ce qu'elle a ; ça fait quinze jours que j'essaie de comprendre. Quand on arrive le vieux a beaucoup de mal à sauter du train à cause du pied bot. Je ne les connais pas ; on ne se dit même pas bonjour, pas un signe de tête, rien. Pourtant je les connais aussi bien que quiconque dans ce pays.

Par la vitre du train le paysage est vert et gris ; le vert est toujours le même vert, le gris varie du blanchâtre à l'anthracite, la couleur du charbon qui pousse dans ces régions. Passent des usines de biscuits, des filatures, avec leurs fenêtres poussiéreuses ou cassées ; des cours grises, des murs de béton surmontés de barbelés ; deux ou trois champs, quelques buissons maigres, un ensemble de maisons bourgeoises, briques rouges ou peintes de blanc, avec des pignons découpés, parfois même un clocheton, des garages sur le côté, des pelouses que l'on devine, des haies autour, quelques arbres, ce sont presque les seuls endroits où il y a des arbres.

A l'intérieur de ces maisons se cachent des jeunes filles blondes aux visages plats et calmes, aux pulls de shetland sur de courtes jupes plissées écossaises, aux bas clairs, aux mocassins vernis ; je les connais, j'en ai quelques-unes dans mes classes ; pendant les cours elles se groupent au dernier rang et ne parlent pas, pour affirmer leur différence ; le dimanche elles ouvrent la barrière blanche du jardin et, coiffées de bombes de velours noir, s'en vont à cheval gambader entre les terrils. Les terrils commencent juste après ces maisons. Certains d'entre eux sont déjà recouverts par endroits d'une végétation maigre et grisâtre, de quelques touffes isolées de buissons trapus dont on peut espérer que dans dix ou vingt ans ils auront tout recouvert et que ces paysages de lune grise seront agréablement accidentés, uniformément verts.

Entre deux groupes de terrils apparaît un étrange paysage de marais. Ce sont des champs plats, de couleur brunâtre, avec des plaques d'eau luisante par endroits, et des touffes d'herbes aquatiques, hautes, jaunâtres et probablement coupantes. Ici et là des arbres morts penchent vers l'eau, des branches flottent et un peu plus loin les troncs d'une plantation de jeunes peupliers s'élancent, maigres et vigoureux, noir et blanc. Ensuite le marais fait place à de nouveaux terrils. Ceux-là sont entièrement noirs ; l'herbe n'y pousse pas. Entre eux et la voie ferrée, une autre voie où se promènent des wagons miniatures ; plus loin des cheminées, des bâtiments rougeâtres ; puis la maison du directeur de la mine, noire comme le reste, le jardin noir lui aussi avec une pelouse noire ; les maisons de mineurs sont plus loin, tassées les unes contre les autres comme un mur, avec des jardins longs comme des rubans. Quelques-unes ont été peintes de blanc, mais le blanc est déjà gris. Au coin de la rue l'enseigne jaune et rouge d'une boutique, *Économat, Familistère*.

Il y a plusieurs villages comme le premier : chacun a sa gare, où ne s'arrêtent que les omnibus, mais où l'on fait de grands efforts pour entretenir de minuscules jardins, avec des buis et même quelques géraniums. Après ces villages, le train ralentit, la gare de Wassingues est toujours gelée, les quais sont blancs, on marche avec précaution pour ne pas glisser. Presque tout le train s'est vidé derrière moi ; tous ont la même démarche pressée, les épaules rentrées, la tête baissée pour faire échec au froid, les mains dans les poches, les femmes leur sac en bandoulière ou serré sous leur bras ; elles ont plus froid que les hommes à cause de leurs manteaux trop courts ; tout le monde n'a pas d'argent pour s'offrir des bottes. Celles qui ont des bottes ont froid aussi, parce que ce sont des bottes de mauvaise qualité, en plastique.

Tout le monde se bouscule pour montrer sa carte au guichet avant les autres. Le train a souvent cinq minutes de retard, parfois beaucoup plus : il s'arrête en pleine nuit, en pleine campagne ; personne ne sait pourquoi, et après à l'arrivée il faut défiler chez le contrôleur, se faire faire des billets de retard, et il y met le temps.

Le trajet jusqu'au lycée prend dix minutes à pied,

sur les trottoirs gelés. Il est huit heures moins dix. Des enfants surgissent de partout, des petites filles qui marchent vite pour avoir moins froid, elles passent devant moi en courant, « Bonjour, Mademoiselle ». Voici qu'on arrive au pont, l'eau grise court entre les berges, de l'autre côté s'élèvent les murs verdâtres d'une fabrique de bière. Le lycée est une grande bâtisse « moderne », dans le goût des années soixante, il n'y a rien à en dire, devant il y a un parking planté de tilleuls qui n'ombragent plus rien en cette saison, les mères bourgeoises y arrêtent leurs 404 et les filles en descendent, leurs cuisses robustes et rougies sortent de leur minijupe. On entre dans le lycée, c'est un grand hall qui ne sert à rien et qui sent déjà la sueur à cause des pensionnaires en attente de leurs copines, en cage derrière les vitres ; une semaine, elles ont des blouses à carreaux bleus et blancs, l'autre semaine des blouses à carreaux roses et blancs. Cette semaine, c'est rose et blanc. C'est lundi, j'ai passé un triste dimanche. Des petites filles à carreaux sirotent un chocolat tiré du distributeur automatique, ça donne du cœur au ventre pour commencer la journée ; je monte les escaliers, il y a là-dedans une houle de petites filles à contre-courant et quelques garçons qui ont l'air de grands dadais perdus au milieu des nattes. Au premier étage, dans la salle des professeurs, la cloche n'a pas encore sonné, des dames d'âge mûr sirotent un café tiède pris au distributeur automatique des professeurs, pour se donner du cœur au ventre avant d'aller affronter les sales mômes, la directrice entre, on le sait tout de suite avant même de se retourner vers la porte parce que les bavardages s'arrêtent, c'est une grande blonde molle, elle serre des pinces privilégiées, bonjour Madame

Duglatin, comment allez-vous, tout le monde est au garde-à-vous, on sait que la cloche va sonner et d'ailleurs voilà qu'elle sonne avec un son grêlé qui fait mal à entendre, on défile dans les couloirs sous l'œil de l'adjudant de service, et puis chacun entre dans sa classe, avec les enfants derrière ; c'est un lycée qui se respecte, un lycée comme il en reste en France, où les élèves portent encore des blouses, défilent par deux, et lèvent le doigt avant de parler : il paraît que j'ai de la chance d'être tombée dans une boîte comme ça, « Une maison qui se tient », dit la directrice. Les élèves entrent derrière moi et vont s'asseoir à leur place. Je vais m'asseoir à la mienne, derrière le bureau. Je prends le cahier d'appel : dans une maison qui se tient, c'est obligatoire : Dubois Corinne ! De Wraecke Sophie ! Duvivier Caroline ! A chaque nom, une petite fille à carreaux roses surgit de derrière une table comme un diable d'une boîte. Ensuite, j'ouvre le cahier de textes ; c'est un cahier épais à la couverture de toile verte alors que le cahier d'appel est un grand maigre, à la couverture rouge tachée de noir. Sur chacun est écrit en grand, à l'encre de Chine, avec des pleins et des déliés, sur une étiquette blanche : 5e B 3. Trente-cinq petites filles me regardent avec attention, d'un air presque affamé. Ce sont des cinquièmes, ce n'est que l'année prochaine qu'elles perdront leur enthousiasme et leur foi en leurs professeurs. Pour l'instant, elles me prennent encore pour leur mère en plus grand et en moins connu. Je les regarde et je comprends pourquoi elles ont cet air-là : elles veulent que je les interroge pour la récitation. C'est un cours de français : on n'a pas besoin de moi pour enseigner l'italien à plein temps. Celles qui n'ont pas appris leur récitation et qui n'ont donc aucune envie que je les interroge prennent le même air affamé que les autres, pour que ça ne se voie pas : car elles pensent tout naturellement que, si je le savais, j'interrogerais celles qui n'ont rien appris, pour *pouvoir* mettre des zéros : mettre des zéros, pour elles, c'est la grande gloire du métier.

Au premier rang, au milieu, juste sous mon nez, est assise Rose Kryczinski. Rose Kryczinski regarde sa table, elle déchiffre les hiéroglyphes que d'autres y ont gravées avant elle, et qu'elle connaît par cœur. Rose Kryczinski baisse modestement les yeux, pour bien montrer qu'elle se fout complètement d'être interrogée ou pas : elle n'a pas appris sa leçon, elle l'a seulement regardée dans l'autobus, par-dessus l'épaule d'une camarade et si je l'interroge, elle récitera d'une traite, sans se tromper :

> *Sur les rives de Formose,*
> *Le grand aléator rose*
> *Se morfond dans les fonds morts.*
> *C'est vrai, il se sent tout chose*
> *Depuis sa métamorphose.*
> *Il regrette son nez rose,*
> *Et sa queue d'aléator :*
> *« J'ai perdu mon bec morose*
> *Et mes ailes de condor »*
> *Lamente l'aléator.*
> *Sur les rives de Formose,*
> *Le grand aléator rose*
> *Se morfond dans les fonds morts.*

Jacqueline Pétois lève la main si haut qu'elle semble devoir s'élancer après, c'est tout juste si elle n'est pas

30

grimpée sur sa chaise : elle a un visage de poupée de porcelaine, et deux petites nattes brunes. Je dis : « Jacqueline Pétois. » Elle trépigne : « Oh Madame, Madame, je peux aller écrire la date au tableau ? » Jacqueline Pétois va écrire au tableau en bas à droite, d'une écriture ronde et appliquée bien qu'un peu de guingois : « Lundi 20 novembre ». Et, au hasard, en espérant qu'elle saura sa leçon, je dis « De Wraecke Sophie ».

Sophie de Wraecke est une de ces blondes au visage plat qui, dans quelques années, porteront un collier de perles sur le col roulé du shetland rouge qui dépasse de la blouse. Elle se lève d'un air soumis et entonne :

Sur les rives de Formose
Le grand alligator rose

« Tu t'es trompée » chuchote bruyamment sa voisine.

« Voyons, Sophie, pouvez-vous me dire la différence entre un alligator et un aléator ? »

« Les alligators, c'est vert et les aléators, c'est aléatoire. »

Avec soulagement, je comprends que, malgré un faux départ, Sophie de Wraecke doit savoir à peu près sa récitation. Je l'écoute chantonner jusqu'à la fin et lui mets 12.

La première partie du cours terminée, j'explique ce qu'est un pronom personnel, en faisant un grand tableau au tableau. Pendant qu'elles recopient sur leur cahier de grammaire, avec force mouvements de règle,

31

j'entends une voix masculine qui, à travers la porte, scande :

« L'oie (*silence*). La girafe (*silence*). Le pince-oreilles (*silence*). Le sanglier (*silence*). Eh bien, Larivière, vous ne savez pas ce que fait le sanglier ? Ni le pince-oreilles ? Voyons, c'est inadmissible ! Vous n'avez aucun vocabulaire ! Vous chercherez ça dans le dictionnaire, en rentrant chez vous et vous me copierez vingt fois :

Le pince-oreille pince
Le sanglier sangle
Le cochon coche
Le mouton moud
Le raton-laveur rate

Mais enfin, Malinowski, il n'y a qu'un r à barir ! »

Trente-cinq petites filles se penchent sur leur cahier. Elles accordent des participes. De temps en temps l'une d'elles lève le nez. Dès qu'elle rencontre mon regard, elle baisse le nez à nouveau, au ras de table. Elles s'imaginent toutes que plus elles ont le nez baissé, plus cela prouve qu'elles travaillent. Non pas qu'elles pensent : qu'elles travaillent. Ici on ne leur demande jamais de penser. Les petites filles, les jeunes filles encore plus, n'ont pas à penser : ou plutôt, si, à condition que leur pensée soit imitative. Ça c'est du travail. Travailler et penser (penser vraiment), ce n'est pas la même chose. Lorsque l'une d'elles s'avise de se mettre à penser, vers l'âge de quinze ans, on convoque les parents : rébellion, mauvais esprit, mauvaises fréquentations. Les parents, les professeurs, l'administration, par un effort conjugué, s'arrangent pour lui faire passer ça. En général, ça se fait très vite. Dans les mauvais cas cela finit par une dépression nerveuse.

Alors on appelle le neuropsychiatre spécialisé dans les adolescentes difficiles, et on met la fille en clinique, au lit et au valium. Dans les cas les plus graves, la fille se met à refuser de manger, elle fait de l'anorexie mentale, elle maigrit. Le tout est de ne pas perdre de vue que c'est du chantage. Quand elle en a vraiment marre elle cède. Deux ans plus tard elle est apprentie coiffeuse, elle se fiance, c'est le happy end. Parfois la fille réagit à l'opposé : elle se met à manger, elle mange n'importe quoi, tout le temps, ouvertement et en cachette, surtout du chocolat, des nouilles et des pommes de terre, on la surprend à manger des pommes de terre bouillies dans un coin, comme une friandise, avec la peau, on lui fait honte, on la traite de goulue et de cochonne, rien n'y fait. Mais finalement, dit le médecin, ce n'est pas grave. Ça coûte moins cher qu'un séjour en clinique. Et ça lui passera quand elle aura des enfants. Deux ans plus tard la grosse fille est apprentie coiffeuse, elle est fiancée, elle est enceinte, on espère qu'elle va maigrir bientôt : pour l'instant elle n'en prend pas le chemin. Ça ne fait rien, on la mariera. C'est le happy end de deuxième qualité.

Bon. Ce genre de fille-là, je vais en avoir à l'heure suivante, de 9 à 10. Je change d'étage, je lutte contre l'étouffement par les hordes en vichy rose qui vont dans le sens opposé, portée par les hordes en vichy rose qui vont dans mon sens. Le pire, c'est quand il faut tourner à angle droit, quitter l'escalier pour atteindre un couloir, là, on est complètement à contre-courant. Je vais voir des filles de première. Elles n'ont pas encore l'air buté des filles de terminale mais presque. Beaucoup d'entre elles sont trop grosses, ce sont celles qui mangent pour se consoler. Il y a aussi l'inévitable

33

vamp de la classe et les trois bourgeoises du dernier rang. Plus les deux rebelles de l'avant-dernier rang, au fond à droite, sous les fenêtres. Tout ça, c'est de la routine. Une classe de première ressemble toujours à une classe de première. Il y en a simplement qui sont plus laconiques que d'autres. On a l'habitude.

On prend l'habitude très vite. En deux mois déjà on est au courant. On a compris le petit jeu des élèves, des profs, de l'administration. Un petit jeu qui se joue toujours à trois. Ce n'est pas compliqué. Si on comprend si vite c'est qu'on y a déjà joué pendant toute une carrière, quand on était de l'autre côté du bureau, du côté tables. Alors, deux mois du côté tableau et ça suffit pour que tout s'éclaire. Ce n'est pas très joli, surtout ce n'est explicable que par la force d'inertie.

II

La Jérusalem délivrée

Les choses se passaient donc ainsi, à rêver et perdre du temps. Il fallait toujours attendre deux heures le prochain train pour Ypallage, et Wassingues est une ville où une fille se fait interpeller si elle va dans les cafés, qui d'ailleurs sont bruyants et sentent fort la graisse. Les choses traînèrent jusqu'à Noël, avec les compositions et les copies à corriger, et d'innombrables conseils de classe qui firent que décembre passa vite par encombrement, et que je fis plus ou moins connaissance, par la promiscuité des heures passées à attendre sur un coin de table de la salle des professeurs, avec un couple qui enseignait au lycée l'histoire et la géographie et qui se réfugiait, en dehors du temps consacré aux élèves, elle dans le tissage et lui dans la gravure. Ils habitaient à une quinzaine de kilomètres de Wassingues une vieille ferme qu'ils venaient d'acheter et qu'ils remettaient en état, petit à petit, à mesure du temps et de l'argent dont ils disposaient. Je fis d'abord la connaissance d'Anne, qui vint me parler à la récréation, et revint me parler régulièrement par la suite ; et au bout de deux semaines nous déjeunions, le midi, à la même table du réfectoire. La rencontre d'Anne et de Jacques me délivra de la monotonie opprimante des conversations qui s'y déroulaient. Nous n'étions pas seuls à une table, puisque les tables accueillaient six personnes ; mais à trois contre trois le combat était égal.

Un dimanche soir, une fille attend l'ascenseur à côté de moi. Elle est grande avec des cheveux châtains qui s'arrêtent au-dessus des épaules. Dans l'ascenseur, elle me parle : « Je crois que nous sommes voisines. » Ah ? « Oui, j'habite l'appartement à côté, sur le même palier que vous. Nous nous croisons souvent ; vous n'avez jamais remarqué ? » Je n'avais jamais remarqué. Nous sommes arrivées. Sur le palier, je sors ma clef de ma poche, je m'apprête à rentrer. Derrière moi elle parle. « Je trouve ça triste d'habiter à côté comme ça et de ne pas se connaître. Vous ne voulez pas venir prendre le thé chez moi ? »

Je n'ose pas refuser. Je bafouille que oui, si elle veut. J'aurais mieux aimé que ce soit un homme qui habite sur le même palier et me propose de prendre le thé. Mais enfin si elle veut. C'est bien ma chance.

J'entre. Dans l'appartement, il n'y a presque rien ; il y a un lit dans un coin et des poufs en plastique transparent par terre et une petite table basse transparente elle aussi. Elle est allée faire chauffer de l'eau, elle revient. « Je m'appelle Lilas Sittingdon. Et vous ? » — « Je m'appelle Isabelle de Santis. » — « C'est un très joli nom, vous avez de la chance. » Et elle, elle a de la chance de s'appeler Lilas ? Je regarde ses yeux ; ils sont verts. Pourquoi ne l'ont-ils pas plutôt appelée Vertu ? ou Laitue ? Elle parle encore : « Vous voyez, je ne suis pas du tout installée. Je suis ici depuis trois semaines, je suis étudiante, et vous ? » Lilas

Sittingdon. Quel nom impossible. Un nom de vieille fille dans un policier. Elle me sert un thé très parfumé, des biscuits qui piquent. Elle continue à parler ; j'ai l'impression qu'elle ne s'arrêtera jamais, qu'elle ne peut plus s'arrêter, que même si on lui mettait la main sur la bouche, elle ne s'arrêterait pas. Elle raconte n'importe quoi, ce qu'elle a vu au cinéma cet après-midi, les gens dans la rue. Elle raconte très bien, c'est amusant. On croirait qu'elle me connaît depuis toujours, elle n'a pas la moindre trace d'embarras. Au moins, elle me dispense de conversation, je n'ai pas d'effort à faire. De temps en temps elle s'arrête quelques secondes, c'est pour me prendre à témoin. Elle veut que j'approuve ce qu'elle dit. Je dis « Oui, oui. » Elle repart.

J'apprends qu'elle n'a pas de table où travailler. Elle travaille par terre, ou à la bibliothèque, à la Fac. Je lui propose une vieille table de cuisine dont je ne me sers pas, et aussi une vieille chaise pour aller avec. Elle accepte avec enthousiasme, elle est pleine de gratitude, elle dit « C'est formidable ». Je dis non, attendez, vous allez voir comme c'est moche. Elle dit non, non, je suis sûre que non. Nous descendons à la cave. Elle voit, elle est très contente. Nous remontons tout tant bien que mal dans l'ascenseur et l'amenons jusqu'à son appartement. Je veux m'en aller. Elle dit non, non, ce n'est pas possible, j'ai été trop gentille, il faut fêter ça. Elle va à la cuisine, revient avec des pruneaux à l'eau-de-vie et deux verres. Il est tard. Je suis un peu saoule. Elle parle toujours.

Quand finalement j'ai le courage de résister et de partir, il est minuit. Si je ne dors pas assez je suis fichue le lendemain, je ne dormirai pas assez et je ne tiendrai pas debout.

Le lendemain je ne tiens pas debout. Le peu de nuit qui me restait, j'ai très mal dormi à cause de l'excitation. Ça fait quelque chose quand pour la première fois depuis des mois des choses vous arrivent, des gens vous parlent. Je fais classe dans un état second, la mécanique fonctionne à ma place ; moi je pense à autre chose. Je pense de façon confuse, désordonnée, fragmentaire ; je suis un peu hébétée. Le midi, au déjeuner, Anne et Jacques me prennent à témoin pour discuter d'un film. C'est fini, je ne suis plus toute seule. Je me demande si j'en suis vraiment contente. Il me reste une dose de masochisme qui proteste, mais peut-être est-ce qu'à force de m'être endurcie, je ne peux plus m'arrêter à temps. De toute façon je n'ai pas le choix, je n'ai pas la force de faire un choix, d'ailleurs je n'ai jamais fait de choix, c'est la solitude qui est venue, et non moi qui l'avais choisie. Maintenant ce sont les autres qui l'ont rompue, et moi je proteste faiblement, je me laisse faire, je subis la situation. Par ailleurs j'ai peur. Et si tous ces gens-là se mettaient à me faire mal tout d'un coup, s'ils s'unissaient pour cela ? Je les imagine très bien en demi-cercle. Ils crient : « Salope ! Emmerdeuse ! On n'en veut plus ! Au trou ! » Moi je crie des choses mais bien entendu pas un son ne s'échappe de ma bouche.

C'est cela que je pense pendant que je suis assise à table avec eux, que je fais semblant de manger mon poisson et qu'en voix off je dis des choses sur le film. Voilà que tout le monde regarde sa montre, ils vont prendre le café dans un troquet en face du lycée et ils veulent que je vienne avec eux. Je dis oui, toujours la même chose, j'ai n'ai pas le choix, et je vais décrocher mon manteau à la suite des autres. Nous traversons la rue en groupe. Il fait vraiment froid, même à une heure de l'après-midi de petits nuages nous précèdent. Nous longeons quelques mètres d'une courée, à travers des vitres brisées des enfants nous regardent. Jacques pousse une porte, une cloche tinte, nous entrons. C'est un bistrot du Nord, il y fait triste, chaud, humide et sombre. Il y a un grand remue-ménage, des bonnets qu'on ôte, des écharpes qui volent, des manteaux qu'on suspend. Dans ce pays, on passe son temps à s'habiller et se déshabiller. Il y a d'autres gens avec nous, des gens que je ne connais que pour les avoir aperçus dans la salle des professeurs. Tous s'assoient avec un grand brouhaha de chaises de bois sur le carrelage ciré ; nous sommes une dizaine, nous occupons trois tables. Anne commande des cafés pour tout le monde.

Je suis très embarrassée devant ces gens-là. Je ne sais vraiment que leur dire. Cela n'a aucune importance d'ailleurs, ils parlent entre eux, ils n'ont pas besoin de moi. Ils parlent par-dessus ma tête, je ne compte pas. Je bois mon café. Il n'est pas très bon, trop amer avec un arrière-goût de moisi. Quand j'ai fini je croque les trois morceaux de sucre qui restent dans la soucoupe. Je regarde une pin-up oubliée, jaunie, sur le mur du fond. Avec le temps, on s'aperçoit comme l'époque était pauvre, elle a des seins mais le regard affamé, endurci. Aujourd'hui la mode est au genre amolli. Puis j'écoute ce que disent les autres. Ils parlent d'inspection générale. Est-ce que l'inspecteur va venir, quand viendra-t-il, comment était-il l'année dernière, qu'a-t-il dit, comment sera-t-il, que dira-t-il.

Ils parlent sans vindicte, sans rébellion, comme ils parleraient du prix des côtelettes. Je regarde le comptoir. La patronne, une blonde oxygénée et mamelue, a vécu sa jeunesse avec des pin-up Berger sur tous les camions ; elle n'a pas eu le temps de changer, elle y croit encore. Elle essuie des verres avec lenteur et distraction, le torchon blanc tourne lentement au fond du verre. De l'autre côté du comptoir, sur un tabouret, il y a un saoulard qui lui parle. Elle lui répond de temps en temps. Je n'entends pas ce qu'ils se disent, seulement leurs voix, grasse celle de l'homme, métallique celle de la femme. Deux mouches tournent au-dessus d'elle. Une pendule indique 1 h 25. Tout le monde se lève. On se rhabille, on traverse la rue, la cour du lycée, toujours avec de petits nuages. On rentre, on monte les escaliers, on se déshabille. La cloche sonne, un son morne, prolongé, avec des hoquets.

L'après-midi j'occupe les élèves avec des exercices de grammaire : je fais ceci en dernière extrémité. Pendant qu'elles travaillent, je corrige les exercices de la classe précédente en essayant de m'empêcher de dormir. Je termine à 5 h. Il n'y a pas de train avant 6 h 1/4. Je vais prendre un chocolat au distributeur de la salle des professeurs. Il y a dix personnes qui font la queue, certaines essaient sournoisement de se glisser devant, avec des regard en dessous. Ensuite, je vais m'asseoir. Il y a des fauteuils faussement confortables. Il faut guetter la libération d'un siège du coin de l'œil et se jeter dessus aussitôt car il n'y a pas assez de place pour tout le monde. Les gens se guettent les uns les autres. Sur le siège à côté de moi est assise une maîtresse auxiliaire de français. C'est une jolie poupée très maquillée. Dans un sac en papier sur ses genoux il y a de petits biscuits. A intervalles réguliers, sa main plonge dans le sac, et ressort avec, entre ses ongles très longs, roses et nacrés, un petit biscuit. J'ai très faim, je n'ai pas le courage de sortir tout de suite dans le froid pour aller m'acheter quelque chose à manger. Je m'efforce de ne pas regarder les biscuits. Tout à coup j'entends : « Vous voulez un biscuit ? » Elle me tend le paquet entre deux ongles roses, elle me regarde, sa bouche corail bouclée en sourire, ses longs cils noirs s'avancent vers moi, accueillants. Sa langue brille doucement entre ses lèvres, son teint est nacré lui aussi par le fond de teint, elle a l'air d'une pâtisserie venant d'un salon de thé de luxe. Je fais un effort pour sourire, je dis « Oui merci » et je prends le biscuit. Je l'avale, elle m'en offre d'autres, elle insiste. Elle dévore malgré ses airs d'oiseau, moi aussi. A 5 h 20, les Ypallageois se lèvent tous ensemble. Je dis au revoir à la poupée de sucre. Elle lève les yeux sous sa frange pour me regarder partir, sa bouche frise toujours.

Nous sommes quatre sur le quai, à attendre le train. Il est en retard. Le quai est en plein vent. Il fait nuit et c'est à peine éclairé. Il y a quand même un banc mais on ne s'assoit pas parce que alors il fait encore plus froid. J'en ai assez de ce froid de con. On saute d'un pied sur l'autre. Ça fait vingt minutes qu'on attend. J'ai acheté un journal mais il fait trop sombre et trop froid pour lire. Le train arrive : une voix l'annonce. Encore une minute et il est là. On monte. Cela sent très mauvais dans le compartiment, le charbon, le sale et le fauve. Ça ne fait rien, il fait chaud. Je lis mon journal. En sortant de la gare, à Ypallage, l'odeur de friture est à son comble. Je rentre vite, presque en courant. Dans l'appartement, il fait chaud, il y a de la lumière. Je me sens mieux. Je mets la radio et je vais m'étendre sur mon lit pour lire mon journal. On sonne à la porte. C'est la fille d'hier, Lilas.

Sur le seuil, elle dit : « Qu'est-ce que vous faites ce soir ? » — « Rien, je vais me coucher, je suis fatiguée. » — « Oh, non, vous venez chez moi, il y a un très bon film à la télé. » — « Vous avez la télévision ? » — « Oui, j'en ai loué une aujourd'hui, ce n'est pas cher du tout vous savez, 50 F par mois. Il y a *La Règle du jeu*. Vous avez vu *La Règle du jeu* ? » Je dis non, enfin je ne crois pas. « Oh alors il faut venir, c'est formidable, vous vous rendez compte, un Renoir, on ne peut pas rater ça. » Elle m'entraîne, je me retrouve chez elle. La pièce a changé. Sur la table que je lui ai donnée, elle a mis un sari de coton dans les tons de bleu et de vert, et elle a peint la chaise en bleu. « Attention, ça n'est pas sec. J'ai pensé que ça ne vous ennuierait pas, vous m'aviez dit que vous ne teniez pas à ces meubles. » Je dis « Non, non, ça n'a aucune importance, c'est très joli ». Elle dit que c'est formidable, que ça va lui donner le cœur à travailler. Dans un autre coin de la pièce, il y a un gros poste noir. « Il n'est pas très joli mais pour avoir du design il fallait payer plus cher, alors ! » Elle l'a posé sur une caisse qu'elle a également peinte en bleu. Elle a changé son lit de place pour qu'on puisse s'y asseoir et regarder la télévision. Sur le lit il y a de grosses aiguilles à tricoter et de la laine bleue et verte. « Je vais me faire un dessus de lit en patchwork, ça sera joli, non ? » Elle tourne le bouton du poste. Nous regardons le film. Elle m'offre de la tisane et des clémentines. Après le film, elle veut discuter. Je parviens à être ferme : « Non, non, ce n'est pas possible, je meurs de fatigue, je me lève tôt demain matin, il faut que je me couche. » Je m'en vais, de la porte elle me dit « Au revoir, à demain ».

Le lendemain, c'est le même rituel ; mais je rentre chez moi à une heure. Comme je tourne la clé dans la porte, je sens qu'on me regarde, je me retourne, la tête de Lilas apparaît dans l'entrebâillement de sa porte à elle. Dès que je la regarde, la machine se met en marche ; elle parle : « J'entends toujours vous savez, quand votre clé tourne dans la serrure. Il faut que je vous parle, j'ai quelque chose à vous dire. » Que n'a-t-elle d'autres gens à qui parler, j'en ai assez d'être celle à qui elle dit sa vie.

Elle me suit, elle ferme sa porte, elle entre chez moi. Elle dit : « Vous n'avez pas mangé ? » — « Non. » — « Moi non plus. Venez, j'ai tout ce qu'il faut. » Je proteste. Elle insiste. Je la suis chez elle. Sur un plateau, elle a disposé du jambon, un tube de mayonnaise, des radis, des tomates, des pommes et du thé. Nous mangeons toutes deux sur la table aux animaux fantastiques, contre la fenêtre. La pièce est baignée de soleil mais au fond de l'horizon les bâtiments sont noyés dans la brume, on aperçoit deux coupoles, une manière d'arc de triomphe. On mange, c'est bon quand on ne s'en est pas occupé soi-même, quand quelqu'un l'a fait pour vous, pour vous faire plaisir ; c'est un peu inquiétant mais quand même, et puis pourquoi inquiétant ? Inquiétant seulement parce que j'ai l'esprit étroit, que je me méfie toujours des gens. Pendant qu'on mange Lilas parle ; elle dit qu'elle sait toujours à quelle heure je rentre à cause du bruit de l'ascenseur puis de la clé et qu'elle entend aussi quand j'écoute la radio. Elle me parle de la Fac, de ses cours.

Elle me dit que c'est très sympathique, de vieux bâtiments, vétustes mais on s'y sent bien. Puis : « Il faut que vous vous occupiez de votre thèse. » J'ai un mouvement de protestation. Je me demande de quoi elle se mêle. Elle m'expose que je pars à la dérive, que ce n'est pas étonnant quand on a toujours vécu au milieu de gens qu'on connaît depuis toujours, qu'on a quitté sa famille pour la première fois, qu'on fait un travail qui après tout ne vous passionne pas tellement dans un milieu nouveau, une grande ville, un climat hostile, qu'il faut apprendre à vivre seule, se retrouver pour la première fois face à soi-même. « C'est normal, ça fait trop de choses à la fois. Vous avez besoin qu'on vous aide, qu'on s'occupe de vous. Si vous voulez je suis ici pour ça. Je vous aime beaucoup. Vous n'êtes pas comme les autres gens que je connais. Vous êtes intelligente, je vous admire. Je voudrais être votre amie. » Je suis très embarrassée ; l'embarras semble être devenu le premier sentiment que suscitent en moi les gens. Je ne sais pas quoi dire ni qu'en penser. J'ai peur de la blesser, je n'ose pas l'envoyer promener. Je réponds : « Oui, si vous voulez » d'un ton réticent. Elle s'écrie que c'est formidable, et elle se remet à parler.

Elle me dit qu'il faut que j'aille à l'Institut d'italien, qu'il faut que je me renseigne, que je trouve quelqu'un pour diriger ma thèse, que je trouve la bibliothèque pour emprunter des livres. Elle a l'air drôlement au courant, c'est étonnant. Elle me persuade. Nous irons ensemble cet après-midi. Je me coiffe, je me suis même changée, maquillée un peu. La Fac n'est pas loin. En marchant, Lilas est plus grande que moi, beaucoup plus grande. Je réfléchis. Je me dis que d'un côté c'est bien, je me mets à faire des choses, je ne pouvais pas continuer comme ça. Mais par ailleurs il me semble que je ne m'appartiens plus, ou encore moins qu'avant, parce que ces choses finalement ce sont les autres qui me les font faire ou qui les font à ma place. Mais je me rassure. C'est un premier pas, le reste viendra petit à petit. J'ai bien de la chance d'avoir des gens qui m'aident comme cela.

Nous arrivons à l'Université. C'est un bâtiment noir aux grandes fenêtres hautes avec un fronton classique à colonnes. En face, une petite église baroque entourée de buis taillés. Dès que l'on arrive dans la rue on est assailli par des étudiants, on les reconnaît à leurs vêtements, les couleurs, le négligé de l'allure, les livres qu'ils portent sous le bras. Ça me fait battre le cœur, voilà six mois que je n'ai pas connu cette atmosphère-là, j'ai envie de m'approcher d'eux et de leur dire bonjour à tous. Je me sens chez moi, alors que jamais durant mes six années à Aix je ne me suis sentie autre chose qu'une intruse dans une sorte de société secrète dont je n'avais pas compris le code.

Lilas connaît bien les bâtiments : elle y a fait toutes ses études. Elle me mène à travers un dédale d'escaliers et de longs couloirs auxquels je ne comprends rien, et soudain je me trouve devant une porte avec une plaque de cuivre « Institut d'italien ». Il faut que j'entre. Le professeur en titre s'appelle Delchiotto. C'est un mardi après-midi, jour où il y a beaucoup de cours : il devrait être là. Je pousse la porte, j'entre, c'est une petite pièce poussiéreuse avec une secrétaire qui tape à la machine derrière une plante verte. Je demande à voir Monsieur le Professeur Delchiotto. Monsieur le Professeur Delchiotto va me recevoir.

Monsieur le Professeur Delchiotto est petit, corpu-
lent et bronzé, avec un nez romain et des cheveux gris
ondulés et brillantinés. Il porte une chemise de nylon
blanc que sa panse gonfle comme une voile si bien que
de profil, sa cravate bleu et rouge a la forme d'un arc.
Il me tend la main; il porte une grosse chevalière.
Tout est en caractère; on se croirait au-delà des Alpes.
Il me jauge des pieds à la tête et conclut manifestement
que je ne suis pas assez bien pour lui, ce qui me met en
rage et me donne envie de lui dire que lui n'est pas
assez bien pour moi, mais je ne suis pas là pour ça, il
faut que ce vieux beau me dirige ma thèse : tout d'un
coup, entre ces murs, j'ai envie de travailler. Delchiotto me regarde d'un air paterne et patelin :
patelerne. Je lui raconte ma vie universitaire, mention,
place à l'agrégation, âge. Il approuve de l'œil. Je lui
dis que je veux pour sujet " Le masochisme héroïque
dans *La Jérusalem délivrée.* " Il trahit son étonnement.
Je lui parle de mon sujet, je le lui explique. L'imbécile
voudrait que je travaille sur Papini. Je m'en fiche de
son Papini. Qu'il aille papiner ailleurs. Moi c'est le
masochisme héroïque dans la Jérusalem ou rien. Je
vois qu'il mollit. Il objecte faiblement qu'il préférerait
" Héroïsme et masochisme " à " Le Masochisme
héroïque ". Il me tape sur les nerfs. Il faut que je lui
explique que si les deux substantifs se terminent en
isme ils n'en sont pas pour autant sur le même plan.
Finalement il cède. Il m'envoie à sa secrétaire qui me
donnera un dossier à remplir. Je prends congé. Il
m'engage à revenir le voir bientôt.

La secrétaire me donne un dossier rose et propose de
me montrer la bibliothèque. Elle ouvre une porte qui
donne sur un couloir où il y a une autre porte avec une

plaque « Bibliothèque d'italien ». Dedans, des livres jusqu'au plafond. C'est une pièce mansardée d'un côté avec des fenêtres en lucarnes, par les fenêtres on voit le ciel, quelques toits et le haut d'un marronnier : du moins je me figure que ce doit être un marronnier parce que c'est ce qui serait le plus joli au printemps. Au milieu de la pièce il y a plusieurs tables où on peut s'asseoir pour travailler. Il en a de la chance Delchiotto de régner sur tout ça. Je me dis que je viendrai travailler ici, ça me plaît, on ne peut rien faire d'autre ici que travailler.

Dans le premier couloir Lilas m'attend. Je ne la reconnais pas tout de suite : je ne la connais pas encore très bien. Je vois une fille avec un kilt vert et blanc ultra-court, un pull de shetland blanc à col roulé, un ciré noir et des mocassins. Je me dis qu'elle est jolie ; pourtant elle a quelque chose qui ne va pas, toute sa personne a l'air inquiet, ça se sent dans sa façon de se tenir et c'est en contradiction avec les propos qu'elle tient. Elle me fait une impression bizarre : je ne parviens pas à me sentir à l'aise avec elle, et par d'autres côtés je le suis trop, je ne peux pas lui résister, me défendre de la suivre, de la laisser me suivre.

Dès qu'elle m'a vue, elle se précipite : « Alors, comment ça a marché ? » Elle veut que nous allions dans un petit salon de thé qu'elle connaît à côté de la Fac, nous y serons mieux pour que je lui raconte. Nous repassons devant l'église avec les buis, nous prenons une rue étroite entre deux rangées de bâtiments noirs très hauts, le salon de thé est au fond d'une pâtisserie, des tables aux nappes rouges éclairées par de petites lampes aux abat-jour roses. Comme décoration c'est plus bordel que salon de thé, mais dans un coin il y a une voiture d'enfant avec un bébé qui fait des bruits. Lilas commande des fruits en massepain et deux thés de Chine. Elle me dit « Alors, racontez-moi ». Je dis qu'il n'y a pas grand-chose à raconter, mais finalement comme elle insiste, je raconte.

Comme d'habitude, elle est enthousiaste. Elle se met à parler de ma thèse ; c'est comme si c'était la sienne, à elle. Elle m'énerve, elle n'y connaît rien, elle dit des bêtises ; bientôt ça n'a pas d'importance parce que je cesse de l'écouter ; plongée dans la torpeur chaude du thé, les yeux sur les lueurs brunes qui dansent dans ma tasse, je rêve. Je me vois déjà au travail. Je me vois rentrant le soir, et au lieu d'avaler des tartines et de me laisser tomber sur mon lit aussitôt pour oublier l'après-midi je prends un bain très chaud pour effacer la poussière de craie, l'odeur de sueur du lycée, de charbon du train et ensuite je m'habille de frais et je vais à la bibliothèque avec mes livres, mes papiers. Là-bas je n'aurai pas la tentation d'abandonner, de me coucher pour dormir, après j'irai dans un café, il doit bien y avoir des cafés pour tous ces étudiants par ici, et il n'y aura pas Lilas. Lilas n'a rien à y faire. En pensant cela, je lève la tête et je rencontre ses yeux verts, des yeux de chat, de beau chat égyptien ; et je me dis que je suis ingrate, qu'elle fait tout ce qu'elle peut pour m'aider. « Pourquoi faites-vous tout ça pour moi, Lilas, qu'est-ce que ça peut bien vous faire ? » On dirait qu'elle s'attendait à ma question, elle répond sans hésiter : « Mais pour vous, et puis pour moi, je vous aime beaucoup, je voudrais devenir votre amie, et puis je vous admire, et je vois bien comme vous êtes perdue et comme vous avez besoin qu'on vous aide un peu, juste pour vous remettre sur les rails, il ne faut pas que vous perdiez de temps, vous pouvez faire des choses formidables. » Il y a des larmes dans ses yeux de chat, et je me dis qu'elle doit être un peu déséquilibrée : je ne veux pas me laisser prendre à son jeu. Ce qu'elle dit doit être un tissu de mensonges, mais pourquoi, qu'est-ce qu'elle peut bien cacher ? Et en même temps j'ai envie de la croire, ce serait tellement plus facile, je commence vraiment à prendre goût à ses compliments. Charmante et admirable, ce serait tellement agréable de pouvoir penser cela de moi-même : une délivrance.

Lilas m'a resservi une tasse de thé et j'en vois maintenant le fond d'un blanc mouillé. J'ai encore dans la bouche le goût sucré et chaleureux du masse-pain, la pièce est dans la pénombre à part les ronds de lumière des petites lampes, je me sens bien. Nous nous levons, je paie, nous partons. Lilas a un cours. Ça tombe bien, j'ai envie d'être seule. Je suis euphorique. Ma chance a tourné, tout va aller bien maintenant. La vie va reprendre. Quelle vie ? Sûrement pas la vie d'avant, à Aix, ce n'était pas une vie ; pas la descente aux enfers d'ici, mais quand même pas une vie. La vie va donc prendre. Je regarde la ville couleur d'ardoise et il me semble que le sentiment d'étrangeté se colore un peu d'acceptation. Je ne peux pas aimer la ville mais je peux imaginer comme je l'aimerais si j'étais quelqu'un d'autre, dans d'autres circonstances. C'est déjà un progrès. Je suis plongée dans ces pensées si bien que je me trompe de chemin : voilà que je ne sais plus où je suis, dans une rue bordée de hauts murs de pierre d'où s'élancent des jardins. Je voudrais percer le secret, être passe-muraille, tout d'un coup me retrouver de l'autre côté de ces murs, invisible, et voir ce qui s'y passe, vivre par le regard la vie des oiseaux qui par-delà cherchent des vers dans la terre grasse, des gens qui s'y promènent, qui derrière les fenêtres, offerts comme des marchandises en vitrine, lisent leur journal ou se regardent dans leur miroir. Vivre leur vie, ne sachant pas vivre la mienne.

La rue s'arrête, j'en prends une autre qui la coupe, les lumières m'attirent, c'est une rue de magasins brillants, d'enseignes rougeoyantes, déjà l'air s'obscur-cit, la nuit tombera bientôt. Ce sont des vitrines de vêtements ; tant de vêtements offerts et imprenables, fragiles, chatoyants, costumes pour avoir l'air de qui l'on n'est pas, grâce auxquels je pourrais me déguiser en pin-up, ménagère, fille des rues. J'avance et je regarde, finalement j'entre dans un grand magasin à plusieurs niveaux, avec des quantités de vêtements sur des tourniquets, de la musique et des tapis, et des filles aux longs cheveux blonds qui attendent, le regard ailleurs. J'essaie des choses, tout est très joli ; c'est très joli sur un portemanteau, et sur moi ce n'est que moi, le teint trop pâle et quelques boutons, les cheveux gras qui tombent, et rien ne me va, c'est pire encore avec ces choses brillantes qui font contraste. Je ressors sans rien acheter et le moral en a pris un sérieux coup : je voulais que d'une seule fois tout soit réglé, je n'étais pas raisonnable. J'approche du bout de la rue, mainte-nant je sais où je suis, pas très loin de chez moi. Je vais rentrer, mais je n'ai pas très envie de rencontrer Lilas ; elle me fatigue, trop c'est trop, et puis je veux faire la fête. J'entre dans un cinéma, je regarde *La Maman et la Putain,* ça ne me plaît pas du tout, mais je me dis que si je le voyais une seconde fois ça me plairait sans doute beaucoup ; et puis je n'ai pas vu le début, alors je reste, je mange un esquimau, j'ai mal aux dents, je regarde la publicité, je me sens bien, il fait chaud, c'est un beau cinéma tout feutré ; je regarde le début du film, je n'ai pas le courage de le regarder encore jusqu'au bout, c'est trop long, je sors. Il fait nuit noire avec des étoiles, les grosses étoiles des brasseries ouvertes, j'ai envie d'entrer, je n'ose pas, j'ai peur d'être encore plus seule, tous les gens là-dedans ont l'air d'être à plusieurs. Je rentre chez moi. J'écoute, pas signe de Lilas. Je m'étais tellement dit que je ne voulais pas la voir que je suis presque déçue, je prends la *Jérusalem* avec moi et je me couche.

Mercredi je suis libre. Le matin je traîne. Je range un petit peu, c'est toujours la même chose, ça ne laisse pas de trace et c'est comme si je ne faisais rien. A midi on sonne, Lilas. Hier soir, elle est sortie avec des amis. Ce matin, elle avait des cours. Elle en a assez, elle dit que les cours sont nuls. Elle m'invite à déjeuner. Tout en mangeant, elle parle. De ses amis, ce qu'elle a fait hier soir. Je ne l'écoute qu'à moitié. Je mange, c'est bon. Quand même, elle m'éblouit avec ses histoires, tous ses amis, je me demande ce que j'ai fait pour qu'un personnage aussi brillant et sollicité s'intéresse à moi. Elle m'attire mais je me méfie d'elle, il faut garder mes distances. Je décide un compromis : j'annonce à Lilas que je vais travailler à la bibliothèque d'italien. Ainsi je fuis Lilas mais je vais au-devant de rencontres possibles. Delchiotto et sa secrétaire ; et la thèse, après tout c'est un travail fait pour être lu par quelqu'un, jugé par quelqu'un que j'entreprends là, c'est se tourner vers les autres. Lilas applaudit ma décision. Mais elle a une demande à me faire : passer l'après-midi chez moi, dans mon appartement, parce qu'elle a vu mes livres, j'ai beaucoup de romans italiens ; elle a vu les dos sur le dessus des caisses où ils sont entassés. Elle en a assez de ses bouquins du programme, elle sent que si elle ne sort pas de là elle va devenir folle, elle a besoin de respirer un peu, elle va sécher ses cours cet après-midi, elle n'en peut plus.

Je suis bien embarrassée. Son histoire sent le prétexte. Elle n'a pas besoin de tout son après-midi pour choisir quelques livres. Pourquoi veut-elle rester seule dans mon appartement ? Elle doit vouloir fouiller mes papiers, fouiller ma vie. De toute façon, elle ne trouvera rien, je n'ai pas de vie, je ne risque rien. Soudain je soupçonne plus profond : et si elle voulait voler ? C'est ridicule. Complètement ridicule. Je deviens folle. Il faut la laisser avec mes livres. Moi aussi j'aime feuilleter tout à loisir.

Je dis oui à Lilas et je m'en vais. Je me perds un peu dans la Fac, mais je finis quand même par trouver le bon couloir. Je fais un signe de tête à la secrétaire, j'entre dans la bibliothèque. C'est plein de monde. Enfin, il y a une dizaine de personnes. Je me sens un peu bête, je ne m'attendais pas à cela ; mais enfin maintenant que je suis là, je ne vais pas ressortir. Une fois installée, je m'aperçois que tout le monde est assis sauf un homme debout devant un tableau. Il y a un cours dans la bibliothèque ; les gens assis sont en train de le suivre, et moi, qu'est-ce que je fais ici ? Je regarde plus attentivement l'homme et je m'aperçois que je le connais. Il s'appelle Gilles Azeta et je l'ai rencontré à Aix, croisé dans les couloirs de la Fac où il était assistant. Qu'est-ce qu'Azeta peut bien faire ici ? Je m'aperçois que je le regarde fixement et qu'il me sourit avec un hochement de tête courtois, le bras en l'air, la craie pointée vers un endroit stratégique du tableau. Je ne peux plus ressortir maintenant, ce serait grossier. Je suis prise au piège, je n'ai plus qu'à rester jusqu'à la fin.

Azeta parle de versification. Les choses qu'il dit, je ne les ai jamais entendues ni lues nulle part. C'est très moderne, très chic et complètement incompréhensible : je scrute les autres auditeurs pour voir s'ils s'en tirent mieux que moi. Je m'aperçois que ce ne sont pas des étudiants ordinaires, ils sont plus âgés, ils se donnent l'air important. Je regarde attentivement et je crois discerner que leur air important cache le vide. Ils ne comprennent probablement pas plus que moi. Azeta, cependant, met tant de fougue et de conviction dans son ésotérisme qu'on est convaincu. On ne comprend rien, mais on est sûr qu'il est dans le vrai. La craie à bout de bras, il déploie au tableau de grands schémas ponctués de lettres grecques. Sa main saute d'un bout du tableau à l'autre, il la suit en de curieux entrechats ; sa chevelure brune et bouclée saute elle aussi. Ses yeux brûlent, il a vu la lumière. Dante, Pétrarque, Marini, le Tasse. Je ne peux même pas prendre de notes. Il semble faire de savants calculs dont je ne saisis pas les rapports qu'ils entretiennent avec les vers du Tasse. Maintenant, il écrit deux vers d'Ungaretti au tableau, il les coupe, les dissèque, pour en faire quoi ? Il semble très content de lui. Heureux les innocents. Mais Azeta n'est pas innocent ; il partage avec l'innocence une certaine droiture, peut-être rigidité. D'ailleurs je dis cela mais je ne le connais pas, je ne l'ai jamais eu comme professeur ; il est arrivé à Aix seulement deux ans avant mon départ. Il dit qu'il faut lire Freud.

Puis il se fait un mouvement général. Tout le monde plie bagage. Delchiotto entre. Il va au-devant d'Azeta la main tendue, le sourire aux lèvres. Il a l'air de beaucoup l'apprécier. Azeta se prête à ces démonstrations avec amabilité et une certaine réticence. Il a l'air bien gentil, dans le genre nerveux. Maintenant Delchiotto serre la main de tout le monde. Il serre la mienne aussi, pendant qu'il y est. Il me parle même : « Ah, vous êtes venue écouter Azeta. Vous avez raison ! Il vous apportera beaucoup, vous savez, avec votre sujet ! » Je suis un peu gênée. Je dis « Oui, certainement » sans parvenir à y mettre de la conviction. Je me demande ce qu'il en pense vraiment, Delchiotto, des histoires d'Azeta.

Je sors de la Fac. En face sur la place il y a un café. J'ai besoin de me réchauffer, symboliquement s'entend. Un couple d'étudiants s'installe à la table près de la mienne. Ils se tiennent les mains et ils se parlent en se regardant sans arrêt. Ils ont les cheveux longs, des pulls trop grands, d'interminables écharpes, et l'air grave des gens heureux. Azeta entre dans le café avec une grosse fille qui assistait au séminaire tout à l'heure. Je me demande comment Azeta, qui est assez beau garçon, peut aller prendre un pot avec une fille aussi moche ; elle est manifestement plus moche que moi, obèse, rougeaude et sale. Que vois-je ? La grosse fille se fait servir une omelette au jambon. Une omelette au jambon à quatre heures de l'après-midi. Aller prendre un pot avec Azeta alors qu'on est aussi grosse et manger une omelette au jambon, comme ça, sans honte, devant lui qui n'a pris qu'un café ! La grosse fille semble ne s'intéresser qu'à son omelette ; elle a l'air de la trouver très bonne. Elle sauce avec un morceau de pain au bout de sa fourchette. Elle lèche le beurre, on aura tout vu. Maintenant, elle a fini de manger. Elle rit à grands éclats. J'ai fini mon café. Les amoureux sont partis. Je pars moi aussi. Sur le chemin je m'arrête dans une petite épicerie, j'achète du jambon, un concombre et des yaourts. Je ne peux pas me faire éternellement nourrir par Lilas. J'achète aussi des biscuits à l'abricot. Pourtant, je n'ai pas très faim. Il fait moins froid aujourd'hui mais allant par les rues je me sens si seule, j'ai l'impression qu'il n'y a que moi dans cette ville à être seule comme cela. Objectivement Lilas est seule elle aussi, apparemment elle n'a pas de type, ce qui est curieux parce qu'elle est plutôt jolie. Pourtant moi, j'ai l'air seule et elle pas. C'est donc qu'elle sait s'y prendre, elle sait se débrouiller dans la vie.

Quand j'arrive, il y a de la lumière dans l'appartement. Lilas est encore là, enveloppée dans un tablier : elle a fait toute la vaisselle et le ménage. Je suis très ennuyée, elle me fait vraiment honte. Je suis même furieuse. Si ça me plaît de vivre dans la saloperie c'est mon droit, elle n'a pas à s'en mêler. Elle a l'air si contente d'elle que je n'ai pas le courage de le lui dire. Une voix me souffle que je suis une ingrate, elle a fait ça pour moi, pour mon bien. Mes parents disent toujours ça : c'est pour ton bien. Ils pourraient m'assassiner s'ils le souhaitaient, il faudrait les laisser faire puisque ce serait pour mon bien. Qu'est-ce qu'elle est venue faire ici celle-là, cette Lilas ? J'ai envie d'attraper les objets si bien rangés et de les jeter dans toutes les directions. Mais je me contrôle quand même parce que finalement on se contrôle toujours dans ces cas-là. Lilas a l'air absolument radieux et malgré que je reste debout là en manteau attendant qu'elle prenne congé, elle s'assoit, elle, et se met à me raconter son après-midi par le détail. Je reste là, incapable de réagir. Tout à coup elle s'arrête : « Oh, comme je suis sotte ! Vous avez l'air fatigué, vous avez travaillé dur, je vous embête. » Voilà que je me sens coupable et je lui propose de partager mon jambon. Elle accepte avec de grandes démonstrations de gratitude. Nous mangeons dans la cuisine qui resplendit. Après elle prend congé avec une discrétion de bon aloi. Je me couche dans des draps propres ; Lilas a dû fouiller toutes mes affaires. Ça ne fait rien, c'est bien agréable des draps propres. Je m'endors avec le Tasse.

Jeudi après-midi je retourne à la bibliothèque. Je trouve des livres qui m'intéressent, je prends des notes et j'emprunte celui qu'Azeta a recommandé. La bibliothèque est vide sauf pour moi et la bibliothécaire. Les livres dans leurs vitrines luisent doucement. Je me sens bien, j'ai du mal à me concentrer mais ça va venir. Tout d'un coup Azeta entre. Il prend un livre, puis il ressort, apparemment il ne m'a pas reconnue, ce n'est pas étonnant, une étudiante parmi tant d'autres. Le soir Lilas et moi dînons dans un chinois à côté, après on va au cinéma voir *La Vallée*. Au restaurant, je lui parle d'Azeta. Elle me dit qu'il est spécial, très gentil et très intelligent paraît-il, mais complètement dans les nuages. Elle me demande s'il me plaît. Sa question m'étonne. Je réponds que non, il ne me plaît pas, quelle idée, il est trop nerveux, trop cassant, il a l'air tyrannique, mais en y réfléchissant bien je me dis que si, après tout, en fait il me plaît : et en pensant cela je me sens devenir toute rouge. Je me traite d'imbécile et je me demande si ça se voit. Lilas ne réagit pas. Après le cinéma, je me sens bien, je me suis réhabituée à la présence d'une foule, toutes ces haleines autour de moi, tous ces gens qui sont ensemble; il y a quelques jours, ça me semblait dégoûtant et inquiétant.

Enfin les jours coulent maintenant, travail, cinéma, restaurant, lèche-vitrines. Le mercredi suivant je vais au séminaire d'Azeta, j'arrive une demi-heure à l'avance et Azeta est là tout seul à parler avec la secrétaire. Je les écoute à travers la porte ouverte. Je pense que j'ai envie d'Azeta, et tout de suite après je ne le pense plus : il m'est à la fois sympathique et antipathique, et devrait m'être indifférent.

Les vacances de Noël commencent quinze jours plus tard, je prends le train. J'arrive à Aix dans la nuit, épuisée. Les parents, le mas après un trajet dans leur voiture ont un goût de biscuit mou mais ça fait plaisir quand même de retrouver ses habitudes. Cependant je ne suis pas davantage moi-même là-bas, je n'existe entièrement nulle part. On me téléphone trois fois le lendemain de mon arrivée parce qu'on se doute que je suis rentrée. C'est drôle, avant quand j'habitais Aix il me semblait que je n'y avais pas d'amis et maintenant je me rends compte que je devais en avoir quelques-uns. Je suis invitée pour le réveillon de Noël. Je n'ai presque pas pris de vêtements et n'ai rien de convenable à porter pour une occasion festive, aussi je vais à Aix par l'autobus (long et cahotant) pour essayer de me trouver quelque chose; ce sera le cadeau de Noël de mes parents. Je finis par choisir une robe qui est très jolie sur un cintre, pas sur moi, mais il faut bien en finir. Noël à Aix, il fait froid mais ce n'est pas un vrai hiver comme là-bas, c'est une saison mi-figue, mi-raisin et les sapins ont vraiment l'air bizarre. Mais il y a beaucoup de monde dans les rues. Les gens ont l'air content, ils parlent dans les cafés avec plus d'animation que de coutume. Je passe au milieu de tous ces gens qui ne me voient pas, qui ne se voient pas les uns les autres, absorbés qu'ils sont dans leur cinéma intérieur. Tout le monde a l'air très occupé, tout le monde sait où il va, sauf moi. Je traîne un peu et je rentre. Les parents mangent des pâtes en regardant la télé. La lumière blafarde diffusée par l'écran insiste sur leur mastication. Ils ne sont pas très contents de moi. Il leur semble que je n'ai pas trouvé le bonheur dans mon métier. Ils se demandent ce que je cherche, ce qu'il me faut de plus. Ils essaient de savoir si je me plais à Ypallage, si je me suis fait des amis, « si j'ai trouvé quelqu'un ». Je ne réponds pas parce que je ne sais pas quoi leur dire. Si je leur dis oui, je me plais beaucoup, ils vont me dire qu'ils ne sont donc pas assez bons pour moi ; si je leur dis oui, j'ai beaucoup d'amis ils vont me dire « Et ta thèse ? Tu y penses, à ta thèse ? » Et si je leur dis : « Non, je ne me plais pas », ils vont me dire : « Qu'est-ce qu'il te faut donc, tu te prends pour une princesse, que tu n'es jamais contente de ton sort ? » Et si je leur dis : « Non, je ne sors pas beaucoup », ils vont me dire : que je travaille trop, que ce n'est pas sain et qu'est-ce que j'ai à vouloir faire une thèse, les filles ça ne fait pas de thèse. Alors je ne leur dis rien et ils ne sont pas contents parce que je ne leur parle pas. C'est la veille de Noël. Ils vont passer le réveillon seuls et ils s'en plaignent, ils n'ont pas vu leur fille depuis trois mois et voilà qu'elle ne peut même pas passer Noël avec eux, dès que j'arrive c'est pour repartir, aller voir des gens. Je prends l'autocar qui cahote par les petites routes, dans les collines, le chauffeur est content, il parle du repas qu'il va faire ce soir. A Aix les gens sont très affairés, ils se hâtent de rentrer chez eux. Je ne comprends pas cette agitation dans l'air, qu'est-ce que c'est Noël, c'est un jour de vide qui vous coupe tout, qui vous fait vous rappeler tout ce qu'on voudrait bien avoir, qu'on n'a pas et qu'on n'aura jamais.

Christine habite au dernier étage d'un vieil immeuble, un appartement qu'elle partage avec trois autres filles. Personne n'est encore là, j'aide à faire les sandwiches, il y a du poulet froid et du pâté, enfin des choses qui nourrissent et qui ne coûtent pas trop cher et je m'aperçois que je n'ai rien apporté. Aussi je ressors sous un prétexte et je vais à la première charcuterie venue ; j'achète quatre grandes pizzas, et pendant que j'y suis aussi un magnum d'asti, c'est cher, heureusement que j'ai de l'argent sur moi, ça me fait drôle d'acheter des choses comme ça, ce n'est pas chez mes parents qu'on achète des grandes pizzas chez le charcutier et moi je n'ai jamais eu assez d'argent avant, je ne m'y suis pas encore habituée, chaque fois que je fais une dépense qui n'est pas strictement nécessaire, ça me donne des crampes d'estomac et je fais des cauchemars la nuit suivante. Enfin tant pis, je remonte les étages avec mes paquets dans les bras et je me fais bien accueillir quoique avec un peu d'embarras. Christine et ses copines sont encore étudiantes et ne savent pas ce que c'est de gagner un salaire et c'est comme si ces pizzas leur avaient fait prendre conscience, tout à coup, que je suis passée de l'autre côté de la barrière. Enfin, quand on a bien travaillé, qu'on a tout disposé sur une vieille table recouverte d'un drap et qu'on a planté les bougies dans des goulots de bouteilles, on va s'habiller, j'ai pris ma robe neuve dans un sac, Christine me fait un chignon et elle me prête son parfum et puis elle me maquille parce que moi je ne sais pas ; quand j'essaie, j'ai l'air de faire le trottoir. Elle sait s'y prendre mieux que moi, elle m'arrange et enfin j'ai l'air à peu près convenable. Les gens commencent à arriver ; la plupart je les ai vus comme ça, rencontrés, je connais leurs visages, et même leurs noms, mais enfin, je ne les connais pas. Mais eux ils se connaissent tous, ils s'embrassent sur les deux joues et ils se demandent des nouvelles comme s'ils ne s'étaient pas vus depuis plusieurs mois, et pourtant ils se sont sans doute vus la semaine précédente ; et moi, au milieu de tout ça, personne ne me demande rien. J'ai envie de m'en aller mais je ne peux pas, parce que je n'ai pas de voiture, et il va falloir que je reste la nuit. Alors j'en ai tellement assez que je vais regarder les livres de Christine, je trouve un roman que je n'ai pas lu et je m'installe dans un coin près d'une fenêtre, et je regarde les lumières dehors, les fenêtres de la maison d'en face sont tout éclairées, des silhouettes s'y découpent. En bas, dans la rue, des portes claquent, des gens s'appellent. Je prends le roman et je lis, mais ce n'est pas facile avec tout ce mouvement et tout ce bruit autour de moi, les gens n'arrêtent pas de parler, ils parlent tous à la fois ; ils semblent avoir tant de choses à se dire. Tout d'un coup, il se fait un grand mouvement, les gens s'écartent, se poussent, les regards convergent tous vers un point, les conversations se transforment en exclamations de bienvenue. Tout le monde est debout sauf moi qui ne vois pas qui sont les nouveaux arrivants et qui ne me donne pas la peine de me lever puisque de toute façon ce seront des gens qui ne s'intéresseront pas à moi. Quand même de ma place je regarde ce qui se passe. Les dos des gens. Au bout d'un moment, le mouvement se calme. Une fille m'apporte une coupe d'asti. Les gens se sont à nouveau constitués en petits groupes. Au milieu de la pièce je vois Azeta un verre à la main. A côté de lui se tient une petite bonne femme dans une robe bariolée bien courte, qui ressemble à un oiseau. Elle passe le bras dans celui d'Azeta.

Je me replonge dans mon livre, mais en vain. Je me demande ce qu'Azeta vient faire ici. Il a dû revenir pour les vacances tout comme moi et la petite bonne femme doit être sa femme. Je ne savais pas qu'il était marié ; il me semblait qu'il ne portait pas d'alliance. Je les regarde, lui et sa petite bonne femme. Elle ne parle pas, elle se contente de rire avec des dents très blanches. Quelqu'un se penche vers moi, une bouteille d'asti à la main. Je m'aperçois que j'ai fini mon verre, je le laisse remplir à nouveau. Quelqu'un met un disque et un couple commence à danser, et puis les autres suivent : un garçon m'invite, je danse très mal mais il est gentil, après je vais m'asseoir et on me donne un autre verre d'asti, et puis encore un autre, et je me sens bien, mais j'ai un peu chaud. Azeta est en face de moi qui me dit bonjour, et qui me présente sa femme ; sa femme est invitée à danser et Azeta s'assoit à côté de moi et me fait la conversation. Il veut savoir comment il se fait que je suis à Ypallage, ce que je faisais à Aix, pourquoi nous ne nous y sommes pas connus ; il m'explique qu'il s'est exilé à Ypallage parce qu'il pouvait y avoir un poste de maître assistant, qu'il s'y plaît bien mais que sa femme ne se fait pas au climat et à la perte de ses amis. Il me parle aussi de

Delchiotto qui est un peu pénible mais bon bougre au fond. Il me parle comme si nous nous connaissions vraiment. Ensuite il veut que je lui parle de ma thèse et je m'aperçois que j'ai la langue déliée, que je m'exprime avec facilité. Il m'apporte un verre d'asti ; c'est très bon l'asti. Il m'invite à danser, nous tournons lentement sur nous-mêmes et il me semble que la pièce tourne elle aussi, en sens inverse, le buffet, les autres couples, la fenêtre, la femme d'Azeta qui nous regarde, assise sur une chaise, le buffet, les autres couples, la fenêtre, la femme d'Azeta ; c'est elle qui me sert de repère, sans doute à cause des vives couleurs de sa robe, et puis aussi parce qu'elle semble nous regarder si fort ; je me demande pourquoi elle nous regarde si fort. Il me semble que je sens la main d'Azeta sur mon cou, et puis son souffle contre mon oreille ; il sent l'homme et le vin. J'essaie de m'écarter, je pense que c'est moi qui suis trop près de lui ; mais plus je m'écarte, plus il se rapproche ; et puis je suis lasse, je n'ai plus la force de lutter, juste celle de tourner en rond ; alors je laisse tomber ma tête sur son épaule et nous continuons à tourner ainsi, et je vois sa femme avec ses yeux fixes, qu'est-ce qu'elle fait là sur sa chaise et moi qu'est-ce que je fais là dans les bras de son mari, et tout d'un coup tout ça me semble si drôle, si drôle que je me mets à rire, je ris aux larmes sur l'épaule d'Azeta et nous continuons à tourner, puis la musique s'arrête et nous nous arrêtons aussi. Il n'y a plus personne sur la chaise et je m'y assois. Azeta me propose de venir prendre l'air sur la terrasse, il dit que je suis très pâle. C'est vrai que je ne me sens pas bien tout d'un coup. En traversant la cuisine il passe le bras autour de mes épaules. Sur la terrasse il fait frais, froid même. Nous nous appuyons contre la balustrade et nous regardons en bas, et je me mets à vomir. Je dégueule tout ce que je peux et ça tombe avec un bruit de pluie ; quand j'ai fini je me mets à pleurer. Je pleure toutes les larmes de mon corps, ça me dégouline sur la figure et la morve avec ; le vomi, les larmes, la morve, je fonds, je suis devenue un vrai déluge et j'ai honte, oh j'ai honte et surtout je voudrais que cet imbécile s'en aille, là, à mon côté, cet imbécile qui reste là à me regarder sans rien dire, je le vois du coin de l'œil, et qui me tend son mouchoir pendant que je me vide. Il me tend son mouchoir et je n'en veux pas, ah ça non, il peut bien se le mettre où je pense son mouchoir, mais ça me fait prendre conscience que je ferais peut-être mieux de me moucher, aussi je cherche mon mouchoir à moi mais je n'ai pas mon sac et je ne l'ai pas mis dans mon soutien-gorge et cette imbécile de robe n'a pas de poches, ah pourquoi les vêtements féminins sont-ils aussi mal foutus, et je dégouline toujours et Azeta reste planté là son mouchoir offert à la main comme une rose, alors ne serait-ce que pour qu'il s'arrête, qu'il fiche le camp et qu'il me fiche la paix je le prends, je m'essuie la figure et je me mouche, et je commence à voir plus clair, et plus je vois clair plus je le vois là à mon côté qui ne bouge pas, alors je me précipite à la cuisine, n'importe quoi pour ne plus le voir, je vais à l'évier je me jette de l'eau sur la figure je me rince la bouche je m'essuie avec un torchon qui traîne et ensuite je me retrouve plantée là, entre cet imbécile sur le balcon et les autres qui ont recommencé à danser de l'autre côté, mais qu'est-ce que je peux bien faire, je ne peux pas retourner à la lumière devant tout le monde, je dois avoir une tête épouvantable, aussi je reste là

63

coincée dans la pénombre de la cuisine, et tout d'un coup il me prend dans ses bras et il me parle. Il me dit que je suis belle, qu'il a envie de moi à n'en plus pouvoir, depuis la première fois quand il m'a vue assise là à son séminaire, il avait tellement envie de moi qu'il ne savait plus que dire, il s'est mis à raconter n'importe quoi pour meubler le silence, des conneries avec l'espoir que personne ne s'en apercevrait, c'était un trou qui a bien duré un quart d'heure sûrement pendant lequel il ne pouvait pas faire autre chose que dire n'importe quoi et essayer de s'empêcher de me regarder. Et maintenant il faut qu'il m'embrasse, et il m'embrasse sur la bouche, comment peut-il c'est dégoûtant après tout ce que j'ai dégueulé ; mais moi je n'ai plus de forces, plus de réactions, je suis comme clouée sur place et je me laisse faire, tout ça n'a évidemment aucune importance, il n'y a plus qu'à se laisser porter par le courant, il m'embrasse, ça n'est pas désagréable mais enfin ça n'est pas particulièrement agréable non plus, c'est un peu froid un peu mou, de très près il sent le petit chien mouillé, quand est-ce qu'il aura fini je me le demande ? Tout d'un coup, la cuisine s'illumine, Azeta me lâche, je vois Christine à la porte, les yeux écarquillés, une cruche à la main ; elle lâche la cruche qui se brise à terre en de nombreux morceaux. Azeta se baisse, il ramasse les morceaux, ça a l'air de l'intéresser beaucoup. Christine et moi restons face à face à nous regarder ; elle dit je voulais faire des oranges pressées. Azeta dit le nez au ras du sol mais d'un ton détaché « Vous avez un autre pot ? » Christine dit oui oui. Azeta dit : « Bon alors allez faire vos oranges, Isabelle et moi on s'occupe de ramasser les morceaux, n'est-ce pas Isabelle ? Et puis tenez, non

Isabelle, vous devriez plutôt aller à la salle de bains essayer de me trouver un peu de coton hydrophile, vous voyez je me suis coupé le doigt, ça saigne ; et puis par la même occasion vous devriez vous recoiffer, en vous penchant comme ça par terre vous avez dérangé l'ordonnance de vos boucles. » Ce qu'il est con ce type Azeta, il est con et prétentieux je peux pas le blairer mais alors pas du tout, je vais à la salle de bains et puis il peut bien saigner à mort s'il veut qu'il en crève de son bobo, moi je me lave je me remaquille je me coiffe mais malgré tous mes efforts je vois bien que je ne peux pas réapparaître en public comme ça, je suis toute rouge j'ai l'air vraiment bizarre ; ah j'en ai marre, je n'aurais jamais dû mettre les pieds ici, jamais dû venir à cette partie à la gomme, qu'est-ce que je peux faire, je n'ai pas de voiture pour rentrer, je ne veux surtout pas revoir Azeta, et puis Christine, la gueule de Christine quand elle a allumé dans la cuisine, oh ça je ne l'oublierai jamais ! Quelle saleté cet Azeta quand même, profiter comme ça de la situation, et pratiquement sous le nez de sa femme encore, profiter comme ça de moi après m'avoir saoulée : parce que ça c'est lui qui m'a saoulée, le salaud, avec sa galanterie à la mormoil, ça je ne lui pardonnerai jamais, ça devrait être interdit des mecs pareils, d'ailleurs c'est bien simple, ça alors l'Azeta il ne me reverra jamais, il a qu'à aller se payer ses fantaisies extra-conjugales ailleurs, j'irai plus à son séminaire, jamais, j'irai plus à la bibliothèque et puis s'y m'emmerde encore j'irai le dire à Delchiotto, que son brillant maître assistant c'est qu'un pervers à la manque, et puis d'ailleurs il sera sûrement content d'entendre ça, Delchiotto, sûrement qu'il doit en être jaloux d'Azeta, au fond sûrement que ça lui fera plaisir. Ah le salaud, il m'a complètement saoulée, encore maintenant je suis complètement saoule, j'en ai marre j'en ai marre. Je me suis réfugiée dans la chambre de Christine, sur son lit, il y a au moins dix manteaux dessus, je m'en fous, je me couche sur les manteaux et je chiale, je chiale et tout d'un coup je sens un poids chaud, c'est Azeta. Il est sur moi et il m'embrasse, il m'embrasse le cou, il a la bouche molle mais c'est quand même agréable, je lui dis de me foutre la paix, il me dit mais non mais non, et puis je passe la main dans ses cheveux qu'il a crépus comme un nègre et très épais, et je le serre contre moi, je le prends dans mes bras à mon tour, il se laisse faire et nous restons comme ça, longtemps. Puis je réagis. Je me lève et je lui dis qu'il faut qu'il parte. Il veut que je lui parle mais je refuse. Je refuse de bouger de la chambre ou de lui dire quoi que ce soit. Je n'ai strictement rien à lui dire et finalement il s'en va, il a l'air gêné, chien battu, il est un peu rouge et il a l'air un peu saoul, le regard vague, il dit bon, bon, avec un sourire honteux, et il s'en va.

Je passe le reste des vacances cachée dans ma chambre. Quand je n'y tiens plus, je vais faire des promenades solitaires dans la campagne rendue plus sèche encore par le gel. Le temps est beau et dur, mais ça ne soigne pas la tristesse et la colère que j'ai dans le cœur. Au cours de ces promenades je remâche ce qui s'est passé, je me persuade que c'est vraiment l'alcool qui est la cause de tout. Le matin de Noël j'ai aidé Christine et les autres filles à remettre de l'ordre et à faire la vaisselle, puis elle m'a reconduite dans sa vieille Ami 6 et chemin faisant, comme il fallait s'y attendre, elle m'a fait la leçon. « Tu ne te rends pas compte de ce que tu fais, Azeta est marié, d'ailleurs sa femme est adorable, d'ailleurs il l'adore, la malheureuse, c'est un drôle de type », sans vouloir me dire pourquoi c'est un drôle de type, mais avec l'air de quelqu'un qui sait de quoi elle parle, avec des sous-entendus mystérieux, comme si Azeta était atteint d'une espèce de lèpre dont tout le monde, sauf moi, connaîtrait l'existence, et me considérant moi comme si j'étais la cause de tout, elle a le culot de me dire que j'aguiche les hommes, que je joue de mon « sex-appeal ». C'est à moi qu'elle dit ça, moi la moche, la grosse, qui ne sait ni s'habiller ni se coiffer ni se maquiller, moi qui ne flirte pas, à qui elle reprochait, l'été précédent, de ne pas avoir de type, ce qu'elle trouvait bizarre et malsain. Du jour au lendemain, voici que je suis passée de la vierge prolongée à la putain, et il paraît maintenant que le second état est pire encore que le premier. Je ne peux pas la supporter et j'ai hâte qu'elle me dépose au bord de la route, à la barrière du mas, sans l'inviter à venir dire bonjour à mes parents, ce pourquoi elle me dit un au revoir très sec, le nez en l'air, et démarre en trombe pour manifester son mécontentement. Moi, je suis restée toute seule. Ça m'apprendra à fréquenter les gens. J'aurais jamais dû y aller, à sa soirée. Ce que je trouve fort aussi c'est la façon dont on vous traite de putain sous prétexte qu'un type marié vous a serrée de près. Je ne suis pas allée le chercher moi Azeta. Christine est jalouse, oui. Azeta je n'en veux pas, j'en ai rien à faire. Qu'il aille soigner ses conjungo-blues ailleurs. Je m'enveloppe à nouveau dans la solitude. Mais ça m'inquiète un peu, ce qui m'attend à Ypallage en revenant, ces engagements pris avec les gens, Lilas ;

tiens, je pense à Lilas pour la première fois depuis que je suis revenue à Aix. Mais je n'aurai qu'à prendre le prétexte du travail pour me débarrasser d'elle, voilà tout.

Mes parents ne sont pas contents du tout, du tout. Le jour de Noël il y avait une cérémonie avec des petits cadeaux à développer et un repas pantagruélique et je n'y ai pas fait honneur, d'abord ils m'ont reproché de ne pas avoir invité Christine alors qu'elle m'avait invitée à sa soirée, elle, ce dont j'aurais dû être reconnaissante parce que je ne sors pas souvent, n'est-ce pas ? (Sous-entendu : personne ne veut de moi, je suis au-dessous de tout, ratée, bas-bleu, et cette pauvre Christine qui m'avait même reconduite en voiture et qui allait faire le trajet toute seule en sens inverse et passer Noël toute seule.) J'avais la gueule de bois, mal à la tête, mal au foie et envie de vomir, mais je ne pouvais quand même pas leur dire que je m'étais saoulée, ça aurait fait un drame. Alors, ils ne comprenaient pas pourquoi je ne faisais pas honneur au dîner. Après le repas, ça allait tellement mal que je suis allée m'allonger sur mon lit au lieu de regarder la télé en famille, et finalement je me suis endormie. Par ailleurs la télé m'est en ce moment une grande consolation. Comme ça je passe le temps, la petite semaine ici avant de prendre le train, le train sévère des gens qui reviennent de vacances, le passage du tiède au froid, du sec à l'humide. Pourtant je ne peux pas dire que ça me fasse mal de partir ; je ne me sens pas chez moi à Ypallage mais je ne me sens plus chez moi ici non plus maintenant, et même en un sens Ypallage c'est davantage chez moi, quels que puissent être le désordre et l'abandon dans lesquels je laisse les choses.

Le voyage du retour est trop long. J'ai quand même peine de quitter les parents qui faisaient grise figure sur le quai de la gare ; et où je vais, il n'y a ni lauriers ni cyprès. Mais je peux m'ouvrir une boîte de maquereaux au vin blanc à trois heures du matin si j'en ai envie, et manger dedans à la petite cuillère avec la clé encore sur la boîte. Je me rends compte que je me suis habituée à ces petites libertés-là, et que j'y tiens.

Je suis debout dans le couloir du train et je regarde passer les maisons, fenêtres éclairées des gens qui mangent la soupe. J'enfonce la main au creux de la poche de mon manteau et je la referme sur un mouchoir. Je le tords entre mes doigts et finalement je le sors de ma poche pour le triturer plus à mon aise. C'est un grand mouchoir blanc, un mouchoir d'homme. Il porte un A brodé au coin. C'est le mouchoir d'Azeta.

Toute seule dans le couloir du train je pleure de rage contre cet imbécile d'Azeta et contre cette conne de vie. Je voudrais me jeter par la fenêtre du train, là où ça va si vite que c'est tout de suite oublié. Mais de toute façon ça c'est une fenêtre qui ne s'ouvre pas. Si la fenêtre s'ouvrait je ne parviendrais même pas à l'escalader. C'est trop haut, je suis trop maladroite, pas sportive du tout. Sûrement quelqu'un aurait le temps d'observer mes gigotements éléphantesques pour basculer de l'autre côté, et de me rattraper par le fond de la culotte avant que je n'aie réussi. Et peut-être même que finalement, juste au moment de réussir, j'aurais peur, et je me mettrais à crier qu'on me tire de là, comme ce voisin qui, à l'annonce qu'il était cocu, se mit à dévaler la colline de sa maison jusqu'à la rivière en bas. La première moitié de la pente, il criait qu'il allait se noyer ; la deuxième, il criait qu'on le retienne ; et en arrivant au bord, il freinait, et se mit à remonter la colline, pour aller battre sa femme.

C'est ça qui est malheureux dans la vie, c'est que ce n'est pas simple. Même les beaux gestes absolus sont affreusement compliqués. La fenêtre du train ne s'ouvre pas, si elle s'ouvrait je ne parviendrais pas à me hisser par l'ouverture et à me tuer, Azeta ne saurait jamais que je serais morte par sa faute ; donc je me serais tuée pour rien. Je remets le mouchoir d'Azeta dans ma poche et je regarde défiler les champs pendant que mes larmes sèchent. Un homme traverse le couloir, en passant derrière moi il me caresse les fesses et disparaît avant que j'aie eu le temps de réagir. Je suis furieuse, je pleure, je suis une vraie fontaine. Finalement ça sèche encore une fois et je rentre dans le compartiment pour essayer de dormir. Je serai à Ypallage tôt demain matin.

En sortant de la gare ma valise est trop lourde et j'habite trop près pour prendre un taxi. J'ai faim, j'ai froid, je suis sale. Je m'arrête pour prendre le petit déjeuner dans un de ces cafés d'où, les matins de classe, des gens attablés devant des tasses fumantes et des corbeilles de croissants me regardent passer. Je m'assois derrière la vitre et, tout en buvant et mangeant, je regarde passer les gens, c'est vrai qu'ils ont l'air pressé et que certains me jettent au passage des regards envieux, mais maintenant que je suis de l'autre côté, je me rends compte que ça n'est pas si divin que ça, le café sent la vieille friture, il y a des courants d'air et des bruits de vaisselle, et les croissants sont secs. J'ai fini, je reprends ma valise et je m'en vais. Les gens commencent leur journée et moi, je finis ma nuit, je vais rentrer prendre un bain et me coucher.

En arrivant je dépose ma valise et je vais dans la salle de bains pour faire couler l'eau, j'allume la lumière et des bêtes noires sortent de nulle part et courent dans toutes les directions. En quelques instants toutes ont disparu. Je fais couler l'eau et elle sort du robinet jaune foncé. Décidément je n'ai pas de chance. Je vais m'allonger sur mon lit pour dormir un peu, quand on sonne à la porte. C'est Lilas. Elle me prend dans ses bras et m'embrasse sur les deux joues, et me demande si je ne veux pas venir au snack avec elle, si je n'ai pas faim. Je m'aperçois que malgré les croissants de tout à l'heure, si, j'ai faim. Nous nous mettons en route. Elle me raconte ses vacances. Je crois vaguement comprendre qu'elle a rencontré « un type qui est vachement amoureux » d'elle mais c'est très vague, et à la fois précis comme tout ce qu'elle raconte de sa vie. Il y a toujours quelques détails dans une mer d'imprécision. Parfois j'ai envie de lui poser des questions sur ce monde mystérieux qui semble être le sien et qui m'est, à moi qui partage de larges tranches de sa vie, complètement invisible ; ces amis dont elle parle, je n'en ai jamais vu un seul, c'est toujours lorsque je suis absente qu'ils surgissent comme par miracle ; ces lieux dorés où elle s'amuse, appartements d'amis, boîtes de nuit, restaurants, elle ne m'y emmène jamais ; le temps de ce monde, c'est mon absence. Parfois, je suis un peu vexée de son refus de m'y faire entrer, encore qu'après tout je ne puisse même pas parler de refus, puisque je n'ai jamais abordé la question. Je me demande lequel de ses deux univers sert à boucher les trous de l'autre, le mien ou celui de mon absence. Parfois même je doute de l'existence de l'autre, l'inconnu mystérieux, puis je me dis qu'après tout je suis souvent absente, tous les jours je suis partie les trois quarts du temps, et Lilas passe tellement de temps à me parler de ce monde-là que je ne peux pas concevoir qu'elle fasse l'effort de l'inventer de toutes pièces. Alors je continue à ne pas poser de questions et je l'écoute plus ou moins attentivement. Ce sont de belles histoires.

Le lycée a repris et le froid aussi, il faut faire très attention maintenant en sortant du train le matin, le sol est blanc de gel, usé par les glissades des élèves, c'est très dangereux. Il faut avancer comme un ours en se dandinant les jambes écartées. Dans les classes il fait froid, le lycée n'est pas assez chauffé, je pars le matin avec deux pull-overs et un collant de laine sous mon pantalon. Je me suis acheté des boots fourrées et des gants. Tout le long des rues il y a des étalages de gants sur le trottoir. L'hiver va bien à Ypallage, le vent et la pluie nettoient les bâtiments, l'or du vieux beffroi resplendit dans le ciel sombre. La grand-place a été décorée pour Noël, on y a mis de grands sapins et ils restent là, le dimanche matin les couleurs violentes des anémones du marché aux fleurs s'épanouissent ; il n'y a guère que cela et des soucis en cette saison, avec quelques roses anémiques, mais les marchandes s'obstinent à venir les vendre, elles piétinent les mains dans la grande poche de leur tablier bleu. Les gens traversent la place aussi vite qu'ils le peuvent et parfois l'un d'eux glisse et s'étale, éparpillant les fleurs, la tarte au sucre du déjeuner.

Peu à peu je me familiarise avec ce monde hermétique. Je fais de longues visites dans les librairies à la recherche des livres dont imperturbablement Azeta donne la liste le mercredi. Après bien des hésitations je suis retournée à son séminaire. Je ne vois pas pourquoi cette aventure sans lendemain gênerait ma vie intellectuelle. Le mouchoir que j'ai retrouvé dans ma poche, je l'ai lavé et repassé et je le garde dans mon sac pour le lui rendre, et puis je ne le fais pas parce que ce serait avouer que ce qui est arrivé est arrivé. Alors il reste dans mon sac jusqu'au jour où, enrhumée et sans mouchoir en plein milieu d'un cours, je m'en sers à nouveau.

Ainsi ce qui est arrivé avec Azeta ce soir-là à Aix pourrait très bien ne s'être jamais produit. Il reste le sentiment d'une certaine complicité. Il me semble que ses regards sont plus appuyés. A part cela rien. Je travaille.

Un mercredi comme les autres (janvier avance), je me hasarde à parler pendant le séminaire, il me semble qu'Azeta n'a pas compris quelque chose. L'auditoire semble stupéfait, stylo en l'air, bouche ouverte, tandis qu'Azeta rougit dans un grand silence. Ce n'est pas un mec, après tout, Azeta. Il est désarçonné par ma question, il ne s'y attendait pas, il essaie de tourner autour du pot. Mais je ne le laisserai pas s'en tirer comme ça, il va me répondre. Je le pousse. Il n'a pas compris en vérité, il ne comprend absolument rien, je cesse d'insister car je m'aperçois que je l'embarrasse. Je suis déçue, Azeta a des limites. La semaine suivante je me tiens bien tranquille au séminaire. C'est fini, tout le monde remballe ses affaires d'un air soulagé et pénétré à la fois. Azeta fait ça debout, il a posé sa grosse serviette de cuir marron sur la table, une serviette de même, c'est tout juste s'il n'y a pas des sangles pour la mettre sur le dos, c'est bourré de bouquins et il range, il range d'un air absorbé. Je vais vers le bureau de la bibliothécaire pour emprunter un livre. Elle me donne la petite clé de cuivre qui ouvre les vitrines. J'ouvre, je trouve le livre, je le lui tends, je remplis une fiche. Les autres s'en vont. Azeta est toujours debout à la table, il est plongé dans des papiers. La bibliothécaire me rend le livre et je sors. Je longe le couloir et je commence à descendre les escaliers. J'entends un pas derrière le mien, loin en haut. Je sais que c'est Azeta. Je descends plus vite mais il gagne du terrain. Il cherche à me rattraper. Je fais semblant de ne pas m'en apercevoir. Je me sens très raide. Il m'appelle : « Mademoiselle de Santis ! » Il est à mon côté : « Je voudrais vous parler, c'est à propos de ce que vous avez dit la semaine dernière, je n'ai pas très bien compris. Je voudrais vous voir pour en discuter, je voudrais vous en parler. » Je réponds : « Oui, oui, si vous voulez. » Il dit : « Quand pourrait-on se voir, alors, pour parler de ça ? » Je dis « Quand vous voudrez ». Je ne veux pas me commettre. Il dit : « Tout de suite, j'ai un moment de libre, vous ne voulez pas venir prendre un café ? » J'hésite, je voudrais dire non, prétexter quelque chose, mais je ne sais pas quoi. Alors comme il faut que je réponde vite, je dis « Oui, oui, si vous voulez ». Nous sommes arrivés en bas, nous sortons du bâtiment. Il désigne de la main le café de l'autre côté de la place où je l'avais vu avec la grosse fille. Nous allons nous asseoir au fond, là où le mur est couvert de glaces gravées. Je m'assois sur la banquette de simili-cuir rouge et lui sur la chaise en skaï vert en face. Il commande deux cafés et je l'interromps, je demande un thé au lait. Il s'excuse et je manque de lui dire : « Vous savez, c'est à cause de Lilas, j'ai pris l'habitude de boire du thé. » Mais je m'arrête à temps. Heureusement, parce qu'il ne sait pas qui est Lilas, et il n'en a rien à faire, j'aurais été complètement ridicule, je ne sais pas ce qui m'a pris. Il dit : « Que vouliez-vous dire ? » Je réponds « Rien, rien ». Il n'insiste pas. Il a l'air très préoccupé. Il allume une cigarette sans m'en offrir. Il regarde la table. Il dit : « Expliquez-moi ce que vous vouliez me dire » et je dis « Non, rien, rien, je ne voulais rien dire ». Il insiste : « Mais si, si, j'ai eu l'air d'un imbécile devant tout le monde, je n'ai pas compris mais ça m'intrigue, je voudrais savoir ce que vous vouliez dire. » Je comprends qu'il se réfère à mon intervention de la semaine précédente. Je dis : « Ah oui, ça » — et je lui explique. Au début je suis très timide, j'ai du mal à parler, il me semble que j'ai du culot d'avoir l'air de vouloir lui en remontrer à lui, Azeta, moi qui n'ai pas de mots. Puis je m'enhardis malgré moi parce que la fièvre me monte en parlant, c'est plus fort que moi. Je lui explique qu'il n'a rien compris au passage de la *Jérusalem* qu'il nous a soi-disant expliqué, et c'est littéralement ça, ce n'est pas trop fort, il n'a rien compris. Rien du tout, et ça il faut qu'il le sache, parce qu'on n'a pas le droit de massacrer les textes comme ça.

J'essaie de prendre des gants mais c'est plus fort que moi ; les mots dérapent et se retrouvent dans l'air avant que j'aie pu les retenir. Azeta est devenu tout rouge. Il commence à réagir. Il se fâche un peu, il essaie de me pousser dans mes retranchements. Mais il a tort. Je suis presque sûre qu'il a tort. Il ergote sur des points de détail, il joue sur les mots. Mais je ne le laisse pas faire, je m'excite parce qu'il n'est pas honnête, je n'aime pas qu'on joue avec les choses sérieuses. Quelque chose se dénoue et je me mets à parler plus vite. Si vite qu'il n'a pas le temps de placer un mot, il ne faut pas qu'il en place un, je le vois en face de moi : rouge, de plus en plus rouge et la bouche ouverte, je continue à parler et peu à peu sa rougeur décroît, il ferme la bouche et regarde la table sans plus tenter de m'interrompre. C'est très bien, c'est tout ce qu'il faut. Je lui explique tout à mon aise. Puis tout d'un coup le torrent s'arrête, je m'aperçois que j'ai dit tout ce que j'avais à dire. Il relève la tête, il me regarde avec des yeux très noirs. Ses prunelles sont presque rouges d'être noires. J'en ai assez de ce type, je me demande ce que je fais là. J'ai une envie folle de m'en aller ; mais je ne peux pas m'en aller comme ça. Je vais essayer de lui dire au revoir le plus vite possible. Il dit « Isabelle ». Je dis « Oui » ; j'ai le mal de mer. Il dit « Est-ce que je peux vous appeler Isabelle ? » Je dis oui. Il s'appelle comment lui déjà ? Il dit « Je m'appelle Gilles ». Je trouve ça complètement ridicule. Il dit « Vous m'avez appris beaucoup de choses, j'aimerais que nous puissions nous voir de temps en temps pour parler de cela, j'ai besoin de parler avec des gens qui comprennent, j'ai besoin de stimulation intellectuelle ; c'est si difficile de trouver des gens intelligents qui ont quelque chose à dire, vous comprenez ? » Je dis oui, oui, mais ce n'est pas vrai, je ne comprends pas du tout ce qu'il veut dire. Je dis qu'il faut que je rentre. Il dit « Oui, oui, bien sûr, je vous ai fait perdre votre temps ». « Non, non, pas du tout. » En me serrant la main il essaie de rencontrer mon regard mais je ne veux pas, je regarde obstinément ailleurs, la table, les murs, mon sac. En sortant il s'efface pour me laisser passer, il sent bon, une odeur très épicée, un after-shave de bonne qualité qui ne masque pas complètement l'homme en dessous, je passe vite. Dans la rue, je presse le pas pour rentrer parce que la nuit tombe, les lumières sont déjà allumées et le froid saisit, les mains dans les poches je marche vite et je pense que c'est vrai qu'il m'a fait perdre mon temps, c'est une perte de temps de parler aux gens comme ça, ça n'apporte rien, en les écoutant aussi d'ailleurs on perd son temps mais moins quand même, de temps en temps on apprend quelque chose, et puis au moins ça occupe et parfois même ça distrait, de toute façon j'ai tout mon temps à perdre, je ne sais pas pourquoi il m'a dit ça, est-ce qu'il considère qu'il n'a pas de temps à perdre lui, Gilles Azeta, Azeta n'importe quoi ; alors c'est vraiment qu'il a une forte opinion de lui-même, ça ne m'étonne pas d'ailleurs, je ne vois pas comment il pourrait en être autrement avec la tête qu'il a, le genre qu'il a. Ils en ont de la chance, les gens qui n'ont pas de temps à perdre. J'arrive devant l'immeuble et je m'aperçois qu'il y a de la lumière chez moi. Ça se voit parce que toutes les autres fenêtres sont garnies de rideaux, des voilages comme on dit, des machins pour empêcher de voir chez les gens, mais moi tout le monde peut bien voir chez moi s'il veut, pour ce qu'il y a à voir de toute façon ! D'habitude on voit les carrés noirs de mes fenêtres parmi les carrés jaunes des autres fenêtres, ce soir on voit les carrés jaunes de mes fenêtres parmi les carrés jaunâtres des autres, je traverse la place et je vois une silhouette noire à la grande fenêtre, la fenêtre du salon : c'est une silhouette de femme. Je ne la vois plus maintenant, je suis trop près de l'immeuble, je me dis que je dois m'être trompée, ce n'étaient sûrement pas les fenêtres de mon appartement et pourtant si, et la femme, tout d'un coup, je soupçonne que c'est Lilas ; et d'ailleurs ce n'est pas étonnant, elle a gardé la clé depuis le jour où elle me l'a empruntée pour faire le ménage, je n'ai plus de double maintenant. Je monte dans l'ascenseur, je me demande ce qu'elle peut bien faire là-haut. J'ouvre la porte et c'est bien ça, c'est bien allumé. Dans le salon la silhouette de Lilas en vert se profile sur le ciel noir maintenant, elle me tourne le dos, le front à la fenêtre, les mains sur le radiateur, elle m'a sûrement entendue entrer mais elle ne bouge pas, je m'approche et je lui touche l'épaule : « Lilas ? » Elle tourne la tête, des larmes ruissellent le long de ses joues. Elle me regarde sans rien dire, un long regard en coin, très mouillé, ses cheveux noirs collés de larmes. Je dis « Qu'est-ce qu'il y a Lilas ? » Elle me regarde toujours, elle ne dit rien. Je la prends par les épaules, je l'emmène jusqu'au canapé, je la pousse un peu pour qu'elle s'assoie, elle est à la fois toute molle et toute raide. Elle se cache le visage avec ses mains, elle se met à pleurer bruyamment. Je lui demande encore ce qu'elle a et elle ne veut pas répondre. Elle pleure de plus en plus fort, toujours le visage dans les mains et maintenant elle se balance, de gauche à droite, d'avant en arrière. Je ne sais pas quoi faire. Je vais dans la cuisine, j'ai faim, je vais faire du chocolat. Quand je reviens avec les deux tasses et le pot sur un plateau elle pleure toujours mais plus calmement, elle ne cache plus son visage chiffonné et cramoisi, les larmes coulent toujours le long de ses joues et de là sur son pull-over qui a une tache sombre d'humidité. Quand elle me voit arriver elle se lève d'un bond, elle me bouscule, renversant une tasse au passage, elle sort en claquant la porte et je la suis, elle traverse le palier en courant, les bras tendus devant elle, et me claque sa porte au nez. Lilas a la clé de chez moi mais moi je n'ai pas la clé de chez elle. Je sonne, elle ne répond pas. Je sonne plusieurs fois et rien du tout, alors je tambourine du poing à la porte puis j'appelle : « Lilas, ouvrez-moi vite. » J'ai l'air d'une belle imbécile à crier et à taper comme ça sur le palier, je rentre chez moi. Tant pis pour Lilas. Je me sens bête. Je bois le chocolat qui a refroidi.

Deux heures plus tard on sonne à la porte. C'est Lilas. Elle s'excuse pour tout à l'heure. Elle s'assied sur le canapé et recommence à pleurer tout en parlant. Il ressort de ses histoires qu'elle est allée chez ses parents le week-end dernier et qu'ils se sont fâchés, elle leur a téléphoné ce midi et ils lui ont dit que son studio coûtait trop cher, qu'elle devait rentrer habiter avec eux, et prendre le train un jour par semaine pour aller à la Fac. Elle est désespérée. Elle ne s'entend pas avec ses parents. Elle dit que si elle doit vivre avec eux tout le temps elle deviendra folle. Elle fera n'importe quoi plutôt que ça, elle va se faire carmélite ou femme de ménage. Et son studio qui devenait si joli avec les meubles que je lui avais donnés, elle s'y plaisait tant, avec moi en plus sur le palier qui suis une si bonne amie, elle dit qu'elle va se trouver une chambre de bonne, sans chauffage, sans eau, n'importe quoi. Je tente de la raisonner, je lui dis qu'après tout avec ses parents ce ne sera peut-être pas si pénible que cela. Elle se fâche à travers ses larmes, elle trépigne, elle est pathétique et toute petite, recroquevillée là, son assurance évanouie. Elle répète qu'elle va abandonner ses études, qu'elle deviendra employée de banque, n'importe quoi. Je suggère la seule chose qui me paraît raisonnable, qu'elle prenne un remplacement, une surveillance, quelques heures de cours, même dans une boîte privée. Elle trépigne de plus belle : jamais elle n'arrivera à mener à bien ses études dans ces conditions. Je lui dis que d'autres l'ont fait et le font, elle ne veut rien entendre, elle ne pourrait pas, c'est tout ou rien. Je me demande si elle va jamais en finir avec sa crise de nerfs, là sur mon canapé jaune. Je cherche ce que je pourrais dire, qui la calmerait. Je dis que si elle retourne chez ses parents elle pourrait passer une nuit chaque semaine ici, chez moi, ce qui lui permettrait de rester à Ypallage deux jours. A travers ses mains et ses sanglots elle me remercie, c'est formidable de ma part mais de toute façon ça ne sert à rien, elle ne tiendra jamais même cinq jours par semaine là-bas, plus les vacances, elle se jettera par la fenêtre. Il faut en finir. Je lui dis « Ecoutez, Lilas, si vous ne voulez pas prendre des heures d'enseignement ou de surveillance, de toute façon il faut finir vos études, vous avez encore deux ans à tenir, il faut aller chez vos parents et quand vous ne pourrez plus y tenir vous pourrez venir ici, vous prendrez la troisième pièce, je voulais en faire un bureau mais finalement cet appartement est trop grand pour moi, je ne l'ai pris que parce que je n'ai rien trouvé de plus petit qui soit bien situé. » Ces paroles coupent net sa crise de nerfs. Elle écarte les mains de son visage, se lève et me saute au cou. Elle dit à la fois qu'elle ne peut pas accepter et qu'elle accepte, que c'est trop gentil de ma part, que personne n'a jamais été aussi gentil avec elle que moi, je suis la meilleure amie qu'elle ait jamais eue, je suis quelqu'un de formidable. Je sens qu'elle mouille le col de ma robe avec ses larmes et je me demande quand ça va finir, et en même temps je m'étonne d'être aussi froide et indifférente, ça devrait me faire plaisir qu'on tienne à moi mais non, je n'arrive pas à me réchauffer, il me semble que je n'arriverai jamais à me réchauffer, jamais à faire partie des autres, à ressentir en même temps qu'eux : et c'est ça qui me condamne, c'est comme si j'avais un peu de temps d'avance sur eux, comme si, lorsqu'il faudrait ressentir, j'avais déjà atteint le stade ultérieur de la réflexion. Le jour où mon temps à moi fonctionnera comme celui des autres, alors je serai sauvée.

J'ai écarté Lilas, je l'ai fait asseoir sur le canapé à nouveau, je lui ai dit « Maintenant tout est arrangé, je vais nous faire de la tisane et après tu iras te coucher. » Nous avons bu la tisane et mangé des biscuits, moi assise en tailleur par terre en face de Lilas, le plateau entre nous. Lilas mange biscuit après biscuit avec concentration, sans plus rien dire. Elle vide tout le paquet ; de temps en temps son corps est agité d'un soubresaut, écho des sanglots déjà lointains. Son visage est creusé par les larmes et elle mange, lente-ment, sérieusement. Lorsqu'elle a fini tous les biscuits elle se lève et dit qu'elle va se coucher. La porte se referme sur elle et je vais me coucher moi aussi ; cette nuit-là pour la première fois le fantôme d'Azeta traverse ma chambre.

Lilas doit quitter son studio à la fin du mois. Elle passe beaucoup de temps à empaqueter ses affaires. Il fait toujours froid, froid, froid, froid aux mains aux pieds aux oreilles au bout du nez et au creux du dos. Dans les rues les hommes vont par trois, ils examinent les putains en minijupe, les cuisses rouges de froid sous les portes cochères ; c'est cent francs, toujours cent francs. Les putains, les clients, les garçons qui regardent la nuit, une serviette sur le bras et un plateau à la main, et moi avec eux, tous ont le regard vide des solitaires ; dans ce quartier on ne voit pas de familles sous la lampe. Je rentre, je sens que quelques changements ont eu lieu que je n'ai ni le temps ni le courage de détailler, je me couche et j'écoute le grondement rythmé des machines du journal, le crachotement d'une gouttière et parfois les arguments convaincants d'un matou sur le toit de l'imprimerie. Le réveil semble sonner dans la nuit avant même que j'aie eu le temps de m'endormir. Un homme traverse mes nuits de plus en plus souvent, c'est le seul client d'un bordel où les putains ont les cuisses et le nez rouges, il a des cheveux bruns frisés et pas de visage, et je sais que c'est Azeta. Le mercredi je vais à la bibliothèque ; il me semble qu'il me regarde de plus en plus souvent en parlant, comme avec une question dans les yeux ; autour de nous l'atmosphère s'épaissit, les autres auditeurs se fondent dans le gris, ils n'ont plus de visage, comme les figurants d'un rêve. Mais je sais que leurs yeux effacés regardent, et je me demande ce qu'ils voient. Je ne parviens plus à penser clairement, j'ai le cœur qui bat trop vite, une boule dans la gorge et un trou à l'estomac ; je regarde Azeta le plus que je peux sans en avoir l'air, je regarde des morceaux de lui, une main, une manche de veste, l'éclair d'un bouton de manchette, son stylo, les quelques notes sur son papier, son écriture sur le tableau. Parfois je lève les yeux pour le voir tout entier avec un regard que je fais rentré, comme si j'étais absorbée à penser ; mais je ne pense pas du tout, j'ai son nom comme un train en marche dans la tête et c'est tout ce que je peux comprendre. Parfois, quand je suis chez moi, son nom résonne si fort que je dois arrêter de travailler quelques instants, regarder passer les nuages. Et puis Lilas vient, nous prenons le thé, elle me raconte des histoires, nous allons au cinéma. Dans quelques jours elle déménage ; elle a rangé les livres et les dossiers qui encombraient la troisième chambre de l'appartement, celle qui sera la sienne, dans un coffre, rangé mes vêtements dans les placards du couloir, et transporté la vieille table avec le sari, la chaise bleue et les coussins ; elle a rempli le placard de la cuisine de sa vaisselle ; il ne reste plus chez elle que son lit, sa télé et les caisses de produits de beauté, parfums et colifichets qu'elle collectionne. Souvent je la vois arriver avec une lueur spéciale dans ses yeux de chat et mon silence la vexe : c'est qu'elle a essayé un nouveau mascara, un nouveau rouge à lèvres qui, croit-elle, la transforme. Elle me dérange mais je m'habitue à elle ; c'est un bruit de fond. Je ne devrais pas dire qu'Azeta m'empêche vraiment de penser ; j'ai des éclats d'idées et je les note à la hâte ; ça commence à faire un paquet que je range à mesure dans une chemise rose bonbon ; cette chemise est en permanence sur ma table, ça me réconforte de la savoir là même lorsque je ne travaille pas. Parfois en rentrant quelque chose me dit, un certain ordre qui n'est pas le mien, dans le désordre de ma table, que Lilas est passée par là ; je me demande ce qu'elle peut bien trouver d'intéressant dans mes papiers ; et puis je pense que j'imagine tout cela, qu'est-ce que Lilas irait bien faire dans mes papiers quand je ne suis pas là, je ne suis quand même pas sa seule préoccupation, et

pourquoi ne me demanderait-elle pas des éclaircisse-
ments si elle en souhaitait ? Il m'arrive d'avoir des
envies honteuses de glisser un cheveu dans mes papiers
pour voir s'il a bougé quand je rentre. Et quand bien
même Lilas fouillerait dans mes papiers, où serait le
mal ? Ça n'a rien de secret, c'est moi qui laisse traîner
ça tout le temps sur la table. Quelle idiote je suis,
quelle folle. Parfois aussi je suis tentée de faire table
nette de mes soupçons en lui en parlant, mais ensuite
quand je la vois assise innocente en face de moi, avec
ses histoires de vilains parents et de rouge à lèvres, je
vois bien que c'est impossible, elle ne comprendrait
même pas. La nature de nos relations a changé avec
cette histoire d'appartement, ce n'est plus elle qui
s'occupe de moi, c'est moi qui la prends en charge, et
elle, elle me rend de menus services en retour, par
gratitude : du moins c'est ainsi qu'elle présente les
choses ; et ce nouveau statut de bienfaitrice me donne
malgré moi un peu d'assurance. Je m'appartiens un
peu plus, je me familiarise avec la ville ; dans le train je
ne sursaute plus à chaque minute avec la peur de
manquer ma station et d'atterrir à Amiens, Arras, ou
pire encore, cette ville que personne ne connaît, dont
personne n'a jamais entendu parler, qui s'appelle —
comment s'appelle-t-elle déjà — enfin son nom est sur
l'itinéraire : toutes ces villes en A, ces villes perdues
dans les plaines à blé et les cimetières anglais. Dans le
train je ne regarde plus par la fenêtre les marais et les
corons, et je remarque moins les grosses mains noires
qui sortent des manches en accordéon de laine de mes
voisins ; je lis, je lis Balzac, je lis beaucoup Balzac, et
aussi souvent j'emporte avec moi l'un de ces magazines étranges et glacés pour lesquels Lilas dépense son

argent de poche : *Vogue, Harper's, Elle, Marie-Claire, Vingt Ans :* des magazines où à toutes les pages on voit des têtes de femmes aux couleurs de petits fours. Je regarde ça avec étonnement et aussi je lis, bien que je n'en change pas pour autant mes habitudes spartiates, les articles de fond, qui exposent la façon la plus élégante de se débarrasser des poils des jambes, des poils du nez, des poils du cul aussi pourquoi pas : on fait dans ces journaux la chasse au poil sur des pages entières.

III

L'éléphantasme

Janvier s'achève. Azeta veut mon adresse. Il veut m'envoyer des photocopies d'articles qui pourraient m'être utiles. Il se propose aussi de lire les quelques pages de ma thèse qui sont prêtes : je viens de lui confier que je suis terrorisée, je n'ai pas le courage de les montrer à Delchiotto car je ne me rends pas du tout compte de ce qu'on veut. Nous sommes seuls dans la bibliothèque, nous venons de discuter pendant un quart d'heure environ. La bibliothécaire a la grippe ; si nous n'avions pas été seuls dans la pièce je n'aurais pas osé confier à Azeta mon problème. Il joue les grands frères et je trouve ça gentil. Il me tend une petite carte avec son adresse et son téléphone et j'ouvre mon sac pour lui donner la mienne. Dans mon sac béant, posé sur le carnet que je veux atteindre, apparaît le mouchoir d'Azeta, blanc, propre, repassé, plié en six. Je le lui tends en bafouillant. Il me regarde avec étonnement. Il ne comprend pas. Il a oublié. Je lui dis : « C'est à vous. Vous me l'aviez prêté — vous savez à Noël. » Il regarde le mouchoir, puis il me regarde moi, avec des yeux couleur cigare. Il regarde le mouchoir à nouveau. Il dit : « C'est vrai. J'avais

oublié. » Il me prend dans ses bras. Il m'embrasse :
dans le cou, sur la bouche, les yeux, les cheveux. Je
tends vers lui mon visage, il me serre contre lui, son
sexe est dur contre mon ventre. Je me sens très tendre,
comme si un manteau trop lourd avait glissé de mes
épaules, je suis délivrée. Je suis liquide, une rivière, lui
une île entre mes bras. C'est moi qui suis dans ses bras
mais c'est théorique et sans importance ; je ne sais plus
où est son corps et où est le mien. Il s'écarte
brusquement. Il dit « Excusez-moi, je ne sais plus ce
que je fais ». Il a le visage décomposé ; il serre des
poings le dossier d'une chaise. Je reste là sans bouger,
je le regarde. Il lâche la chaise, il se passe les mains sur
le visage et dans les cheveux. Il va à la fenêtre et
regarde dehors. Il dit : « Bientôt les jours seront plus
longs » et « Je ne sais pas ce que je fais de ma vie. » Je
ne dis rien, je n'ai rien à dire. Il regarde toujours par la
fenêtre. Je me sens les jambes faibles et je m'assois. Je
me peigne avec les doigts. Un bouton de mon chemisier saute, je suis à moitié déshabillée. J'ai envie de lui.
Je voudrais bien qu'il m'embrasse encore. Mais je
n'ose rien dire, ni aller le chercher. Je lui en veux ; cette
rancune verse dans le lac de tendresse que je suis
devenue et s'y mêle. Un néon s'allume dans ma tête :
« Je t'aime. » Tout de suite je l'éteins mais je sais qu'il
est là quand même et pour longtemps. Je l'ignorerai
autant que je pourrai. Azeta : il s'appelle Gilles. Il se
retourne, me regarde. Il dit : « Je vous aiderai à
travailler. J'ai un peu plus d'expérience que vous, je
peux vous aider. C'est difficile au début, il faut prendre
l'habitude d'écrire, il faut oser aller au bout de sa
pensée. Vous pouvez faire plus de choses que moi,
vous avez l'esprit moins limité que le mien. Je vous

aiderai autant que je pourrai. » Je ne dis rien ; j'essaie
de comprendre. Il ajoute « Le mieux serait que nous
nous voyions régulièrement pour discuter de ce que
nous faisons. J'aimerais que vous aussi vous m'aidiez
dans mon travail. Si vous acceptiez de relire mes
brouillons je publierais moins de bêtises ». Je ne peux
toujours rien dire. Il reprend : « Où pourrions-nous
nous rencontrer ? Nous pourrions travailler ici mais il y
a toujours des gens, on ne peut pas parler tranquillement. Évidemment il y a mon bureau, mais ça aurait
l'air un peu bizarre. Vous savez comment sont les
gens. Avez-vous une voiture ? Non, alors chez moi c'est
trop loin. Nous pourrions peut-être faire ça chez vous
alors ? » Je dis à grand-peine, j'ai de la bouillie plein la
bouche : « Faire quoi ? » « Travailler ». Je dis : « Oui,
si vous voulez mais je ne vois pas à quoi je pourrais
vous servir. » Toujours difficilement il dit : « Si. J'ai
besoin de vous. J'ai absolument besoin de vous. » Je
dis « Oui. Oui ». Et lui « Quand voulez-vous que nous
nous voyions ? » — « Je ne sais pas, quand vous
voudrez. » « Je veux dire, quand êtes-vous libre ? »
« Je ne sais pas. Le mercredi, je n'ai pas de cours. » —
« Ça tombe bien. Je suis à la Fac le mercredi. Voulez-
vous mercredi prochain à dix heures ? » — « Oui ». Il
prend mon manteau et me le tend. Nous descendons
les escaliers, l'un à côté de l'autre, sans nous toucher.
En bas, sous le porche, il me tend la main, il la garde
dans la sienne pendant qu'il dit : « Je viendrai chez
vous mercredi alors. J'ai besoin de vous. » Nous
partons dans la nuit, chacun dans une direction
opposée.

Je rentre. Lilas est dans l'appartement. Je lui dis :
« Je suis fatiguée, je ne me sens pas bien, je veux

dormir, je voudrais être seule. » Je vais m'étendre sur mon lit, j'ai tout le corps qui tremble. Lilas entre. « Qu'est-ce qu'il y a ? » Je lui dis de foutre le camp, que j'ai besoin d'être seule. Elle vient s'asseoir sur le bord du lit, elle dit : « Qu'est-ce qu'il y a qui ne va pas ? » Et je n'en peux plus, je ne peux pas tenir, il faut que je parle à quelqu'un ; je lui déballe toute l'affaire. J'ai honte et j'ai peur qu'elle me méprise, me désapprouve. C'est seulement superficiel parce qu'en dessous je suis fière.

Lilas trouve que c'est formidable. Elle me sort tous les cancans étudiants sur Azeta, tous bien entendu à son avantage. Puis elle me dit : « En plus, pour toi, c'est intéressant. » « Quoi, intéressant ? » « Intéressant, tu sais très bien ce que je veux dire. » « Qu'est-ce que tu veux dire ? » « Il est vieux le père Delchiotto, il en a plus pour longtemps. Il paraît qu'il aura bientôt fini sa thèse, Azeta, en tout cas c'est ce qu'il raconte à tout le monde. » « Comment tu le sais ? » « Je le sais, je te dis, tout le monde le sait. » « Bon, et puis après ? » « Si tu couches avec Azeta assez longtemps, il pourra t'être utile. » « Fous le camp ! Salope, salope, allez, fous-moi le camp. » Elle se barre et en vitesse. Je bouffe trois Tranxène. Le lendemain quand je me réveille j'ai un poids sur la tête et du brouillard dans les yeux. Au bout d'un moment j'arrive à attraper le réveil, en l'approchant très près de mes yeux je peux lire : il est dix heures, dix heures et quelque. Je devrais être au lycée depuis deux heures. Il n'y a pas de train avant midi, de toute façon, je ne peux pas me lever, j'ai le corps en plomb ; je me rendors.

Je me réveille à nouveau, quelqu'un me secoue : c'est Lilas, toujours Lilas, Lilàlaporte. Elle me secoue :

« Isabelle, qu'est-ce qu'il y a, mais qu'est-ce que tu as ? » Je trouve assez de force pour dire « Fous-moi la paix, laisse-moi dormir ». Elle arrête de me secouer et je me rendors.

Je me réveille encore une fois. Cette fois les choses sont plus claires, ça va mieux. Il y a un homme assis sur le lit, il parle. Il dit « Ah, on se réveille ? » C'est un toubib ; il fait quelque chose avec mon bras, il prend ma tension. Il dit « Ça va ». Puis, en me regardant : « Qu'est-ce qu'il y a mon petit ? » « C'est rien, j'avais envie de dormir, j'ai pris trois Tranxène ». Il se lève, ça fait tanguer mon lit, j'ai mal au cœur. Il dit : « Il faut la laisser dormir. Ce n'est pas grave. Je repasserai demain, quand elle sera bien réveillée. » Je me rendors.

Je me réveille ; il fait nuit. Il y a de la lumière dans le couloir. Lilas est à la porte, elle demande si je veux du bouillon de légumes ou de la tisane. Elle commence à me courir celle-là. Je réponds « Rien, dormir ». Elle approche de mon lit, elle pose quelque chose par terre, à côté. C'est une bouteille d'eau minérale. C'est vrai que j'ai très soif. Je bois et je me rendors.

Il fait soleil. Je suis réveillée. J'ai très mal à la tête. Je me lève, ou plutôt j'essaie, parce que je tombe en travers de mon lit, qui se met à tourner, je tourne avec et tout d'un coup je me mets à vomir. Je vomis mes tripes, j'ai l'impression que ça ne va jamais finir. Quand c'est fini je n'en peux plus, je laisse retomber la tête. Dans le dégueulis. Lilas est arrivée, elle s'est occupée de tout ça. Du coup c'est elle qui a pris le dessus, c'est elle qui me protège. Le toubib m'a expliqué comme j'avais de la chance d'avoir quelqu'un comme elle pour s'occuper de moi, dans mon état.

Quel état ? Je vais très bien. Il m'a donné huit jours de congé ; il paraît que je suis surmenée. Surmenée, je me demande bien pourquoi. Je me sens très bien, surtout depuis que j'ai huit jours de congé. Je traîne en chemise de nuit toute la journée, je bois du coca-cola et je mange du chocolat ; rien d'autre. A ce régime-là je maigrirai sûrement. Lilas a emménagé complètement mais comme le toubib lui a dit que j'avais besoin de beaucoup de repos elle me fiche à peu près la paix. Le toubib est plutôt sympa. Il a le genre jeune cadre dynamique. Complet-veston, gilet-chaîne de montre. Il est pathétique dans ses tentatives pour faire humain.

Mercredi matin à dix heures et quart, Azeta a débarqué et on a fait l'amour. Comme ça ne m'était jamais arrivé avant, ça m'a fait très mal mais ça n'a pas saigné. J'aimerais mieux que ça ne recommence pas. J'ai bien aimé les caresses avant mais son sexe est beaucoup trop gros. Quand il a commencé à essayer de rentrer je me suis aperçue que ça n'était pas du tout comme j'aurais cru, je m'étais bien dit que ça ferait un peu mal mais j'avais tellement envie de lui, et puis enfin dans *Les Liaisons dangereuses* ce n'était pas comme ça. Ce n'était pas du tout comme on imagine, un sexe qui entre dans un vagin, c'était comme un bulldozer qui m'aurait écrasée contre un mur. Quand ça m'a fait mal comme ça, j'ai essayé de le repousser, j'ai poussé ses épaules de toutes mes forces avec mes mains, il a dit « Ne faites pas ça, voyons vous m'empêchez » et comme je n'arrêtais pas, il m'a pris les mains et il m'a immobilisé les bras. C'est là que j'ai compris que les filles qu'on viole ne ne laissent pas faire pour le plaisir. Je me suis mise à crier ; alors il a lâché un de mes bras et il m'a mis la main sur la bouche pour me faire taire ;

il a appuyé si fort que je ne pouvais plus respirer et j'ai cru qu'il allait m'écraser le visage. A ce moment-là je ne pouvais plus rien faire, il pesait sur moi de tout son corps. Tout à coup, il a poussé un grognement, il a sursauté et ensuite il m'a lâchée, il s'est affalé sur moi sans force. Je suis restée un moment sans bouger, parce que je n'avais pas compris ce qui s'était passé et que je n'avais plus mal et que j'avais peur qu'il recommence, si je bougeais. Mais il n'a pas recommencé : il s'était endormi. Quand j'en ai été certaine, je l'ai poussé et il a roulé sur le dos à mon côté. Je l'ai regardé dormir, sa peau rose, son sexe : et je n'arrivais pas à comprendre comment une chose si petite et si innocente avait pu se conduire de cette façon-là. Il dormait les bras étendus, la tête de côté, la bouche ouverte, avec un léger ronflement. Moi je restais là, j'étais trempée de sueur, avec mon soutien-gorge et mon chemisier : il n'avait enlevé ni mon soutien-gorge ni mon chemisier. J'ai regardé sur le drap pour voir s'il y avait du sang : il n'y en avait pas ; je me suis demandé comment cela se faisait. Par contre il y avait du sperme en quantité, un truc opaque et collant comme le chemin blanc que laissent derrière eux les escargots. J'ai trempé mon doigt dedans et je l'ai léché pour voir si ça avait un goût particulier, et ça n'en avait pas, ce n'était ni vraiment salé ni vraiment sucré, rien du tout. En tout cas, ça me faisait froid entre les jambes. Je me suis levée pour aller me laver, il paraît qu'il faut toujours faire ça après. Mais quand je me suis passé un gant d'eau chaude entre les cuisses ça m'a fait très mal. Depuis ça n'a pas arrêté : ça pique, ça me brûle quand je marche. Je me suis habillée, recoiffée, lavé le visage. J'étais toute rouge et ça n'a pas disparu de la journée. Après je suis allée réveiller Azeta parce qu'il était déjà onze heures et demie et les cours de Lilas se terminaient à midi. Il a eu du mal à se réveiller puis il est allé à la salle de bains. Pendant ce temps-là, j'ai refait le lit pour que Lilas ne trouve pas la chambre comme ça, un vrai champ de bataille, l'oreiller par terre dans un coin, les draps et les couvertures arrachés. Puis je suis allée attendre dans le salon. Bientôt Azeta est entré, en nouant sa cravate. Il s'est assis, il m'a regardée un moment sans rien dire puis il a dit « Vous étiez vierge ? » « Oui. » « Vous auriez dû me prévenir. » « Pourquoi, c'est si rare ? » « A votre âge, oui. » « J'ai vingt-deux ans. » « Une fille n'est plus vierge à vingt-deux ans. » « Moi si. » « Vous savez que je suis marié ? » « Oui, j'ai rencontré votre femme à Noël. » « Elle est très bien, ma femme, vous savez. » « Je n'en doute pas. » « Il faudra que vous veniez dîner à la maison un soir, quand vous la connaîtrez mieux, vous verrez comme vous l'aimerez. » A ce moment-là je me suis demandé s'il était fou. Mais il a continué sur un ton parfaitement naturel : « Pourquoi êtes-vous restée vierge si longtemps ? » « J'avais peur des hommes. » « Vous n'avez plus peur maintenant ? » « Si ; plus qu'avant. » « On arrangera ça. Vous n'avez jamais été amoureuse d'un homme ? » « Si. » « Quand ? » « Ça ne vous regarde pas. » « Mais si. Quand ? » « J'avais quinze ans. » « Évidemment vous étiez un peu jeune. Et depuis ? » « Jamais plus. » « Mais vous sortiez bien avec des garçons ? » « De temps en temps. » « Et vous n'aviez pas envie d'eux ? » « Si, parfois. » « Et pourquoi n'avez-vous jamais fait l'amour ? » « J'avais peur. Je disais non. » « Et à moi vous n'avez pas dit non. »

94

« Si, mais vous ne m'avez pas laissé le choix. »
« Allons, vous exagérez. Vous m'en voulez ? »
« Non. » Ce que je lui dit par amour-propre : je lui en
voulais. « Ça vous a beaucoup déplu, tout à l'heure ? »
« Ça m'a fait mal. » « Mais ça vous a fait plaisir un
peu, aussi ? » « Non. » « Allons, vous exagérez. Vous
ne me dites pas la vérité parce que vous êtes un peu
fâchée, peut-être parce que vous avez honte. Vous avez
honte ? Les filles ont toujours honte au début. Écoutez,
je m'excuse, j'ai été un peu brutal. Il faut me
comprendre, j'avais envie de vous depuis longtemps.
Je serai plus doux la prochaine fois. Vous êtes sûre que
vous n'avez pas joui ? Je ne vous crois pas vraiment,
vous savez. De toute façon vous verrez, nous rattrape-
rons ça la prochaine fois. Je vous apprendrai à jouir.
Au fond, je ne vous en veux pas d'avoir été vierge.
Comme cela je vous apprendrai à jouir. Ce sera
sûrement une expérience très agréable pour nous
deux. » Je dis : « Quel âge avez-vous ? » « Trente-
deux ans. J'ai dix ans de plus que vous. Ça se voit ?
Vous me trouvez trop vieux ? » « Non, on n'est pas
vieux à trente-deux ans. » « Mais vous, vous êtes si
jeune. » « Non, j'ai vingt-deux ans : vous me l'avez
dit, je suis une vieille vierge. » « Allons, je n'ai jamais
rien dit de ce genre. Pourquoi êtes-vous si fâchée
contre moi ? » « Lilas va rentrer bientôt. » « Lilas ? »
« C'est une amie qui partage l'appartement avec
moi. » « Ah. Est-ce qu'elle sera là mercredi prochain ? » « Non. Elle a des cours le mercredi. » « Ah
bon. Est-ce que vous voulez bien que je revienne vous
voir mercredi ? » « Je ne sais pas. » « Allons, ne soyez
pas méchante avec moi. Ça ne sera pas du tout la
même chose la prochaine fois, vous savez. Vous ne

95

pouvez pas rester sur l'impression d'aujourd'hui. Il faut apprendre à aimer faire l'amour. C'est formidable de faire l'amour, vous verrez. » « C'est ce qu'on dit. » « Vous savez, je ne suis pas un mauvais amant. Ma femme trouve que je suis un très bon amant. Ma femme est très attachée à moi, physiquement. Elle adore faire l'amour avec moi. C'est une femme très bien, ma femme. Il faudra que vous la rencontriez. » « Non. » « Mais si, allez, vous n'allez pas faire d'histoires ! Vous savez très bien que je suis marié. J'ai trois enfants, vous savez : je suis chargé de famille. » « Les hommes qui prennent une maîtresse ont toujours trois enfants. » « Quoi ? » « C'est toujours comme ça dans *Marie-Claire*. » « Écoutez, ne soyez pas méchante. Ça ne vous va pas. Je sais bien que vous êtes très douce en réalité. Pourquoi me regardez-vous comme ça ? » Et moi je pense : chacun son tour. « Vous me détestez ? » « Non. » « Bon, alors écoutez, nous n'allons pas prolonger cette conversation qui ne nous mène nulle part. Je n'ai pas envie de vous quitter comme ça, vous avez l'air triste ; je ne veux pas vous quitter triste. Je n'ai pas envie de rencontrer votre amie Lilas aujourd'hui. Vous n'avez pas faim ? » « Non. » « Allons, je suis sûr que vous avez faim. Moi en tout cas j'ai très faim. Vous ne voulez pas venir manger quelque chose avec moi ? » « Si vous voulez. » « Eh bien alors, allez prendre votre manteau ; il est déjà midi et quart. »

Dans l'ascenseur, je me tiens aussi loin de lui que je le peux. Il me dit : « Qu'est-ce qui se passe tout d'un coup ? Vous vous conduisez comme si j'étais un étranger. » « Mais vous êtes un étranger. Je ne peux pas dire que je vous connais. » Il se met à rire. « Allons, il me semble que nous nous connaissions bien tout à l'heure. » Je vois bien qu'il ne comprend rien : il est inutile d'essayer de lui expliquer. J'ai mis mon manteau rouge, pour essayer d'être moins laide, mais il est trop mince et dans la rue j'ai froid. Azeta marche à mes côtés, il regarde à terre. Il se tourne vers moi, il dit : « Savez-vous que vous êtes très belle ? » « Non. » « Si. Vous êtes très belle, vous ressemblez à un Renoir. » Je pense : « Pas possible, en plus il a un baratin de mauvais goût. » Il insiste « On vous a déjà dit que vous ressembliez à un Renoir ? Vous savez, vous avez les joues roses, et un très joli cou ; et des cheveux châtains, avec de petites mèches. On vous l'a déjà dit ? » « Oui. Et aussi Liz Taylor. » Il éclate de rire : « Ce que vous êtes méchante avec moi ! Je ne vous connaissais pas comme ça. Vous n'aimez pas que je vous fasse des compliments ? » « Non. » « Pourquoi ? » « Je n'aime pas le baratin. » « Allons, ce n'est pas du baratin voyons, je suis parfaitement sincère. Enfin si vous n'aimez pas les compliments, je ne vous en ferai plus, vous savez, si ça vous déplaît. Mais c'est dommage. Voulez-vous que nous allions manger au *Moderne* ? » « Si vous voulez. » « Peut-être y a-t-il un autre endroit que vous préféreriez. » « Non. » Je ne sais pas ce que c'est que le *Moderne* mais ça ne fait rien.

C'est un endroit solennel, avec des garçons en habit. Je n'ai pas faim. Azeta insiste et je prends une salade, pour lui faire plaisir, enfin façon de parler. Il dit : « Parlez-moi de votre vie ; je veux dire tous les jours, et puis avant aussi. » « Il n'y a rien à dire. » « Allons, ne soyez pas timide. Je ne vous savais pas timide. Il me semblait que vous étiez très sûre de vous. Vous me faisiez même assez peur. Vous m'avez encore fait peur tout à l'heure, en partant. Il ne faut pas me regarder comme ça. Je n'aime pas ça. Je vous croyais très sûre de vous ; quoique maintenant je me souviens... Cela m'avait échappé... Mais alors, s'il y a une chose dont je ne me serais jamais douté... Écoutez, vous voulez bien que nous nous revoyions ? Je ne veux pas vous laisser sur une impression désastreuse. J'ai l'impression que ça a été désastreux. C'est vrai ? » Je dis « Mais non, mais non ». Quelle comédie. « Mais si, vous dites ça juste pour me faire plaisir. » Quelle comédie ! « Écoutez, je m'excuse. Je vous assure, laissez-moi vous faire la preuve... Je suis très viril, vous savez, vous comprenez ? » J'ai envie de rire. « Je viendrai mercredi prochain. Nous arrangerons ça. »

« Et puis, il faudra que nous parlions de votre travail, aussi », dit-il en se levant, et en posant sa serviette sur la table.

Il me fait chier Azeta. Je ne veux plus faire l'amour. Quand j'y repense ça me paraît tellement surprenant, ce qui s'est passé, que je me demande si c'est vrai. Pourtant il m'en reste la preuve : mal entre les jambes. Pourquoi : « entre les jambes ? » On dit mal au genou, au bras, au coude. Ça doit bien avoir un nom quand même, cet endroit. Tous les endroits du corps ont un nom. Pour les hommes il y a un nom, il y en a même plusieurs : on dit, bite, pénis, zizi. Couilles, testicules. Si on veut être pudique on dit : sexe. Pour les femmes je n'en connais aucun qui exprime le tout dans sa personnalité ou sa fonction. Quand on dit : phallus, on sait ce que ça veut dire. Pour les femmes c'est morcelé. Vagin, par rapport à : faire l'amour, pour moi ça ne veut rien dire. On ne fait pas l'amour avec son vagin. Ni avec les lèvres, ni l'utérus, ni le clitoris. Un nom pour tout cela à la fois, moi je n'en connais pas. Pour moi, le sexe, c'est l'homme. D'ailleurs pour les femmes on dit : le sexe faible, le beau sexe. Le sexe dans sa généralité, c'est l'homme. Il y a les gâteaux, et puis il y a les gâteaux au chocolat. Même quand on disait : une personne du sexe, ça voulait dire : une personne pour le sexe. Ainsi donc j'ai mal entre les jambes, à l'endroit qui n'a pas de nom. Je me demande si je dois revoir Azeta. Il m'a dit que ça ne serait pas pareil la prochaine fois. Je ne sais pas si je dois le croire. Il ne m'avait pas prévenue que ce serait comme ça la première. Pourquoi est-ce qu'on ne prévient pas ? Pour l'effet de surprise. Sans ça, sûrement personne ne marcherait. Pourtant j'avais bien tout lu dans les livres. Mais ce qui s'est passé n'avait rien, absolument rien à voir avec ce qu'il y a dans les livres. Ce qui m'étonne aussi, c'est qu'Azeta ait pu me faire ça : me faire aussi mal. Comment peut-on faire souffrir quelqu'un d'autre comme ça, simplement pour se faire plaisir à soi-même ? Enfin, ce n'est quand même pas un monstre, Azeta, à première vue il avait même l'air assez sensible. Peut-être ne s'est-il pas rendu compte : c'est vraisemblablement cela : il ne s'est pas rendu compte. Pourtant je me suis débattue et j'ai crié : non. Il me semble que si je voulais quelque chose de quelqu'un, et que ce quelqu'un se débatte et me crie non, je n'insisterais pas : si on insiste, dans ces conditions-là, c'est du vol. Il m'a volée, Azeta : je me suis fait voler. Enfin non quand même, pas tout à fait, après tout il m'a emmenée au restaurant après, et il n'a pas voulu que je paie ma part. Il ne doit pourtant pas être bien riche, un prof avec une femme et trois gosses. Peut-être était-ce mon salaire, ce repas au restaurant. Il m'a emmenée au restaurant, c'est gentil, d'inviter quelqu'un au restaurant, d'autant que c'était un restaurant plutôt cher, pas le genre que je fréquente d'habitude. Peut-être n'a-t-il pas osé me payer, alors inviter au restaurant, ça fait plus élégant. Comme ça je n'ai plus le droit de me plaindre de ce qu'il m'a fait avant, puisqu'il m'a invitée au restaurant, après. Tout est là. Oui mais si tout est là, alors je me suis encore fait voler : parce que s'il s'agit de payer, alors le restaurant, même plutôt cher, ce n'était pas encore assez pour ce qu'il m'a fait : loin de là. Quand même, pour qu'il faille faire autant souffrir quelqu'un, ça doit être drôlement agréable, de faire l'amour, pour un homme. Pourtant ça n'en avait pas l'air : il n'avait pas l'air tellement content, il ne m'a rien dit après, il s'est endormi tout simplement. Ce n'est pas très poli de s'endormir quand on est avec quelqu'un. Au moins il aurait pu s'excuser, mais rien du tout. Peut-être quand il sonnera mercredi prochain, pourrais-je ne pas répondre.

Je suis allée au séminaire l'après-midi. Ce n'est pas que j'en avais envie, mais il m'avait dit : « Vous serez là, tout à l'heure, hein, vous serez là ? J'ai besoin de vous. » Ce n'est pas un argument, ça, j'ai besoin de vous. Non, mais j'y suis allée quand même ; pourquoi ? Par bêtise vraisemblablement, comme un mouton ; il avait dit « Vous viendrez » et j'ai répondu oui, parce que je n'ai pas eu le temps de répondre non, parce qu'on sait bien que c'est beaucoup plus facile de dire oui que non, pour dire non il faut réfléchir. Enfin j'y suis allée, je ne me sentais pas très bien dans ma peau. Eh bien, ça s'est très bien passé si l'on peut dire, Azeta était très en forme, il n'avait pas l'air de me connaître plus que d'habitude. A Lilas je n'ai rien dit. Si ça continue à me faire mal trop longtemps il faudra que j'aille voir le toubib. Mais j'espère que ça passera tout seul.

J'ai passé le week-end devant la télé. Lilas a toujours sa télé en location, elle avait un contrat de plusieurs mois, elle l'a mise dans le salon. Vendredi après-midi elle est partie chez ses parents, je suis restée jusqu'à lundi sans sortir et presque sans manger, en chemise de nuit, à lire et surtout à regarder la télé : n'importe quoi à la télé. Ça occupe, ça coupe l'angoisse. C'est pour les gens comme moi qui savent pas vivre, alors ils regardent les autres vivre, à la télé, ça bouge et ça fait du bruit. Je ne mange presque pas parce que dès que je mange quelque chose, un quart d'heure après je dégueule. En plus, j'ai la chiasse. En plus, je chiale. Ça fuit par tous les bouts. Je pleure pour rien, comme ça : je suis assise à regarder la télé et tout d'un coup, je sens les larmes qui coulent : sans raison particulière. Et pour ce qui est de manger, de toute façon je n'avais pas le courage d'aller faire des courses, et avec Lilas pas là, tout ce qui restait dans la maison, c'était des biscottes et du thé.

Lundi je retourne au lycée. Je fais cours de façon de plus en plus mécanique. Il paraît que c'est normal, c'est la fatigue qui fait ça, le deuxième trimestre c'est le plus dur. Pendant les récréations les collègues n'ont qu'une idée : les vacances de février. Ils comptent les jours sur de petits calendriers.

Pendant un cours une élève de sixième se met à pleurer, je la console. Ça a dû donner aux autres l'idée que je ne suis pas totalement un monstre. Depuis à chaque récréation il y en a deux ou trois qui viennent me raconter leur vie. Derrière celles qui osent parler, à bonne distance, agglutinées à la porte pour ménager une retraite rapide au cas où je viendrais à cracher le feu, il y en a une dizaine d'autres qui écoutent. Elles m'embêtent à me coller comme ça. Je ne sais pas quoi leur dire mais il semble que je les satisfasse puisqu'elles reviennent : toujours les mêmes, et toujours les mêmes derrière qui écoutent. Je les aime bien, quoique je n'aie pas grand-chose à leur dire. Mais je ne suis pas plus mal là que dans la salle des profs, à faire la queue pour avoir un mauvais café.

J'ai décidé de ne pas ouvrir la porte à Azeta mercredi matin. Mardi soir on sonne. Je dors, je suis crevée ; j'ouvre la porte, j'ai déjà la bouche ouverte pour dire « Non merci » ; personne ne sonne jamais, sauf les agents d'assurances et autres emmerdeurs ; mais ce n'est pas un agent d'assurances qui est à la porte, c'est Azeta. Je suis tellement stupéfaite que je reste plantée là, et il dit : « Est-ce que je peux entrer ? » Alors je dis « Oui », comme toujours, et il entre, il se tient debout dans le salon et moi, je suis prise d'une peur panique : est-ce que ça va recommencer, cette horreur de la dernière fois ? Mais voilà qu'il demande s'il peut s'asseoir. Il n'est sûrement pas dangereux quand il est assis. Il s'assoit, il n'a même pas enlevé son manteau. Il a l'air très embarrassé ; c'est tout juste s'il n'a pas un chapeau à retourner entre ses mains. Je le regarde par en dessous, sans en avoir l'air ; j'ai peur de son regard. Il ouvre la bouche plusieurs fois, comme pour parler, puis il la referme. Enfin il dit : « Je crois que j'ai fait une grosse bêtise. Je vous ai brusquée. » Je pense : pas brusquée, bouchée. Bouchée, boucher. Le boucher, c'est celui qui bouche. Les bouchers ont des tabliers blancs et de grands couteaux. Il dit : « J'y ai pensé depuis mercredi, j'ai beaucoup réfléchi, je me rends compte que j'ai dû être brutal, je voudrais m'excuser. » Je lui dis qu'il n'a pas à le faire. Il dit : « Parlons d'autre chose. Montrez-moi votre travail. » Nous passons deux heures ensemble à la table, il passe en revue tout ce que j'ai fait, il me fait des compliments, des compliments, des compliments. Et puis il parle de la *Jérusalem,* il parle si bien que ça me berce. J'ai envie de lui ; j'ai peur mais j'ai envie de lui. Nous sommes tout près l'un de l'autre mais nous ne nous touchons pas. Je me mets à parler et je dis des choses que je n'aurais jamais cru pouvoir penser. En même temps j'éprouve à nouveau le vertige de sa présence, l'attirance de son odeur : jamais auparavant je n'avais senti un homme. Quand il s'en va je le déteste beaucoup moins. Il me prend les mains à la porte et me dit : « Je reviendrai demain matin si vous le voulez bien » et je dis « Oui », et je le pense.

Je ne dors pas cette nuit-là avant le petit matin. Je me réveille à neuf heures. Tout de suite, je pense : « Azeta va venir. » Je prends un bain, je me lave les cheveux et je m'habille avec soin. Puis j'attends ; j'ai le cœur dans la bouche. Il est ponctuel ; il sonne à dix heures. Je cours ouvrir la porte. Nous allons nous asseoir. Je suis assise sur le canapé et lui, en face de moi, dans le fauteuil. Nous restons un temps sans rien dire, puis il vient à côté de moi et je laisse tomber la tête sur son épaule. Il dit « Voilà » et il se met à me murmurer à l'oreille des mots que je ne comprends même pas. Je suis fascinée par ses mains, assez petites et fines. Il dit : « Voulez-vous ? » et je dis « Oui ». Ensuite ça se passe très mal à nouveau. Cette fois il y a du sang. Mais au moins il ne s'endort pas après. Il me tient dans ses bras et il me parle doucement en me caressant les cheveux. Il me dit que cette fois c'est fini. Il répète : « C'est fini, c'est fini, c'est fini » comme à un enfant qui a eu un gros chagrin. Je me mets à pleurer, une vague de sanglots monte et vient se briser à mes yeux et à mes lèvres. Il se penche sur moi en disant : « Allons, allons, c'est fini, c'est fini », d'un ton étonné ; mais moi je pleure, je pleure et je sais qu'il est là, penché au-dessus de moi, qui ne comprend pas.

Je suis devenue son habitude du mercredi. Il vient tous les mercredis matin, jamais à la même heure : parfois neuf, parfois dix, parfois onze. Quand il vient à neuf heures il est très content de lui parce qu'il a pu venir si tôt ; quand c'est onze, et parfois même onze heures et demie, il est très content aussi, parce qu'il a quand même réussi à se dégager. Il me parle de ses problèmes, des histoires de rivalités syndicales, des querelles de petits garçons qui jouent aux billes. Moi qui m'imaginais qu'il se passait des choses importantes dans les syndicats. Azeta me raconte tout ça avec la meilleure conscience du monde. Ça le rend tout gonflé d'importance. Moi, ça m'énerve. Mais dans sa façon de raconter ses histoires, transparaît le plaisir qu'il prend à ces choses. Moi, à la limite, je suis moins attirante, puisque, à quelque heure qu'il arrive, je serai là à l'attendre.

J'écoute cependant avec toute la patience possible, puisque cela lui fait plaisir de raconter. Parfois je n'écoute pas avec suffisamment d'enthousiasme, et il interrompt son récit pour me dire, d'un ton accusa-.eur : « Mais je vous ennuie avec mes histoires. Ça ne vous intéresse pas du tout. » Dès que j'ai répondu « Mais si », il reprend. Il me raconte aussi ses problèmes avec sa femme, il a une totale absence de complexes. Il se demande à haute voix, en ma présence, s'il est bien vrai qu'il ne l'aime plus. Je ne dis rien, d'ailleurs il ne me demande pas de parler ; du moment que je l'approuve de temps en temps, il est content. Il vient parfois une autre fois dans la semaine, souvent pour ne rester qu'un quart d'heure, quand il a une course à faire en ville, une permission de sortie, toujours comme un petit garçon. Quand il vient comme ça, à l'improviste, il est très content, j'ouvre la porte et il rit sur le seuil, il me serre dans ses bras en disant « Alors ? Alors ? » Il est heureux. Il rayonne de satisfaction, il semble dire : « Regardez, comme je suis bon avec vous, comme je pense à vous. » Moi je ne dis toujours rien, ou plutôt si, je lui demande s'il veut boire quelque chose. S'il dit non c'est qu'il va rester une heure, c'est qu'il a le temps de faire l'amour. Pas un instant il ne pense à ce que signifient pour moi ces visites-surprise : que je reste clouée dans l'apparte-ment les après-midi libres, à l'attendre ; que je ne peux ni travailler ni lire, à cause du coup de sonnette possible. Ça ne fait rien. S'il vient, il est content, il a l'impression d'avoir fait une bonne affaire. S'il ne vient pas, il est content quand même, il dit qu'il a pensé à moi, qu'il a souffert de ne pas me voir ; cette souffrance le justifie. Il tient ainsi toute une comptabilité : ce qu'il a fait, ce sont des points en plus, ce qu'il n'a pas fait, des points en moins. Il se donne lui-même des penalties, il est l'arbitre et les deux parties. Sans arrêt il joue, il compte. Je ne sais pas exactement quel est mon rôle dans tout ça. Je me laisse faire, parce qu'il est de plus en plus évident que je me suis mise à l'aimer. Je ne sais ni pourquoi ni comment j'aime cet homme, avec ses calculs dérisoires, sa puérilité, son égocentrisme forcené, ses contradictions et ses mensonges cousus de fil blanc. Un homme que je désire toute la semaine et avec qui je m'ennuie au lit, lorsque je l'ai. Azeta est mon désir et mon désir seulement. Lorsque je l'ai je suis incapable de jouir parce que mon attention est partagée entre la réalisation qu'enfin je l'ai et celle que bientôt je ne l'aurai plus. Dans tout cela il ne me reste pas de temps pour jouir, mon amour est rapace et toujours insatisfait. Au lit, les choses se sont améliorées, il ne me fait plus mal, mais j'ai toujours au premier instant, lorsqu'il est clair que nous allons coucher ensemble, un moment de répulsion, son corps est froid contre le mien, sa peau, blanche, de la couleur d'ivoire des méditerranéens privés de soleil, sa peau a des reflets de cadavre, il me faut surmonter la tentation de me débattre, de lui crier de s'en aller et de ne plus revenir. Mais je surmonte cet instant parce que je sais que si je le chassais, à peine serait-il parti que j'irais à sa recherche, dans cette irrésistible quête du désir qui est devenue ma raison de vivre ; si mauvaise soit-elle, c'est la seule qui me reste et il faut que je m'y livre. Aussi je surmonte le premier instant et même je feins la passion ; ainsi dans l'amour chacun de nous deux croit posséder l'autre. Nous faisons l'amour comme une bataille, et chacun en sort à la fois vainqueur et vaincu. J'ai compris que si son ascendant sur moi résidait dans le désir qu'il m'inspire, le mien sur lui tenait dans le plaisir que je lui donne. Je ne sais pas pourquoi j'ai ce pouvoir, moi qui ne suis ni belle ni adroite. Il me répète sans cesse que je suis belle, qu'il aime faire l'amour avec moi. Il le dit sur un ton qui ne laisse pas de doute. Je sais qu'il me ment souvent mais pas là-dessus. C'est cela qui fait que je lui pardonne tout le reste, que la haine ne l'emporte pas, ou plus, ou pas encore, sur l'amour. Malgré tout, l'équilibre est précaire et quand j'y pense, quand je regarde la situation en face, elle me donne le vertige. Mieux vaut fermer les yeux.

Azeta aime faire l'amour avec moi. Il me déshabille, il me regarde, il me caresse, il me tourne, me déplace. Je me laisse faire. Il n'y a qu'à se laisser faire. Je suis sa poupée. Il regarde longuement, avec un intérêt étonnant, des parties de mon corps. De ma part, il n'y a guère de réciproque. Je ne suis pas sûre que ce soit normal mais peut-être que si. Après tout c'est aux femmes que l'on demande d'être belles, pas aux hommes. Ce doit être parce que ce sont les hommes qui aiment regarder, et les femmes, être regardées. Autrefois, je détestais qu'on me regarde, maintenant je me mets décidément à aimer ça, bien que ça m'embarrasse encore. Je crois que c'est ce qu'il m'a apporté de positif, Azeta : il m'a appris à supporter le regard des autres. Peu à peu ce regard accepté me transforme. A me dire que je suis belle, il me rend belle. J'ai cessé de me bourrer de tartines de beurre et de café trop sucré : je n'ai plus faim. Je mange des pommes, des tomates, du fromage, je bois du thé sans sucre. C'est maintenant qu'elle ne l'a plus que je me rends compte de l'attraction qu'exerçait sur moi la nourriture. Je n'en ai plus besoin, maintenant je me nourris du regard de l'autre. Moi qui n'ai jamais rien eu à me mettre, je me monte une garde-robe. J'ai l'impression que tout me va : je ne sais pas si c'est une illusion, ou bien parce que j'ai maigri. Je maigris sans effort : je m'en aperçois à mes jupes qui bâillent à la taille. Après tout le mal que je me suis donné ces dernières années pour suivre un régime, c'est vraiment étonnant. C'est comme si extérieurement j'étais en passe de devenir une fille comme les autres : une fille plutôt jolie, qui s'achète des robes et qui a un homme.

Il a absolument tenu à organiser une rencontre avec sa femme : sans complexe, il a fait ça un mercredi midi. Apparemment le prétexte, pour sa femme, était de lui faire rencontrer « une jeune collègue aussi brillante ». Jeune collègue mon œil. « Gilles » (elle l'appelle Gilles, elle ; pas comme moi, qui me sers toujours de son patronyme) « a très peu de gens avec qui il peut parler sur un plan intellectuel. Il se sent très isolé, alors quand il rencontre quelqu'un comme vous, avec qui il peut échanger des idées, c'est très précieux pour lui. » Je me demande si elle est fourbe ou idiote. Elle a l'air parfaitement sincère. Quant à Azeta, il écoute ça d'un air de matou repu ; un instant je me retiens de lui envoyer une paire de claques. Je n'ai pas à me retenir très fort d'ailleurs, parce que je ne sais pas donner les paires de claques : je n'en ai jamais donné de ma vie. La femme d'Azeta a l'air d'une brave fille ; elle est plus jolie que moi. Un jour je demande à Azeta s'il est sûr qu'elle ne se doute de rien ; il a l'air tout à fait sûr de lui. Il paraît qu'elle m'a trouvée très jolie. Là-dessus il se lance dans le récit de l'enfance de sa femme. Azeta est quelqu'un qui n'écoute pas les autres ; il est incapable d'interrompre le cheminement de sa pensée pour s'adapter à celle d'autrui, tenter de faire dévier son discours est totalement inutile. Ce manque de souplesse, j'ai compris maintenant que c'était ce qui lui donnait son bel air de conviction ; c'est en bonne partie pour cela que les gens l'écoutent

et qu'il a de l'ascendant sur eux : son discours ne se
laisse pas briser. Il n'est pas méchant, Azeta, ou du
moins, je ne crois pas. Il m'arrive de penser qu'il est
sadique : mais il n'est probablement qu'inconscient,
aveugle à tout ce qui n'est pas sa propre volonté. A
moins qu'on ne s'oppose à lui avec vraiment beaucoup
de force. A part cela il peut être charmant ; il a en
particulier un sourire joyeux et innocent qui est
comme une récompense ; une timidité étonnante aussi.
Ainsi j'ai cru d'abord qu'il continuait à me vouvoyer
par prudence, et puis il m'a avoué qu'il n'osait pas me
tutoyer. Comme c'est étrange de ne pas tutoyer sa
maîtresse ; et finalement cela me plaît, moi aussi j'ai
préféré garder le vouvoiement. Je l'appelle Azeta,
jamais Gilles ; Gilles, c'est pour sa femme. Lui, il a une
façon de m'appeler Isabelle qui m'a fait aimer mon
prénom, qui m'apparaissait autrefois démodé comme
ces petites prunes jaunes avec lesquelles on fait des
confitures : Mirabelle, c'est ainsi qu'on m'appelait à
l'école autrefois pour se moquer de moi. Mais depuis
qu'Azeta me dit que je suis belle, mon prénom ne me
semble plus ridicule. Il m'appelle aussi La Belle au
Bois Dormant, sous prétexte que c'est lui qui m'a
appris « le véritable usage des lits ». Il n'a rien d'un
prince, Azeta, mais il sait être charmant, à l'occasion.
Quels que soient les progrès accomplis cependant,
nous avons encore très peur l'un de l'autre : je sais que
c'est réciproque, parce qu'il me dit parfois : « J'ai peur
de vous » ou « Vous me faites peur ». J'ai découvert
que, sous ses airs de bravade, il avait très peur des
gens : de tout le monde. Il est plutôt malheureux,
Azeta, malgré sa femme et ses gosses. Il me parle de
ses enfants, quelquefois, rarement, sûrement pas par

pudeur ; je crois qu'il regrette leur présence en ce monde, et qu'il ne s'en occupe pas très souvent. Il les mentionne généralement à propos du bruit qu'ils font ; peut-être en est-il jaloux. Et aussi il a toute une idéologie « virile » complètement ridicule, qui lui complique beaucoup l'existence avec tout ce que ça lui coûte en fleurs, précipitations pour ouvrir une porte, présenter un manteau. Il a tout un vocabulaire assorti, selon lequel les hommes possèdent et les femmes se donnent, etc. Moi, ça m'amuse. Je ne le supporterais pas tous les jours, mais une ou deux fois la semaine, je fais semblant de marcher, pour lui faire plaisir. Il prend cela très au sérieux. Il prend beaucoup de choses au sérieux et comme il est aveugle aux mouvements intérieurs d'autrui, il est très facile de le tromper : ainsi quand nous faisons l'amour je joue la comédie afin de couper court aux scènes qu'il me fait si j'ai l'air froide : ça marche très bien, il est tout à fait convaincu et rassuré, il s'endort heureux. Il y a des moments où je me persuade presque qu'il n'y a rien d'autre que cela ; après tout c'est agréable de recevoir des caresses, de faire plaisir à quelqu'un. Après l'amour je suis plutôt triste et nerveuse et je n'ai aucune envie de dormir. Cela vient sûrement aussi de cette absurde comédie qu'il m'oblige à jouer. Et lui, suis-je si sûre qu'il ne me joue pas la comédie du plaisir, que je ne m'abuse pas ? Après tout je ne sais pas pourquoi, n'ayant pas connu d'autre homme, je suis si persuadée qu'il aime tant coucher avec moi. Peut-être le fait-il parce que c'est pratique, parce que je ne fais pas d'histoires. Peut-être me ment-il, et ne m'accorde-t-il pas, après tout, l'importance que je crois qu'il m'accorde. Il a une façon de m'aborder qui confine à l'humilité et qui tranche sur sa brusquerie coutumière. Enfin nous nous sommes installés tous les deux dans le temporaire. Je crois que je ne pourrais plus me passer de lui, que je ne pourrais plus me passer d'homme et comme je n'en rencontre pas d'autre qui me plaise, je garde celui-là ou ce que j'en ai.

Lilas est au courant de la situation. Elle ne voit jamais Azeta puisqu'elle est absente le mercredi et le reste du temps, quand il vient, c'est toujours moi qui réponds aux trois coups de sonnette, ces trois coups ridicules qui doivent amuser les voisins ou plutôt le voisin, le « jeune cadre » célibataire qui occupe maintenant le studio de Lilas. Personne ne vient jamais voir Lilas ; elle m'a donné à entendre que c'était mon appartement et que, consciente de sa situation d'invitée, elle ne voulait pas qu'on m'envahisse. Et je n'ai pas protesté bien fort, parce que je ne tiens pas à ce qu'on vienne sonner à ma porte à tout moment, à cause d'Azeta. C'est ainsi qu'il me tient captive, même lorsqu'il n'est pas là.

Lilas ne va pas très bien. Moi qui la croyais toujours gaie et active, je commence à déchanter. Lorsqu'elle n'est pas en cours, elle reste des journées entières dans sa chambre, recroquevillée sur son lit, à faire semblant de dormir. Elle pleure un fiancé qui l'a quittée, un an auparavant. C'est apparemment l'explication de son manque d'homme ; il paraît qu'elle ne peut pas oublier celui-là. Elle me fait de cette période de sa vie des récits lamentables et il me semble que la disparition de cet individu est une excellente chose ; mais elle refuse d'en convenir, elle en est toujours amoureuse, elle l'aimera toujours, dit-elle. Elle relit à voix haute et pour mon bénéfice les quelques lettres laconiques et banales qu'il lui avait envoyées ; je commence à les connaître par cœur et si je laisse paraître mon ennui, elle se met à pleurer que personne ne s'intéresse à elle. Elle néglige déplorablement ses études ; elle suit ses cours mais ne travaille pas et si j'essaie de la conseiller, elle réagit toujours par des larmes. Je commence à comprendre pourquoi elle ne veut pas rentrer chez ses parents et je me dis que j'aurais mieux fait de ne lui laisser que cette solution, puis je me le reproche. Parfois je lui dis qu'elle n'est pas heureuse et que la situation ne peut pas durer, mais alors elle pleure de plus belle et proteste qu'elle tient tant à moi, que je lui ai sauvé la vie, qu'elle m'aime tant. Après ces scènes, elle fait un effort pour être gaie, cela dure trois jours pendant lesquels elle fait son lit et se plonge obstinément dans des livres. Après cela elle redevient de même. Moi de mon côté je m'habitue à elle et je m'aperçois avec quelque inquiétude que je dépends d'elle de plus en plus ; pendant que je suis partie elle fait un peu de ménage et de rangement et les courses ; elle dit que sans cela elle ne pourrait pas accepter de se faire « entretenir ». Je m'habitue à l'odeur de tabac de l'appartement, aux mégots qu'elle laisse traîner dans le salon, à nettoyer la baignoire et le lavabo après elle, et à regarder la télévision qu'elle met en marche tous les soirs après le dîner et à laquelle je suis incapable de résister.

Les vacances de février approchent. Je ne verrai pas Azeta pendant presque quinze jours et je chavire à cette idée. Je me pose toujours la même question : pourquoi ai-je de cet homme, qui ne me rend pas très heureuse, un tel besoin ? Il me semble qu'il y a quelque

112

chose de maladif là-dedans. Il faudra bien que ça casse un jour mais je me refuse à y penser.

Nous nous sommes quittés très tendrement, pour la première fois il m'a dit « Je vous aime »; c'était un cadeau de départ mais je ne suis pas du tout sûre que ce soit vrai. Je crois qu'il a seulement besoin de coucher avec moi, et probablement aussi de me parler; peut-être qu'après tout c'est cela, aimer quelqu'un, mais je n'en suis pas du tout sûre. Il me semble que chez moi c'est autre chose, mais je ne saurais pas l'expliquer non plus. Mais enfin ça m'a fait plaisir qu'il me le dise.

Je ne vais pas passer cette semaine à Aix mais chez Anne et Jacques, à la campagne, et puis nous passerons trois jours ensemble à Bruxelles. Aussi samedi matin je pars pour le lycée avec ma valise. Il fait un temps épouvantable, je marche lentement pour éviter de glisser. Avec ma serviette d'une main et ma valise, qui est lourde, dans l'autre, c'est difficile. Près du pont, les élèves ont fait des glissades. Je glisse, moi aussi. Je tombe. J'essaie de me relever et l'une de mes jambes n'obéit pas. Je suis obligée d'attendre que des élèves arrivent à ma hauteur. Elles aussi tentent de me relever mais j'ai très mal et l'un de mes pieds a pris un angle bizarre. L'une d'elles va prévenir le lycée. Après un bon quart d'heure que je passe par terre sur le trottoir à grelotter, une surveillante arrive. Cette fois, je refuse d'essayer de me lever à nouveau. Elle semble trouver que je ne fais vraiment pas d'efforts et part chercher du renfort. Je suis toujours sur le trottoir, gardée par la gamine qui est restée et qui a l'air très contente d'échapper à sa première heure de classe, malgré le froid. Il s'écoule encore une vingtaine de minutes avant que la surveillante générale apparaisse sur le pont, suivie de l'infirmière du lycée, du concierge et du balayeur portant un brancard. L'infirmière constate que j'ai la cheville cassée et la surveillante générale que « ça tombe bien ! ». Je me demande pourquoi exactement. La surveillante et l'infirmière me hissent sur le brancard. Je pousse un hurlement et la gamine qui attend toujours dit « Heu, madame ! ». Le cortège démarre, la gamine, la surveillante et l'infirmière suivant comme pour un corbillard. Le concierge devant, le balayeur derrière s'encouragent de la voix : « Attention ! hé, voilà, ça ira ! » Ils avancent très lentement, à cause du gel ; il n'y manque que la marche funèbre. En arrivant au lycée j'entends des exclamations, les élèves sont massées aux fenêtres pour me voir passer. L'infirmerie du lycée étant au troisième étage, on me cahote et j'ai très mal. Enfin on me met sur un lit et on me donne un calmant. J'ai droit à la visite de Madame la Directrice qui « espère que ce ne sera pas grave, pour les enfants... et pour vous, bien sûr, Mademoiselle ». Au bout d'une heure, le médecin du lycée arrive. Il confirme que j'ai la cheville cassée. Il faut me transporter à l'hôpital d'Ypallage en ambulance. Il me fait une piqûre et je m'endors ; je sommeille pendant le trajet. Le lendemain matin, je me réveille à dix heures, j'ai été opérée, j'ai un plâtre et une espèce de petit tunnel en fil de fer autour de la jambe pour que le drap ne frotte pas dessus. Lilas est à côté de moi avec du jus d'orange et des chocolats. Elle m'annonce que je devrai rester à l'hôpital cinq jours. Je suis dans une salle commune, il y a un bruit épouvantable, des gens qui geignent, un qui crie qu'il va mourir, et le bruit des chariots des infirmières. Je

suis somnolente le reste de la journée. Le lendemain
Lilas revient. Elle m'apporte à nouveau des choses à
manger mais rien à lire. Je n'ai plus sommeil, j'ai mal
et je m'ennuie; je ne réponds pas aux tentatives de
conversation de mes voisines. C'est vraiment écœurant, ces vacances à l'hôpital. Pour me distraire je
mange, et aussi je ferme les yeux et je pense à Azeta.
Ensuite quand je les rouvre c'est pire. On ne me fait
rien ici depuis l'opération qui réclame ma présence à
l'hôpital; je n'ai qu'une idée : sortir de là. Au bout de
cinq jours je sors en effet. On me ramène chez moi
toujours sur un brancard, sous l'œil ironique du
célibataire d'à côté qui sortait de chez lui. On me
dépose sur mon lit. Lilas attend avec du bouillon de
légumes, de la compote et de la citronnade. C'est
attendrissant mais je n'ai aucun besoin d'être au
régime, pour la première fois depuis longtemps j'ai
envie d'un gros bifteck, c'est la mauvaise humeur,
l'ennui me rend capricieuse. Anne et Jacques viennent
me rendre visite, ils reviennent de Bruxelles, il me
ramènent des romans, des nouveautés, c'est gentil. Ils
racontent leur voyage, ils ont vu des tableaux, des
tableaux, des tableaux. Je ne connais rien à la
peinture. Ils s'en vont, ils disent qu'ils reviendront.
J'ai de la peine de les voir partir : encore le caprice,
encore l'ennui. Lilas amène son transistor auprès de
mon lit. Elle dit que c'est pour moi tant que je serai
immobilisée. Elle est gentille, Lilas. Elle dit qu'elle est
« égoïstement » contente que je sois malade, « parce
qu'elle va pouvoir m'avoir à elle tout le temps ». Bien
sûr quand elle dit des choses comme ça je ne la crois
pas, mais ça ne fait rien, c'est quand même gentil de
les entendre dire, ça fait du bien, je l'admire Lilas, de

savoir dire des choses comme ça, moi qui ne suis même pas capable de dire aux gens le bien que je pense d'eux, moi qui ne suis même pas capable de dire à Azeta que je l'aime. Mais moi je suis une rustaude. Lilas, elle, est bien élevée. Un peu hystérique, mais raffinée. Elle sait faire plaisir aux gens, Lilas, elle sait que c'est important de faire plaisir aux gens qu'on aime bien, au lieu de penser toujours à soi, comme une égoïste, comme quelqu'un qui n'a pas d'éducation, qui ne sait pas s'y prendre. Avec toute sa frivolité, ses larmes faciles, elle est plus intelligente que moi, Lilas, que moi qu'elle admire soi-disant pour mon intelligence, mais intelligence de quoi, intelligence de choses qui ne servent à rien, de livres, de vieux livres que personne ne lit jamais, sur lesquels je raconte des histoires.

Pour l'instant, lire des livres sérieux, je n'y parviens pas. Au milieu de la première page je me mets à penser à autre chose. Alors je lis des romans, ceux qu'Anne et Jacques m'on apportés. Les romans, c'est intéressant, on entre dans un autre monde et on ne pense plus au sien. Comme ça on arrive à faire passer le temps. Avec un roman on tient deux jours, bien deux jours pendant lesquels on ne sent pas le temps passer, ou plutôt si, mais pas le sien propre, un autre temps qui va beaucoup plus vite. Seulement il faut avoir la sagesse de laisser quelques heures s'écouler entre le moment où on en finit un et celui où on en commence un autre, sinon on a du mal à accomplir la transition. Entre deux romans, il y a la télé. Lilas a suggéré que j'achète une table roulante pour la télé, je lui ai donné un chèque et elle a ramené ça, et je regarde tous les films le soir et même les émissions scolaires pour les gosses l'après-midi parfois, n'importe quoi pour passer le temps.

Azeta doit revenir me voir dans deux jours. J'ai beaucoup pensé à lui pendant ces deux semaines : j'ai eu tout le temps. J'ai repensé à tout ce qui s'est passé depuis que je le connais, et toujours je parcours l'histoire depuis le début et je m'arrête au même endroit, le moment où il m'a dit : « Je vous aime. » Je suis bien obligée de m'arrêter là puisque c'est le moment où il est parti, parti très vite, dans l'escalier, en courant sans se retourner après m'avoir dit, d'une voix mince, très rapidement, sans me regarder, tout près de moi, au bout du couloir, à un mètre de la porte d'entrée : « je vous aime », sans attendre une réaction ou une réponse, à peine m'ayant dit cela il m'a quittée, il est parti. Et depuis je repense à cela, à ce : « je vous aime », qui était tellement inattendu. Je ne peux pas y croire, notre histoire est si mince, elle se résume à quelques regards, quelques paroles, quelques attouchements, quelques rendez-vous, quelques étreintes, assez peu réussies, assez furtives, assez gauches, assez timides, assez brutales ; quelques repas pris ensemble, quelques conversations où toujours l'un parle, l'autre écoute, et au bout de cela un « je vous aime » à sens unique ; un « je vous aime » que je suis incapable d'accepter pour ce qu'il semble être ou veut être : « je vous aime », une déclaration d'amour ; je ne peux pas croire qu'on m'aime, moi, et en particulier Azeta, qui m'a paru, pendant trois mois, lointain, inaccessible, et qui finalement là, il y a deux semaines, par ce « je vous aime », se met à ma portée, me donne cette possibilité de transformer le phantasme en réalité. Et cela, je suis bien incapable de le faire.

Est-ce que c'était bien là ce qu'il voulait, Azeta, en me disant « je vous aime » ? Certainement pas, il ne faut pas que je m'illusionne là-dessus : Azeta ne sait pas que pour moi il n'est pas une personne mais seulement un désir, le désir : comment pourrait-il le savoir ? C'est une chose assez étrange au départ, que je n'arrive déjà pas bien à comprendre moi-même, chez qui cette chose est née, et vit ; et à lui je n'en ai jamais rien dit, rien qui puisse le mettre sur la voie, lui faire comprendre ce qu'il est pour moi, le manque de réalité de son corps entre mes bras, lorsqu'il est là sur moi, lourd de tout son poids d'homme et qu'il pèse, qu'il pèse, et qu'il force l'entrée de mon corps là où c'est rouge, où c'est noir, où c'est chaud et ça ne veut pas de lui, et lui dans son innocence suprême, lui qui ne le sait pas ou bien après tout, peut-être, peut-être obscurément le sait-il, le sent-il mais alors, mais alors si c'était pour cela, si c'était pour cela qu'il me recherche, s'il recherchait la collusion entre un corps qui veut, un corps qui pousse, un corps qui cherche, le sien, et un corps qui ne veut pas, qui repousse, un corps aux yeux fermés, fermés avec la violence sèche de volets métalliques sur une fenêtre de HLM, ce corps le mien : si c'était cela qu'il cherchait, Azeta, si c'est cela qu'il aime, alors c'est effroyable : c'est pire que ce que je peux imaginer qui soit véritablement : c'est un monstre né de mon imagination tordue, le prolongement du phantasme, c'est énorme, c'est éléphantasme. L'éléphantasme, mon éléphantasme : mon éléphantasme à moi, pas un éléphantasme à deux, dont Azeta, par exemple, serait les pattes arrière et moi la tête, ou même le contraire : c'est grotesque, c'est impossible. Mais Azeta alors, pourquoi « Je vous aime » ? Est-ce qu'il se sentait coupable, pensait-il par un mensonge poli effacer la meurtrissure d'une absence de deux semaines, la blessure dans une habitude bien lisse ? Car c'est un homme poli, Azeta, particulièrement avec les femmes, et un homme poli, quand ça couche avec une fille plus d'une fois, quand ça couche avec une fille régulièrement une ou deux fois par semaine le matin en plein soleil, quand il est encore froid et n'en brille que plus, avant que l'approche subreptice du soir ne lui donne la mollesse décomposée de la mangue, alors qu'on voit au-dessus du lit blanc, au-dessus du mur blanc, par la fenêtre, les éclaboussures bleues du ciel ou bien la marche des nuages, quand on fait l'amour avec une fille assez souvent le matin, chez elle, qu'on ne la paie pas, et qu'on est un homme poli, est-ce qu'on ne lui dit pas tout naturellement, au bout d'un certain temps, en guise de reconnaissance de dette : « Je vous aime » ?

Ainsi donc Azeta aurait dit « je vous aime » à une grosse fille (plus si grosse) laide (plus si laide) timide (toujours aussi timide) en guise de rémunération ; car enfin Azeta a une femme qui est jolie, jeune (cela doit faire un maximum de dix ans qu'il l'a rencontrée) avec qui il semblerait, selon ses discours, qu'il s'entende somme toute assez bien : une femme dont il a fait sa femme : il semble clair que si Azeta aime une femme, c'est la sienne, et non la grosse (plus si grosse) fille timide qu'il vient voir le mercredi. Et pour compenser la fréquence de son absence, il offre à la grosse fille du mercredi, comme tout bon bourgeois à sa maîtresse, un bijou — pas de chez Cartier car ce n'est qu'un très petit bourgeois, Azeta — ce qui se fait de mieux dans sa sphère sociale, à Azeta, un : « Je vous aime. »

Azeta n'est pas élégant. Il donne un « Je vous aime », comme cela, avant de partir en vacances, et à moi, Isabelle de Santis, il ne faut pas que ce « je vous aime » fasse plaisir, car alors je me laisserais prendre au piège — pas au piège du plaisir, précisément, le seul auquel il soit admissible de se faire prendre par un homme qui vient vous voir le mercredi.

Aussi son « Je vous aime » il faudra le lui faire rentrer dans la gorge, à Azeta : un homme qui parle à sa maîtresse des états d'âme de sa femme. En plus de lui tenir des discours prétentieux, et de la baiser mal. Un homme qu'on désire — et qu'on aime, probablement, selon une des innombrables perversions par lesquelles ce sentiment se réalise.

Il revient dans deux jours ; il arrivera tout fringant, pas sexuellement affamé, pendant ces vacances il aura consciencieusement baisé sa femme, probablement en pensant à moi, et elle doit être très en forme, à cause de ce regain de passion de son époux. Non, il ne sera pas vraiment affamé ; il sonnera à la porte avec l'appétit souriant d'un homme qui sonne son petit déjeuner à l'hôtel. Or ce ne sera pas ledit petit déjeuner qui lui ouvrira la porte, mais une jeune fille (presque) inconnue, Lilas, une jeune fille qu'il n'a qu'entrevue et de laquelle il sera de toute façon hors de question, étant donné les circonstances, qu'il fasse son sandwich. Et la jeune fille incomestible lui ouvrira la porte, le fera entrer, et le conduira à sa maîtresse, allongée sur un lit, comme la Belle au Bois Dormant — mais avec, hélas, un attribut phallique à l'extrême, agressif et encombrant, comme on n'aime pas en voir décorer le corps d'une maîtresse hebdomadaire : un plâtre au pied.

Que fera alors Azeta, petit-bourgeois de trente ans, dont on croirait — à tort cependant — qu'il porte moustache, favoris, melon et canne à pommeau ?

Mercredi matin, à neuf heures, Lilas s'amuse beaucou. Elle vient de mettre un tablier blanc, elle jure qu'elle ne répondra plus qu'au nom de Conchita. Elle ne consent à s'exprimer que dans un baragouin prétendument franco-ibérique. Moi j'attends, il fait très beau, de mon lit je regarde un ciel de carte postale. Je suis faussement calme ; je viens d'absorber le petit déjeuner des malades, qui est long, paisible et satisfaisant : à cause de l'ennui, on fait durer.

J'ai fini de manger, je suis bien propre, j'ai fait ma toilette, j'attends Azeta, j'ai le cœur qui bat à grands coups et une boule dans la gorge. Lilas, debout à la porte de ma chambre avec son petit tablier blanc, se tort de rire ; elle se demande si elle ne va pas passer de Conchita à Juliette, dire « je vas » et jouer les servantes de Marivaux. Je doute du bon goût de sa plaisanterie mais elle l'apprécie tant, de toute évidence, que je ne saurais l'en priver. Enfin on sonne à la porte : Conchita-Juliette va ouvrir. J'entends de ma chambre : « Bonjour, Mademoiselle. » « Bonjour Monsieur, si Monsieur veut se donner la peine d'entrer, Mademoiselle est dans sa chambre. » Azeta entre dans ma chambre, il a l'air entre stupéfait et furieux. « Qu'est-ce que c'est que cette plaisanterie ? » Voilà comme les gens sont peu inattendus : il dit en entrant la phrase même que j'avais imaginé qu'il dirait, que j'espérais qu'il ne dirait pas. Il ne faut pas trop attendre des gens, on se fait mal. Et j'enclenche avec l'impression d'avoir déjà trop répété cette scène : « Ce n'est pas une plaisanterie, je me suis cassé la cheville. » « Tu t'es cassé la cheville ? Tu t'es cassé la cheville ? » « Voyons mon cher, vous vous oubliez, vous n'êtes pas chez vous ici ! » « Comment ça je ne suis pas chez moi ici ? » « Et puis vous n'êtes pas un perroquet dans une pièce de Feydeau. » « Comment ça Feydeau, qu'est-ce que c'est que ces histoires ? » « Si vous vous calmez un peu, je vous raconterai tout. » Sa façon de se calmer, c'est de tomber assis sur le bord de mon lit, brutalement : ce qui me fait très mal, et je crie un « aïe » exagéré pour qu'il comprenne bien qu'il me fait mal. Il dit « Excuse-moi, euh ». Je décide de lui passer le tu pour l'instant et je lui raconte l'histoire suivante : *Comment Isabelle se cassa la jambe.* Il est plutôt déconfit, Azeta, ça se voit. La première chose qu'il dit c'est « Pauvre chérie ». Décidément il me prend pour sa femme, ça commence vraiment à m'énerver. Je dis « Non pas pauvre chérie, pauvre Isabelle ». Il dit « Pourquoi pas pauvre chérie ? Tu sais bien que je t'aime. » Je dis « Ne soyons pas vulgaires » et lui « Pourquoi vulgaires ? Pourquoi tu m'en veux ? Qu'est-ce que je t'ai fait ? Parce que je suis parti en vacances une semaine, tu sais bien que je ne pouvais pas faire autrement, avec Maïté et les gosses, ce n'est pas une raison pour me faire la gueule, une semaine c'est pas long, et alors qu'est-ce que ça sera cet été... » Il freine, il s'est arrêté net, c'est trop tard : l'été, il ne fallait pas en parler, nous n'en parlons jamais, c'est tabou, on fait comme si ça n'existait pas. Il est devenu tout rouge ; il regarde par terre, sur le côté. Tout d'un coup il relève la tête, il me regarde, il les yeux brillants, l'air tout content : « J'ai une surprise pour toi. » Encore toi ? Décidément, c'est une manie. Mais docilement, je dis : « Quelle surprise ? »

Et lui, tout content : « Je suis invité à faire une conférence au mois d'avril, à Nice. » Je dis : « C'est très bien. » Et lui : « C'est ma première conférence, c'est très important. » Et moi : « Certainement » et lui : « Tu viendras avec moi ? » Et moi : « Non, ce n'est pas possible. » « Pourquoi, tu ne seras quand même plus dans le plâtre à ce moment-là ? » « Non, mais j'aurai des cours à faire. » « Tu n'as qu'à être malade ! » « Je ne peux pas être malade sur commande. » « Si, tu peux bien prendre trois jours, même Simone de Beauvoir le faisait, tu n'as qu'à lire, dans ses *Mémoires*. » « C'est ça que vous avez lu pendant vos vacances, Simone de Beauvoir ? » « Et alors ? C'est très intéressant. D'un point de vue historique, c'est très intéressant. » « Et alors ? ce n'est pas parce que votre femme vous a passé Simone de Beauvoir pendant les vacances, que je dois me prendre, moi, pour Simone de Beauvoir. » « Ma femme, qu'est-ce que ma femme a à faire là-dedans ? » « C'est de la lecture de femme, ça, Simone de Beauvoir. Elle l'a emporté pour le finir en vacances, et puis après elle vous l'a passé, pour que ça vous élève l'âme. » « Et puis après ? Elle est très féministe, Simone de Beauvoir ; elle est très féministe, ma femme ; on voit bien que vous ne la connaissez pas... » « Qui ? Votre femme, ou bien Simone de Beauvoir ? Vous êtes ridicule, vous me confondez avec votre femme, maintenant. » « Quoi, moi, comment ? » « Votre femme = Simone de Beauvoir = moi, ou le contraire, ça n'a pas d'importance. Vous êtes complètement œdipien. Vous devriez retourner chez votre mère. » « Je ne sais pas pourquoi, qu'est-ce qui vous prend, vous devenez vulgaire, tout d'un coup. » « Ce n'est pas moi, c'est la situation qui est vulgaire, et vous, en plus, vous êtes ridicule, à vous prendre pour Sartre ! » « Quoi, moi, je me prends pour Sartre ? » « Oui, et en plus, vous ne portez même pas de lunettes. C'est complètement absurde, de se prendre pour Sartre quand on ne porte pas de lunettes. » « Je ne sais pas ce qui vous prends, je... je ne comprends pas où cette conversation nous mène, je... » « Ce n'est pas une conversation, c'est une scène. » « Je... pourquoi est-ce que vous me faites une scène, alors, tout d'un coup, ça fait quinze jours qu'on ne s'est pas vus... J'étais content, moi, ce matin, je suis venu aussi vite que j'ai pu... Alors... » « Je vous fais une scène parce que nous en sommes arrivés au point où, dans toute liaison, la maîtresse fait une scène à son amant. » « Qu'est-ce que vous racontez, enfin, maîtresse, vous n'êtes pas ma maîtresse, enfin, c'est un vilain mot ! » « Vous ne savez pas ce que vous dites. Allez vous faire soigner, allez vous faire psychanalyser. » Tout d'un coup, il se calme : « Ça coûte trop cher et ça prend trop de temps. Je ne comprends toujours pas pourquoi vous me faites une scène. » « Je vous fais une scène parce que vous aimez ça. Souvenez-vous, je fais une thèse sur le masochisme. Grâce à vos conseils je commence à en connaître un bout là-dessus. Au début j'ai choisi ça parce que je trouvais que c'était un joli mot, ça sonnait bien, ça faisait original, maintenant je sais ce que ça veut dire, et chez vous ça n'a rien d'héroïque. » « Enfin, Isabelle, je ne comprends pas ce qui se passe... Je suis venu dès que j'ai pu ce matin... » « Demain, dès l'aube, à l'heure ou blanchit la campagne, je partirai. Vois-tu, je sais que tu m'attends... Écoutez, il faut que vous vous rendiez compte d'une chose. J'ai la cheville cassée, je suis hors d'usage pour six semaines, pas baisable pendant six semaines, vous comprenez ? » « Mais oui, bien sûr, je comprends, et alors ? » « Alors, il est inutile que vous reveniez ici, je ne peux plus vous servir ; surtout ne vous croyez pas obligé de venir de temps en temps prendre de mes nouvelles. Ce n'est pas la peine de faire des singeries. » « Enfin, Isabelle, vous êtes complètement folle. Je ne viens pas ici seulement pour faire l'amour avec vous, voyons. » « Si, vous venez pour cela, c'est complètement ridicule de ne pas le reconnaître. Je le reconnais bien, moi. » « Voyons ce n'est pas seulement pour faire l'amour avec moi que vous m'accueillez chez vous ! » « Si. » « Ce n'est pas vrai, vous mentez ! » « Oui. » « Bon, alors vous allez cesser cette comédie. Vous allez me laisser revenir vous voir comme avant, et nous parlerons ensemble. Et après six semaines si vous êtes remise nous ferons l'amour à nouveau, parce que c'est agréable de faire l'amour ensemble. Enfin pour moi. Pour vous je n'en suis pas si sûr. Je ne suis quand même pas complètement innocent vous savez. En tout cas pas aussi innocent que vous. Mais ça c'est quelque chose qui peut venir avec le temps, depuis que nous avons commencé à faire l'amour j'espère que ça viendra avec le temps. De toute façon il vaut mieux cela pour vous, comme cela a été entre nous, même si ça n'a pas été parfait, que de vivre comme vous viviez avant. C'est ce que je me dis pour me calmer lorsque je me fais des reproches. Je ne sais pas pourquoi vous m'avez fait cette scène ce matin ; la seule raison qui me paraisse possible, c'est que vous m'ayez pris pour un goujat complet. Je ne viens pas vous voir seulement pour faire l'amour avec vous. Finalement, je crois que ça vous plairait de

125

penser ça parce que ça rendrait les choses plus simples, et puis parce que comme ça vous pourriez me laisser tomber plus facilement le jour où vous en auriez envie. Mais je ne vous laisserai pas vous tromper aussi facilement que ça. Je n'ai pas besoin de vous s'il ne s'agit que de faire l'amour, Isabelle. Mais j'ai besoin de vous voir et de vous parler, et aussi de faire l'amour avec vous si les circonstances le permettent. Ceci dit, si vous ne voulez pas le comprendre, et si vous tenez à continuer le petit jeu du vouvoiement et à m'appeler par mon nom de famille, continuez. Je vais m'en aller maintenant, parce que je trouve que vous m'avez assez malmené comme ça, et que je ne tiens pas à me faire taper sur les doigts davantage. Je reviendrai sonner mercredi prochain et si vous ne voulez pas me voir vous n'aurez qu'à ne pas ouvrir la porte. Mais si nous cessons de nous voir ce sera parce que vous l'aurez voulu vous et non le contraire. Allons. » Et il me prend par les épaules, il m'embrasse sur la joue, et il disparaît, encore une fois il s'en va très vite, sans même prendre le temps de mettre son manteau, il part avec ses affaires sur le bras. J'écoute jusqu'à ce que j'entende le bruit qui indique que l'ascenseur est parti. Je suis restée seule dans l'appartement : Lilas est partie, en retard, pour ses cours, aussitôt après l'arrivée d'Azeta. Je suis un peu déconfite. Je trouve qu'Azeta a très bien manœuvré : il a fait ce qu'il fallait pour m'interdire de le prendre pour un salaud intégral ; effectivement ça complique les choses et c'est pire. Évidemment, je vais lui céder maintenant, c'est trop tentant, à m'ennuyer comme je m'ennuie, l'idée de sa visite une fois par semaine et peut-être même deux comme avant, il pourrait m'apporter des livres aussi, il les choisirait sûrement mieux que Lilas. Seulement le garder parce que je m'ennuie, parce que l'ennui me met dans une situation vulnérable, cela ne semble pas une très bonne solution non plus. Il serait préférable de ne pas répondre à son coup de sonnette mercredi prochain. D'ailleurs, c'est simple : pour que la décision soit plus facile à prendre, il suffit de ruser avec les circonstances. Il suffit de ne rien dire à Lilas. Elle partira à neuf heures moins le quart pour son cours de neuf heures. Azeta ne vient jamais avant neuf heures. Quand il viendra je serai seule dans l'appartement et je ne pourrai pas lui ouvrir. Alors il faudra bien qu'il s'en retourne. Ayant résolu cela je me sens beaucoup plus calme. Quand il était là, assis à côté de moi, je me sentais mollir : il avait l'air blessé, il était à son plus charmant, quand on l'a contré, qu'il est vulnérable et humain. Ce dont il faut se souvenir c'est qu'il n'est pas comme ça très souvent. Il faut que j'y pense pour renforcer ce qui en moi le refuse. Cette histoire est trop ridicule, elle ne peut pas continuer ainsi ; puisqu'il se refuse à en finir et que je n'en ai pas le courage moi-même, il faut laisser les circonstances faire à notre place. Ceci dit je ne veux plus y penser, je passe la journée à lire. Lilas m'a laissé un pique-nique pour le midi. Quand elle rentre le soir la première chose qu'elle dit c'est « Alors comment ça s'est passé ? » « Mal. » « Comment mal ? » « Je l'ai foutu à la porte. » « Tu ne l'as pas foutu à la porte ! » « Si. » « Non, tu n'as pas fait ça. Je sais que tu n'as pas fait ça. C'est lui qui a été salaud ? » « Non, on ne peut pas dire qu'il soit salaud, inconscient seulement. » « Bon, écoute je ne sais pas ce qui s'est passé entre vous, si vous vous êtes engueulés ou quoi, de toute façon ça n'a

127

pas d'importance, puisqu'il reviendra mercredi. » « Il ne reviendra pas mercredi, je lui ai dit de ne pas revenir. » « Il reviendra mercredi. » Elle s'en va dans la cuisine, je ne sais pas ce qu'elle fait, la vaisselle ou quelque chose comme ça, on entend des bruits de tasses, et elle chantonne : « Il reviendra mercredi, il reviendra mercredi ! » Quelle calamité.

Je passe la semaine — la dernière semaine qui se comptera encore de mercredi à mercredi — à organiser ma vie future sans Azeta. Je m'aperçois avec tristesse qu'elle s'annonce plutôt vide. Toute mon énergie ayant été tendue dans une espèce de compétition avec ce type, faites qu'il ne me trouve pas laide, faites qu'il ne me trouve pas idiote. Et même après qu'il m'eut répété qu'il ne me trouvait ni laide ni idiote, ça a continué. Il y a gros à parier que lui parti, je vais recommencer à me considérer laide et idiote sans même un espoir de changement. Je ne vois pas très bien ce que je peux faire contre ça, puisqu'il me faut des yeux masculins pour oser considérer l'éventualité d'être jolie et intelligente, et qu'il ne s'en présente pas d'autres à l'horizon, et que d'ailleurs je déteste ça, les yeux masculins ; ça vous force à sortir de vous-même, on n'est jamais à l'aise, jamais tranquille ; et puis ça ne tient jamais les promesses que ça fait. Tous ces efforts pour si peu de chose, de l'autre côté du miroir ! Non, vraiment, ça n'en vaut pas la peine. Il vaut mieux rentrer dans sa tanière et y rester, bien au chaud. Les hommes, ces animaux étranges, laids et fascinants, mieux vaut les regarder de loin. Ce que j'avais fait d'ailleurs depuis si longtemps : depuis que j'avais compris le piège, très tôt. Interdite, c'est comme cela qu'il faut rester, interdite : il faut s'interdire. Le problème c'est au nom de qui, au nom de quoi ? Quant à Lilas, elle reste dans sa chambre pendant des après-midi entières : je sais qu'elle écoute la radio ; si je lui pose des questions, elle me répond sur un ton vague qu'elle travaille ; je sais à ses yeux baissés et à sa lèvre inférieure qu'elle mordille, que ce n'est guère vrai. Il faudrait pourtant bien qu'elle travaille, sinon elle va se retrouver dans la même situation l'année prochaine ; une situation qu'elle déteste, et j'en viens à me demander parfois si elle ne me déteste pas aussi, parce que bien malgré moi j'en fais partie. Lilas a des ambitions grandioses : elle voudrait un appartement à elle, des meubles, une voiture, une garde-robe de star, et des hommes à ses pieds. Je dis grandiose, parce qu'à voir la façon dont elle s'y prend, ça n'a pas l'air de s'annoncer très vite. Lilas ne semble pas comprendre les liens de cause à effet : qu'il faille faire des efforts dans le but d'obtenir une chose désirée, voilà qui semble lui être inconnu. Lilas ne croit qu'à une seule force motrice : la chance. Elle trouve que j'ai de la chance d'avoir un métier et de louer un appartement. Elle trouve que j'ai également de la chance d'avoir Azeta « à mes pieds » comme elle dit. Bon, Azeta, je ne dis pas, je n'ai pas fait beaucoup d'efforts pour cela. Mais le reste, quand même, si je l'ai, c'est parce que je l'ai *mérité*. C'est en tout cas ce que je raconte à Lilas, qu'il faut mériter ce qu'on désire. Les riches sont riches parce qu'ils l'ont mérité ou parce que leurs pères ont mérité avant eux d'être riches et que leurs enfants le soient ; les beaux sont beaux parce qu'ils passent des heures à s'ennuyer chez le coiffeur et suivent des régimes amaigrissants, les gens intelligents le sont *à force de travail*, le monde est une pyramide reposant sur la méritocratie ; et si par hasard un individu réussit à se glisser à la mauvaise place, eh bien, il ne tarde pas à s'en voir déloger. Ça, c'est le credo de l'école laïque, on me l'a fait boire au biberon, en même temps que Jules Ferry incitant les petits Noirs à l'étude et que Gambetta s'élevant dans les airs en ballon. Et si rien dans ma propre existence ne vient me prouver que c'est vrai, ce doit être par un défaut de ma perception, puisque les autres le voient, chez moi, à ma place. Et, pour me tirer d'affaire, c'est exactement cette chanson-là dont j'use avec Lilas, pour me débarrasser de la situation possédant - possédé dans laquelle elle me met, me répétant sans arrêt comme j'ai de la chance et sous-entendant qu'elle n'en a pas. Si je me sers de l'idéologie travail - famille - patrie, alors tout rentre dans l'ordre, et elle, elle n'a qu'à rentrer dans sa chambre, en mettre un coup et me fiche la paix par la même occasion ; et puis on ne sait jamais après tout, peut-être que ça pourrait quand même lui servir à quelque chose. Lilas m'envie, non pour ce que je suis, mais pour ce que j'ai ; elle estime qu'il ne tient qu'à quelque coup de dés qu'elle ne l'ait à ma place ; j'essaie de lui démontrer qu'il ne tient qu'à sa volonté qu'elle ne l'ait aussi. Dialogue de sourdes, qu'elle met en scène en se déguisant en soubrette, ou en pleurant la veille du jour où il faut le rendre, sur l'ombre d'un devoir qu'elle n'a pas eu le courage de faire ; et de venir me dire, à moi, que j'ai bien de la chance de ne pas avoir des devoirs imbéciles pour des professeurs imbéciles qui ne comprennent rien au génie, etc. Cette polémique me fatigue, mais je suis incapable de m'en défaire, la seule solution qui m'apparaisse étant de mettre Lilas à la porte, ce qui est impossible parce que, d'abord, ce serait méchant, et, ensuite et surtout, parce que j'ai la patte cassée.

Mes parents ne sont pas au courant de mon accident. Ça n'aurait fait qu'amener une cascade de lettres et peut-être un déplacement inutile de leur part. Sans doute ont-ils été vexés de ne pas avoir reçu de carte postale de Belgique ; ils mettront cela sur le compte de mon incurie habituelle en matière épistolaire. Ce qui me fait penser que moi non plus, je n'ai pas eu un mot d'Azeta durant ces deux semaines : si je lui étais aussi indispensable qu'il veut bien le dire, il me semble qu'il ferait un effort. Mais il ne fait pas d'efforts, Azeta, il n'a pas d'effort à faire, aucun effort à faire : il fait ce qu'il veut, simplement, sans se poser de problèmes : du moins sans se poser ceux que logiquement on pourrait attendre qu'il se pose. Il vient faire l'amour, simplement, toutes les semaines, et s'il ne peut pas faire l'amour, il fera de la conversation, parce que c'est un bon type, Azeta, il ne faudrait pas croire, c'est un type moral et raffiné. Il aime beaucoup les conversations avec les femmes, Azeta ; il aime ça, sans doute parce que ça le rassure sur lui-même. A partir du moment où on va voir une jeune femme pour le plaisir de sa conversation (conversation qui consiste, si l'on excepte les moments de fureur, en acquiescement ; comme ça au moins on s'entend parler), à partir de ce moment-là ce n'est plus comme si on allait au bordel (endroit où on voudrait bien aller d'ailleurs, on y pense parfois la nuit, mais on n'ose pas, et puis ça coûte cher, alors qu'on peut avoir ça pour rien, un type comme moi c'est les femmes qui devraient me payer, hein), non, ce n'est plus le bordel mais quelque chose d'intellectuel, donc de convenable. Il y a longtemps qu'on a compris qu'on pouvait faire toutes les conneries qu'on voulait, du moment que c'était intellectuel. On peut casser les vitrines si c'est pour Mao, et on peut aimer la fesse, du moment qu'elle est vue à travers une espèce de filtre godardisant, qu'on se fabrique de bric et de broc, comme ça, on bricole, on bricole de la casquette, c'est plus noble ; avec sa tête on aime le peuple les enfants les chiens les femmes et leurs fesses.

La troisième personne

Mercredi je m'endors au matin : encore une fois, mais lorsque je me réveille d'un mauvais sommeil jaune et charbonneux de somnifère, le réveil marque neuf heures et quart. Il y a du bruit dans la maison. J'ai à peine fini d'ouvrir les yeux, d'appréhender la situation, qu'on sonne à la porte, et à peine a-t-on sonné qu'on entend des pas dans le couloir, et la porte s'ouvrir, et une voix d'homme qui dit : « Bonjour Mademoiselle » et une autre qui répond, dans un chuchotement théâtral parfaitement audible : « Bonjour, entrez. Elle dort encore. » La porte de ma chambre s'entrouvre lentement, précautionneusement, et dans l'entrebâillement apparaissent deux têtes, l'une au-dessus de l'autre : Lilas et Azeta. Quand ils voient mes yeux ouverts, ils se mettent à sourire et ces deux têtes fendues me semblent fugitivement appartenir à deux magots obèses et idiots. Mais la porte s'ouvre encore et ce sont bien Lilas et Azeta qui entrent dans ma chambre, où flotte un reste de cauchemar, comme une odeur de tabac froid. Ils sont tous les deux là, au pied de mon lit, debout, qui me regardent, et je m'aperçois qu'ils se parlent, ils parlent de moi en ma présence comme ils parleraient d'un enfant malade ou d'un chien : leurs paroles sont anodines, ils se disent en souriant des choses comme « Elle vient juste de se réveiller ; vous arrivez bien » « Ça lui fait le plus grand bien de se reposer comme ça ». Et moi qui suis là, qui devrais contrôler la situation, puisque j'ai une relation à chacun d'eux et qu'eux n'ont pas pu avoir le temps d'en former une ensemble, je me sens entrer malgré moi dans ce rôle d'enfant malade, d'animal familier, qu'ils semblent vouloir m'assigner. Je reprends mes esprits et je me fâche, je dis à Lilas : « Eh bien, je ne sais pas ce que tu fais ici à cette heure-là, tu vas être en retard à tes cours ; il faut partir tout de suite. » Et elle obéit, elle part, non sans avoir toutefois passé à nouveau la tête à la porte pour dire à Azeta : « Elle n'a pas déjeuné, j'espère que vous allez vous occuper d'elle. » « Mais oui », répond-il en riant, « ne vous inquiétez pas, je serai une bonne infirmière. » On entend la porte claquer, et Azeta, qui s'est assis près de mon lit, me prend la main d'un geste protecteur, paternel ou médical, et me dit — je l'aurais parié, j'ai vu les mots se former sur sa bouche, quelques instant plus tôt — « Alors, comment ça va ce matin ? » « Vous avez de la chance que je ne me sois pas réveillée à temps. J'avais l'intention de vous laisser à la porte. » « Je m'en doute bien. Tu ne peux pas savoir comme je suis heureux que tu aies si bien dormi ! » « Je vous interdis de vous foutre de moi. En plus, je vous interdis de me tutoyer. » « Écoute, ne sois pas méchante. Je ne comprends pas du tout ce que tu as, ce que j'ai pu te faire pour que tu me détestes comme ça. » « Vous n'avez vraiment aucune idée de la raison ? » « Non, aucune. Je t'assure que je suis complètement dans le noir. » Je le regarde au fond des yeux à ce moment-là, et pour une fois il a un regard parfaitement clair, parfaitement innocent : il ne ment pas, il ne comprend rien. Et au fait, qu'est-ce que je lui ai dit, quels indices ai-je laissés qui lui permettraient de comprendre ? Je comprends moi, à ce moment, qu'il est tout à fait logique avec lui-même. Et du même coup je me sens tout à fait impuissante. Qu'est-ce que je peux faire, comment lui faire comprendre qu'enfin il faut qu'il s'en aille, que je ne veux plus de lui, que s'il ne s'en va pas, alors que je suis prisonnière ici, et que je n'ai pas la liberté de me cacher, ensuite il sera trop tard et alors... et alors quoi ? Et alors les choses risquent, je ne sais comment, d'aller très mal, plus tard. Mais tout cela est si confus, et en surface si injustifié, impossible à expliquer ; et puis je suis prisonnière non seulement de mes membres mais encore une fois de ma langue qui repose là gonflée et cotonneuse, lourde dans une bouche que je ne parviens pas à ouvrir. Alors je me tais, et puis je le regarde à nouveau et je le vois là, qui me tient toujours la main, et je me reproche d'être méchante, je me demande pourquoi je cherche ainsi à détruire ce que j'ai. Alors je l'interroge sur sa semaine et il commence à raconter ses histoires. Pendant qu'il y est occupé je me souviens comment un jour, en Italie, avec une amie, nous avions dans le Campo Santo de Pise croisé un couple français. Ils se prenaient par la main et l'homme tenait à la femme un discours animé, et elle marchait sans mot dire à côté de lui, et mon amie avait dit : « Tu vois, ces deux-là, eh bien, elle est amoureuse de lui, et il l'emmerde » et j'avais protesté :

« Comment peut-elle être amoureuse de lui, s'il l'emmerde ? »

Jeudi soir Lilas rentre de la Fac. Elle y passe
beaucoup plus de temps maintenant qu'au début de
l'année. J'imagine qu'elle doit en avoir assez de son
rôle de garde-malade et je la comprends. Ma compagnie n'a rien de distrayant, l'ennui me déprime et je
suis d'assez mauvaise humeur la plupart du temps.
Mais jeudi soir en rentrant elle a l'air tout excitée. Elle
va poser ses affaires puis elle vient s'asseoir dans ma
chambre. « Devine qui j'ai rencontré à la Fac ? » « Je
ne sais pas. » « Azeta ! » « Ah ? » « Ça t'en bouche un
coin, hein ? On sortait tous les deux de la Fac en même
temps à quatre heures. » « Il était à la Fac, aujour-
d'hui ? » « Oui ! » « Je croyais qu'il n'y était pas
normalement le jeudi. » « Non », dit Lilas, « mais
aujourd'hui il avait une réunion. » « C'est drôle,
d'habitude quand il a une réunion il vient me voir
après. » « Oui mais aujourd'hui il n'a pas eu le temps
parce qu'il m'a emmenée prendre le thé. » « Prendre
le thé ? Où ça prendre le thé ? » « A la pâtisserie, tu
sais la pâtisserie avec les nappes rouges. » « Là ? Mais
alors c'est toi qui l'as emmené et pas le contraire, ce
n'est pas un endroit où il va. » « Bon, enfin il ne savait
pas où aller alors je l'ai emmené là, pour être
tranquille, il n'y a jamais personne. » « Et pourquoi
avais-tu besoin d'être avec lui dans un endroit où il n'y
a personne ? Pourquoi tu ne l'as pas emmené ici ? »
« Écoute, c'est pas la peine de prendre ça sur ce ton-là,
je croyais que c'était plus ton mec, je croyais que tu ne
voulais plus de lui, que tu savais plus comment t'en
débarrasser. » « Oui eh bien ça, c'est pas une raison
pour emporter le corps avant qu'il ait eu le temps de

refroidir. » « Écoute, tu es quand même pénible, je l'ai emmené à la pâtisserie parce que j'avais envie de le voir seule. » « C'est bien ce que je pensais. Ça fait longtemps que tu avais l'œil dessus ? » « Mais non, enfin, écoute, je voulais le voir pour lui parler de toi. » « Comment ça lui parler de moi ? Pourquoi ? Qu'est-ce que tu es allée lui raconter ? J'espère que tu lui as pas vendu la mèche ? » « De toute façon je me demande bien ce que j'aurais pu lui vendre, en fait de mèche, étant donné que je comprends absolument rien à ce qui se passe. » « Quoi, ce qui se passe ? » « Ben oui, ce que tu veux en faire de ce type quoi, ce que tu lui veux ? » « Moi ce que je lui veux ? Mais justement, je ne lui veux absolument rien du tout, justement c'est ça le problème, c'est lui qui vient ici et toi qui lui ouvres la porte et moi je suis là, sur le plumard à la con, je ne peux pas bouger, alors vous pouvez bien faire de moi ce que vous voulez, moi, de toute façon je peux rien dire, je peux rien faire, vous profitez de la situation, c'est dégueulasse. » « Quoi, la situation, quelle situation ? C'est quand même pas ma faute si tu as fait la grasse matinée hier, tu n'avais qu'à te réveiller à temps, tu n'avais qu'à mettre le réveil, et puis surtout tu n'avais qu'à me prévenir, moi, comment est-ce que je pouvais savoir que tu voulais le laisser à la porte, tu ne m'as absolument rien dit, la semaine d'avant il fallait lui ouvrir, alors ? » « Bon eh bien pourquoi est-ce que tu n'es pas partie pour tes cours à l'heure, tu n'avais qu'à partir à l'heure, je ne t'avais pas demandé de rester ! » « Ah bravo, tu m'avais pas demandé de rester, c'est ma faute maintenant, parce que je n'ai pas voulu te réveiller, je sais que tu t'emmerdes à crever toute la journée alors j'ai voulu te laisser dormir, et je suis restée là pour t'apporter ton petit déjeuner, et en plus je me fais engueuler. » « Écoute Lilas, n'essaie pas de comprendre ce qui se passe, ce qui se passe entre Azeta et moi, ça ne regarde que nous deux, alors n'essaie pas de t'en mêler, et puis pour moi aussi, c'est très gentil cette histoire de petit déjeuner mais tu sais en ce moment je mange le moins possible de toute façon, alors petit déjeuner ou pas ça n'a pas d'importance, il faut vivre ta vie tu comprends, et ne pas essayer de vivre la mienne à ma place. » « Mais écoute je sais bien, tu me dis toujours ça, mais tu comprends c'est difficile, je crois que tu ne te rends pas compte, tu ne te rends pas compte de ce qui se passe, moi je suis là, tous les jours, je vis à côté de toi, tu sais comment je suis moi, j'ai pas de mec ça fait des mois, c'est pas drôle, je fais ce que je peux j'arrive pas à en trouver, j'intéresse personne, alors à côté de ça toi tu te trouves un mec, un type vraiment chouette, beau intelligent et tout, il te tire de la déprime, tu sais bien comment t'étais avant, faut quand même pas l'oublier, et depuis que tu t'es trouvé ce type-là regarde comme ça va mieux, tu as tellement changé tu t'es mise à vivre, regarde comme tu es devenue mignonne et en plus tu t'es mise à bosser, quand je te vois bosser comme ça ça me rend malade moi qui ne peux rien faire, alors c'est quand même pas parce que tu t'es cassé la patte, tu n'es pas la première à qui ça soit arrivé, il faut quand même pas charrier, je sais bien que tu t'emmerdes mais enfin c'est quand même pas la mort tu n'en as que pour quelques semaines, et ton type je sais bien que tu avais peur qu'il ne vienne plus avec ta patte cassée, je sais bien que t'avais peur de ça mais moi j'y ai jamais cru, j'ai jamais voulu t'en parler pour pas t'embêter mais je savais bien qu'il viendrait quand même, tu essaies toujours de voir les choses au plus noir, je ne sais pas pourquoi tu fais ça, tu es vraiment vache avec les gens, je ne comprends pas pourquoi tu veux absolument démolir la seule chose valable dans ta vie, c'est complètement dingue. » « Azeta n'est pas la seule chose valable dans ma vie. Azeta n'est pas valable du tout. Il m'empêche d'être moi-même. Il me possède. C'est une apparence de vie que j'ai. En fait c'est pire que rien. Je perds mon temps. Il faut que j'arrive à vivre, pour moi, tu comprends ? Il faut que je me débarrasse de lui. Après ça ira mieux, après je pourrai commencer à voir clair. » « Il y a des fois où je me demande si tu n'es pas folle. Tu te rends compte de ce que tu dis ? Tu dis absolument n'importe quoi. N'im - por - te - quoi. Je ne sais pas ce que c'est que cette vie que tu mèneras, soi-disant, quand tu ne l'auras plus. Tu divagues. Moi je t'ai vue avant et tu n'avais pas de vie du tout. Tu n'arrivais absolument à rien. Maintenant tu t'imagines que tout d'un coup, comme ça, tu vas parvenir à quelque chose. Je ne vois vraiment pas par quel miracle. C'est lui qui peut faire quelque chose de toi. Tu as besoin de lui. C'est pour ça que je l'ai vu. Je lui ai dit qu'il fallait qu'il continue, que tu étais déprimée à cause de ta jambe, que tu ne savais pas ce que tu faisais. » « Ma jambe, ma jambe, tu me fais rigoler, c'est vachement facile de tout mettre sur le compte de ma jambe, tout ce qui va mal c'est ma jambe, avec une béquille comme ça on n'a pas besoin de penser, qu'est-ce que c'est que ces façons d'endormir tout le monde avec mes histoires de jambe, et puis franchement, je commence à me demander pourquoi tu tiens tellement à ce que je le garde, Azeta, à vrai dire je trouve même ça suspect ; on croirait que tu as des actions dans la maison, si tu le veux pour toi Azeta il faut le dire tout de suite, moi je n'ai rien contre je m'en fous absolument, occupez-vous ensemble tous les deux si ça vous amuse, seulement alors il faut me le dire franchement, c'est idiot de faire des manœuvres en dessous. » « Je ne fais pas de manœuvres en dessous. » « Si, tu fais des manœuvres en dessous, je ne suis pas folle je le vois bien, vous êtes deux à me prendre pour une idiote. » « Écoute, tu es pénible tu ne te rends pas compte. » « Oh merde, sors d'ici, fous-moi la paix ! Fous-moi la paix tu m'entends, sors d'ici fous-moi la paix à la fin ! »

Voilà, ça dure comme ça, moi - Lilas - Azeta - moi - Azeta - Lilas, pendant plusieurs semaines, c'est pas possible, des semaines pareilles, toute seule à m'emmerder et si pas toute seule, alors l'un ou l'autre sur le dos quand c'est pas l'un et l'autre sur le dos parce que depuis quelque temps ils se sont mis ensemble, oui, c'est ça leur nouvelle manie, et ils m'emmerdent comme ça ils sont tous les deux debout au pied de mon lit et ils me regardent de toute leur hauteur, et moi bien sûr je suis couchée et je ne peux pas bouger, et eux ils sont là, l'un à côté de l'autre, et ils me sermonnent, parfois il ne me parlent même pas, ils se contentent de parler de moi ensemble sans se soucier de ma présence, comme si j'étais un meuble : « Elle a l'air mieux aujourd'hui, elle prend des couleurs en ce moment. » « Oui, elle mange un peu plus, c'est l'ennui... » « Oui, bien sûr, elle s'ennuie, mais d'un autre côté ça la repose... » « Oui, évidemment, ça la repose... » Ils ont des conversations ces deux-là, mais des conversations idiotes, on dirait deux concierges, ils me regardent plantés là les mains sur les hanches, j'ai l'impression d'être, je ne sais pas moi, une vache laitière aux Comices agricoles. « Foutez-moi la paix », je leur dis, « J'existe » je leur dis « les gens on leur parle »; et ils se regardent d'un air indulgent, avec une pointe d'exaspération, comme deux compères, et ils disent : « Regardez-moi ça comme elle devient méchante, mais elle est de plus en plus capricieuse, ma parole, il va falloir faire quelque chose »; et moi je suis là je ne peux pas me lever; enfin si, je peux me lever maintenant et faire quelques pas, avec des béquilles, mais alors c'est tellement pénible, et puis je ne sais pas ce qui m'arrive, je ne comprends pas très bien, je n'ai pas de forces, d'après le toubib je devrais déjà marcher bien mieux que ça, mais alors c'est curieux je ne peux pas y arriver, pourtant on me donne des fortifiants, des ampoules brunes dégueulasses que je prends deux fois par jour et tout ce que ça fait, ça me donne envie de manger ah oui ça oui alors ça j'ai faim, je bouffe, je suis en train de regrossir, je suis sûre que je regrossis; et puis aussi le toubib m'a donné des calmants, il dit que l'inactivité forcée a parfois un effet traumatisant sur les gens ça n'est pas grave, alors j'ai commencé à prendre des petites saloperies rouges et blanches, Lilas dit que ce n'est pas l'inaction, que ça couvait depuis longtemps, que c'est juste que l'inaction ça m'a mise en face de moi-même, ça m'a obligée à prendre conscience de mes problèmes, qu'elle dit, en tout cas avec ces petites saloperies-là je me mets à avoir envie de dormir tout le temps, ras le bol ras le bol et puis l'ennui ça n'arrange rien.

Azeta change en ce moment, il devient tout tendre et tout mouillé, il me regarde avec des yeux de saint-bernard pour me dire je t'aime je t'aime ; j'en ai de la chance qu'on me dise comme ça je t'aime je t'aime, on ne me l'avait jamais dit avant je devrais être contente, et à vrai dire ça m'attendrit assez, je commence à y croire. Il me dégoûte un peu, il sent les larmes et le sperme mais il est si gentil, sa main tremble quand il me caresse le visage, il vient me raconter ce qui se passe dehors. Moi je veux sortir, de plus en plus je veux sortir. Quand je suis debout sur mes béquilles je regarde le ciel moutonnant d'Ypallage où crient les mouettes les jours de grand vent. Nous sommes en mars, le printemps approche, il y a souvent un soleil froid le matin, les femmes dans les rues portent paraît-il les couleurs vives qui anticipent dans ces pays du Nord l'appel du beau temps. J'ai envie de colliers, de parfums, de chemisiers transparents, de regards d'hommes sur mes jambes dans la rue, de ces regards vulgaires et satisfaisants qu'on peut se permettre de mépriser royalement, tu me regardes je te méprise toi qui es plus fort que moi, c'est là le troc. Il paraît que certains jours plus beaux que les autres, on commence, bien que prudemment emmitouflés, à boire des citrons pressés vers deux heures de l'après-midi aux terrasses des cafés, et pourtant les matins sont toujours blancs de gel ; il paraît qu'il y a, les après-midi vers cinq heures dans les brasseries, des bandes d'étudiants qui discutent en riant et buvant des chocolats chauds, moi je ne les connais pas je ne connais personne, Lilas Azeta deux bouées de sauvetage, deux faibles liens avec le monde extérieur. Quand pourrai-je à nouveau marcher dans les rues, m'offrir des chaussures chez Salamander, manger un cornet de glace à la fraise, prendre le train pour Wassingues oui même cela, et

142

lire Balzac au milieu des ouvriers, *La Duchesse de Langeais, La Fille aux yeux d'or* ? A la radio il ne se passe rien absolument rien, L'Europe Le Marché commun L'Angleterre décline le pays dort. Azeta voudrait faire l'amour à nouveau, il dit qu'il serait très doux, qu'il ferait très attention, il dit qu'il a changé, c'est vrai, je le sais bien, « Je t'aime, je t'aime » tout le temps il répète, « Je commence à vivre je ne savais pas ce que c'était tu m'apprends tant de choses je comprends ce que c'est d'aimer quelqu'un, je pense à toi tout le temps je n'y peux rien tu m'obsèdes Isabelle Isabelle, comment ne nous sommes-nous pas rencontrés plus tôt », il échafaude des hypothèses, tant de temps perdu. « Aimez-moi il faut que tu m'aimes, Isabelle. » J'ai froid en dedans. J'aimerais bien qu'il arrive autre chose dans ma vie que Lilas - Azeta, Azeta - Lilas. Lilas sait de plus en plus de choses sur Azeta ; ce n'est pas possible, ils doivent se voir en cachette. Je suis sûre qu'ils se racontent des histoires sur mon compte. Je suis jalouse : les choses sur mon compte je voudrais qu'on me les dise, à moi. A moi à moi à moi à moi. Tout pour moi, le peu qu'il y a. Il fait beau, je suis enfermée, j'enrage. Je voudrais bien aimer Lilas ; ce serait beaucoup plus commode qu'Azeta, je pourrais l'avoir tout le temps, et puis il n'y aurait pas ce machin dur et mouillé à prendre entre les jambes. Quelle plaie ce truc-là. Après il dort. Une fille ça doit être gentil, ça doit savoir ce qui fait plaisir, et puis au moins si ça ne sait pas on doit pouvoir lui dire. Avec Azeta j'ai essayé, il a fait comme s'il n'avait pas entendu. Il me répète comme c'était bien quand on faisait l'amour ensemble. J'ai envie de lui dire : parle pour toi. Elle est plutôt jolie, Lilas, c'est dommage que je n'en aie pas envie. Je

suis sûre qu'elle ne demande que ça. Ça ne mène à rien
sa dévotion ; c'est ça qu'il dit Azeta : « Elle est très
dévouée. » Mais elle ne me plaît pas du tout Lilas,
c'est pas bien une fille ça a des seins ; un mec non plus
c'est pas vraiment bien ; on dirait qu'il leur manque
quelque chose. J'aurais dû commencer plus tôt, peut-
être que comme ça maintenant je serais habituée,
peut-être qu'il faut être habituée pour aimer ça. Et
puis Azeta il est trop lourd, il m'étouffe, à chaque fois
j'ai peur qu'il reste comme ça, que je ne puisse pas le
soulever de moi, j'ai peur de mourir étouffée, là, sous
lui, emmurée vive. Tout ça c'est pas drôle. Avec une
fille le problème ne se poserait pas : si j'avais envie
d'une fille. Une fille c'est doux et ça ne fait pas de mal.
Comme ça peut-être que je m'habituerais aux caresses,
à ne plus avoir peur d'être dans un lit avec quelqu'un
et après, peut-être que ça irait avec un homme.

Azeta vient de m'annoncer qu'il ne partirait pas
pendant les vacances de Pâques. Il m'a annoncé ça
comme un grand cadeau. Il paraît qu'il a fait ça pour
moi. Il est très content ; il dit que c'est « un coup
fumant ». C'est un coup fumant parce que sa femme,
elle, va partir. Et lui il va rester là à travailler, en fait :
à me voir, à « s'occuper de moi ». « Je vais pouvoir
m'occuper de toi », dit-il. Il a raconté à sa femme qu'il
fallait qu'il travaille à sa thèse, douze heures par jour,
sans aucune distraction, que c'était vital pour sa
« carrière » sinon il s'enliserait, etc. Il me raconte tout
ça, il jubile, il se trouve très malin. Il me dit : « N'est-
ce pas que je suis malin ? » Mais ce qui l'étonne et le
comble à la fois, ce qu'il trouve « fumant », c'est que
sa femme « ait compris ». N'ait rien compris, c'est-à-
dire. Ça, dit-il, c'est plus fort que tout. Pour un peu il

l'aurait embrassée, sa femme. « Seulement, il fallait que je fasse attention de ne pas montrer que j'étais content. » Maintenant il peut le montrer : il le montre. Il dit que c'est formidable. Qu'est-ce qu'elle est gentille, sa femme. Il va pouvoir parler avec moi. Parler de quoi ? Déjà il parle bien assez comme ça. Il dit qu'on va bien s'amuser et qu'il va me faire marcher, dans tous les sens du terme. Il dit : « Ça va être " lève-toi et marche ". » Lilas rit. Ils rient tous les deux, ils me regardent d'un air attendri.

Le premier jour des vacances, le samedi dans l'après-midi, Azeta arrive la bouche en cœur. Il vient de mettre sa femme et ses gosses au train. Lilas dit que le thé est servi dans le salon, si je ne me déplace pas jusque-là je n'aurai rien. Alors j'y vais et on m'installe sur le canapé, on écoute de la musique, Lilas et Azeta sont très gais. Ils bavardent comme de vieux amis, il paraît qu'il y a un peu d'agitation étudiante, Lilas en parle de très haut comme si les étudiants, elle n'en faisait pas partie, loin de là. Elle les trouve « infantiles ». Elle a des idées politiques très sommaires ; Marx ça fait bien pour la galerie, c'est comme les bagages Vuitton et les sacs Hermès ; le reste du temps elle a la politique d'*Ici Paris*, elle aime beaucoup la reine d'Angleterre. Azeta, lui, n'a qu'Althusser à la bouche, Althusserez-vous la ceinture, sous prétexte que son salaire ne lui suffit pas, il voudrait réduire tous les autres au même état que lui, en fait c'est à ça que ça se résume ; mais il fait tout passer sur le compte des grands principes. C'est commode les polysyllabes, ça habille tout de suite. Lilas l'écoute avec admiration, elle boit ses paroles, et lui, il lui explique doctement la situation, pourquoi les étudiants ne sont pas contents ;

elle opine du chef « Bien sûr, bien sûr. Naturellement », en clignant des cils. Elle s'est acheté un nouveau mascara, elle s'imagine que ça la rend irrésistible. Moi je me sens de plus en plus en dehors d'eux, rejetée, comme un pantin là, sur le canapé. On dirait qu'ils se foutent pas mal de moi finalement, que je leur sers de prétexte ; ils n'ont pas besoin de moi, je pourrais aussi bien m'en aller. Péniblement je me lève et je sors ; je retrouve mon lit. Ils me suivent et s'exclament : « Qu'est-ce qui lui prend ? » Toujours la troisième personne. Je suis devenue la troisième personne ; autant disparaître. Je ne peux pas pourtant puisque je suis clouée là. Je leur dis que je suis fatiguée. Ils disent — je ne sais plus lequel dit, c'est comme s'ils n'avaient qu'une seule voix, qu'ils se prêteraient — « Bon, alors, on vient te tenir compagnie ». Je me suis bourrée de gâteau, j'ai un goût écœurant de crème dans la bouche. Ils me regardent avec des mines de chats gourmands, ou de chats repus, je ne sais pas. Ils s'assoient sur le lit, et ils recommencent, Azeta à parler beau, Lilas à faire écho.

Plus tard, Lilas va réchauffer la pizza. On la mange sur mon lit devant la télé. Azeta rit, il dit que je reçois dans ma ruelle, comme les belles dames sous le Roi-Soleil. Il est gentil. On regarde la télé, il y a une pièce de boulevard, *Le Fil à la patte,* Azeta rit à gorge déployée. Lilas rit aussi, en écho ; moi je suis fatiguée, j'ai mal à la tête. Quand la pièce est finie Azeta se lève, il m'embrasse paternellement sur le front et il s'en va. Il dit qu'il reviendra demain matin. Lilas le reconduit jusque sur le palier ; elle est partie un moment ; je me demande ce qu'ils peuvent bien encore se raconter ; enfin elle rentre, elle vient dans ma chambre et elle dit : « Tu as vraiment de la chance, tu sais, c'est un type formidable, il fait absolument tout ce qu'il peut pour te voir. » Je dis « oui ça va, ça va ». « Oh je sais bien » dit Lilas, « tu es blasée. » Elle ne comprend vraiment rien à rien, Lilas.

Azeta vient tous les jours ; il arrive le matin et le soir à sept heures il repart chez lui ; il m'a expliqué que c'était pour les voisins, qu'il était censé passer ses journées en bibliothèque. Car lorsqu'il n'a plus à penser à sa femme, Azeta pense aux voisins. Un modèle de respectabilité. Il se prétend, à ses heures, anarcho-syndicaliste, mais il s'empresse d'obéir aux regards imaginaires qui le guettent de toutes les fenêtres, de tous les entrebâillements de portes. Enfin ! C'est encore heureux parce que, s'il devait passer les nuits ici, je n'aurais jamais un instant de paix. D'ailleurs les journées sont moins dérangées que je ne l'avais redouté : il travaille effectivement la majeure partie du temps : ça c'est encore à cause de sa femme : parce qu'il faudra bien qu'il lui montre des résultats, à sa femme, quand elle rentrera. Quoi, dis-je, je croyais qu'il ne parlait jamais de son travail avec sa femme ? Non, non, ce n'est pas cela, bien sûr elle n'y connaît rien, mais enfin... Enfin c'est une question de bonne conscience. Quoi dis-je, alors il aura bonne conscience auprès d'elle, s'il travaille comme ça tous les jours, chez moi ? Mais non, ça ne fait rien qu'il travaille ici, puisque, euh « On ne fait rien ensemble ». Comment ça, on ne fait rien ensemble ? Euh, c'est-à-dire que, on ne fait pas l'amour ensemble. Ah ! Alors si on ne fait pas l'amour ensemble, il n'y a rien de prohibé ? Non. Et pourquoi est-ce qu'on ne fait pas l'amour ensemble ? Parce qu'on ne peut pas. Ah. Et pourquoi a-t-il tout de même pris toutes ces précautions pour cacher à sa femme qu'il venait ici, s'il n'y a rien de prohibé ? Euh, c'est-à-dire que, elle ne comprendrait pas. Ah alors elle comprend pas quand il bosse, elle comprend pas quand il baise, et elle comprend pas quand il baise pas, alors c'est-à-dire qu'elle comprend pas grand-chose, hein, sa femme ? Euh non, c'est vrai qu'à vrai dire, euh, elle comprend pas grand-chose, mais enfin, euh, mais enfin c'est pas de sa faute si elle comprend pas, et puis enfin, euh, euh, c'est une brave fille. Ah. Alors il a épousé une conne, Azeta. Ben, euh. C'est-à-dire que c'est une femme de grande valeur. Ah, qu'est-ce que ça veut dire une femme de grande valeur pour Azeta ? Ça veut dire une conne, c'est bien ça ? Alors pourquoi il a épousé une conne Azeta ? Ben euh, il paraît que je ne comprends pas. Eh bien je lui dis, moi, ce que je comprends à Azeta : je comprends qu'il a épousé une conne parce que les connes c'est commode. Avec les connes, on se sent tout de suite plus important ; et puis dans certaines limites, bien entendu, et qui à y regarder de près sont plutôt étroites, les connes on en fait ce qu'on veut, c'est ça hein ? Ah s'écrie Azeta les mains et les yeux au ciel, ah celle-là alors, cette Isabelle, ce qu'elle peut être cynique ! Bon, eh bien alors il peut aller bosser Azeta, il bosse dans le salon de 9 h 30 à 12 h 30 et de 13 h 30 à 17 h 30, et pendant ce temps-là moi, je me fais chier dans la chambre à côté. Pendant ses périodes de repos, il rapplique, on bouffe ce qu'il a apporté le matin, il s'arrête chez le charcutier en passant et on bouffe n'importe quoi, des saloperies, des côtelettes froides, des œufs à la russe, de la salade au crabe, de la salade de chou rouge, des harengs saurs, du jambon, des chips, enfin n'importe quoi, il faut dire que c'est gras, mais c'est pas mauvais, tous ces trucs-là. Tout en mangeant Azeta me raconte ce qu'il a fait, toutes les idées géniales qu'il a eues devant sa feuille de papier, en fait ça se résume le plus souvent à toutes celles qu'il n'a pas eues, il faut dire que c'est surtout ça, tous les trucs qu'il aurait pu écrire et qu'il n'a pas écrits, il a un blocage Azeta comme il dit. Tant qu'il s'agit de causer alors il est un peu là, mais quand il faut passer par le stylo, alors là, y'a plus grand monde. Ça le rend très malheureux ce blocage Azeta, il est capable d'en parler pendant des heures, il ramène toujours la même chose sur le tapis, faut-il qu'il fasse une psychanalyse ou pas ? Et après un long monologue-débat il en arrive toujours à la même conclusion : non il ne faut pas parce que « la psychanalyse peut détruire les impulsions créatrices » (tu parles), alors il se pourrait qu'il en ressorte pire qu'avant (ça c'est probable) ; et l'argument numéro deux (le seul le vrai) c'est qu'une psychanalyse ça lui coûterait trop cher, avec sa femme et ses gosses. A ce moment-là c'est Azeta-le-faux-prolo, le moi - je - suis - un - pur - j'ai - pas - de - fric qui prend le dessus. Il fait son numéro de pauvret - les - poches - retournées. Mais avec moi ça ne marche pas : tout ça c'est pour se faire plaindre. Je lui dis : « Si t'es pas content d'être fauché mon vieux, le fric t'as qu'à en gagner. » Il prend l'air outragé, arrondit la bouche et les yeux : « Comment ? Comment veux-tu que je fasse, je suis un petit prof moi, on n'est pas payés, une misère ! » « T'as qu'à faire autre chose. T'as qu'à te mettre représentant. » « Quoi ? » (Les yeux et la bouche s'arrondissent encore un peu) « mais tu ne te rends pas compte, moi je suis chef de famille, fonctionnaire y'a la sécurité, si je change de métier par les temps qui courent, je pourrais me retrouver au chômage. » « Bon alors » que je dis, « t'as qu'à faire des heures sup. » « Quoi ? » il dit (et là il atteint le summum de l'ulcération, il peut plus rien arrondir du tout) « et ma recherche » il dit « alors j'aurai plus de temps pour ma recherche ! » « Ah » je dis, « je croyais que tu faisais une thèse parce que tu pouvais pas faire autrement, je croyais que ça t'emmerdait, que les thèses, c'était un piège du mandarinat ? » Alors là, Azeta, il est poussé dans ses derniers retranchements. « Oui » il dit, « oui, bien sûr je dis ça, mais tu comprends je dis ça, enfin tout le monde peut pas être un génie, enfin moi, je ne suis pas génial, tu comprends, je ne peux pas faire grand-chose, alors au moins je me raccroche à ça. » A ce point de la discussion le serpent se mord la queue, c'est moi qui ai gagné : dans ses moments de déroute il me devient presque sympathique. Je pourrais presque l'accepter, le prendre dans mes bras sans arrière-pensée. Seulement voilà, il n'y a qu'un ennui : ces conversations-là, Azeta et moi on ne les a jamais ; ça se passe tout dans ma tête, c'est moi qui fais les demandes et les réponses ; pendant qu'Azeta monologue à voix haute, moi en face de lui je monologue aussi dans ma tête, un monologue qui est une conversation, une conversation qu'on aurait enfin, Azeta et moi, et dans laquelle c'est moi qui gagne, bien sûr, parce que si on sortait du cercle infernal je comprends - tu comprends pas dans lequel on s'est enfermés tous les deux, bien sûr moi au début je serais plutôt agressive, c'est normal, c'est tout ce que je garde depuis trois mois qui sortirait, mais enfin si Azeta pouvait comprendre ça, après on pourrait arriver à parler normalement tous les deux ;

oui mais ça c'est du bidon, ça c'est du rêve, on n'y arrivera jamais, parce que Azeta est un sale gosse qui n'a jamais grandi, parce qu'il est enfermé dans son petit système fou à lui, et il m'y entraîne tant qu'il peut, et il me pique juste assez du mien pour nourrir le sien, et ça ça fait l'éléphantasme, lui la tête et moi les jambes, et on se dandine sur une piste de cirque tous les deux, sous les huées, on fait le beau sur des tabourets, on est complètement ridicules, complètement paumés et ridicules et on ne peut rien faire de mieux, c'est le seul numéro qu'on connaisse, et à la fin c'est couru d'avance qu'on se cassera la gueule, y' aura absolument rien à faire. L'éléphantasme se cassera la gueule un beau jour, il s'écrasera dans un bruit de castagnettes, c'est inévitable, il y a longtemps que je l'ai prévu, Azeta lui ne veut pas le savoir, il ne veut rien savoir du tout, et pourtant ça arrivera, entre lui qui ne veut pas savoir et moi qui sais trop bien, l'éléphantasmatique, l'éléphantasme à tics, l'éléphantasme à tiques ; mais il continue avec ses histoires de ce qu'il a fait ce qu'il n'a pas fait, ce qu'il a écrit ce qu'il n'a pas écrit, et ce qu'il écrira demain, qui est toujours tellement plus important que ce qu'il a écrit la veille ; et comme ça, tant bien que mal, cahin-caha.

On m'a enlevé mon plâtre, je commence à me débrouiller avec mes béquilles, je ne peux pas encore bien poser ma patte malade. Mais enfin ça va un peu mieux, avec cette grosse chaussette blanche en moins, qui était devenue sale à force, j'ai la patte toute maigrie, ça contraste avec la graisse que j'ai ailleurs. Ou peut-être que ce sont les piqûres, qui font que je me sens mieux, je ne sais pas. Je me sens mieux physiquement, mais dans la tête j'ai l'impression de n'avoir que du coton blanc, des tonnes de barbe à papa : ça assourdit tout, il n'y a presque pas de bruit là-dedans. Bientôt le coton envahira tout, j'aurai tout le corps en coton, alors on pourra me plier et me mettre dans un sac en plastique, et ce sera la fin d'Isabelle.

Il y a eu un hôte à la maison ces quelques nuits : un minet blond que Lilas a ramené un soir en contre-bande. Il est beaucoup trop blond pour être honnête, normalement je n'aurais pas dû le voir, Lilas le séquestre, elle l'introduit le soir en catimini, il ne sonne même pas, il frappe, trois petits coups à la porte ; elle l'emmène vite vite dans sa chambre et elle le fiche dehors le matin, avant que je ne me lève et qu'Azeta n'arrive. Je ne sais même pas son nom : elle m'a seulement dit qu'elle avait « rencontré quelqu'un ». Bon alors moi, ça ne me regarde pas, je ne pose pas de questions, je ne sors pas de ma chambre. Tout ce qu'elle m'a dit d'autre, c'est qu'au lit, le minet, il était cosmique. Bon, alors à voir sa gueule au minet, moi j'en doute. En tout cas ce n'est pas Lilas qui m'a dit que c'était un minet, à l'entendre c'est un oiseau rare, un grand romantique comme on n'en trouve plus, une espèce de Chopin sans piano. Finalement, la merveille, je l'ai vue un soir, parce qu'elle était curieuse de me voir, et un peu sans-gêne ; hier soir comme je regardais la télé et que j'avais laissé ma porte entrebâillée, la merveille a poussé et, appuyée au chambranle, a dit « Bonjour » et s'est mise à regarder la télé, ici, debout, les mains dans les poches, sans oser entrer tout à fait. Au bout d'un moment j'ai vu Lilas dans le couloir derrière, qui attendait sans oser rien dire : finalement elle l'a tiré par la manche, mais il a dit : « Laisse, c'est bien. » Alors moi j'ai dit : « Entrez, asseyez-vous » parce que ça n'aurait pas été très gentil de ma part de les laisser debout là tous les deux ; alors ils sont entrés et se sont assis l'un à côté de l'autre au bout de mon lit, et ils ont regardé la télé. Lilas n'était pas contente, elle faisait la tête, je ne l'ai pas vu à son visage mais à son dos, qui était trop droit et trop raide, mais moi, ça ne me regarde pas leurs histoires, je n'ai pas à intervenir. Enfin j'espère que ça va aller avec son minet, ça l'occupera, ça la fera s'occuper un peu moins de mes problèmes à moi. C'est ce que j'espérais, parce que depuis hier soir plus de minet. Pas de toc-toc à la porte, ni de conciliabule à voix basse dans le couloir. Lilas ne parle de rien. Peut-être qu'il est parti en vacances, ou en sana.

Les vacances se terminent ; pour Lilas et pour Azeta ; pas pour moi, j'ai encore six semaines de congé, vu que je me remets lentement. Azeta est très content : toujours très content. Il a bien travaillé, dit-il ; je crois aussi qu'il est content à l'idée de revoir sa petite famille. Et puis il est de plus en plus occupé par un projet qu'il nourrissait en secret depuis quelque temps, d'organiser un congrès à l'université d'Ypallage, sur l'Italie de la Renaissance. Pas très originale, son idée de congrès : mais il dit que c'est ce qui se vendra le mieux. Il pense que ça fera le plus grand bien à sa carrière : que ça le fera devenir quelqu'un. J'ai dit Qui ? Il a ri jaune. Le plus gros morceau était d'obtenir l'accord de Delchiotto, mais ce dernier lui a paraît-il « donné le feu vert », disant que « c'est bon pour les jeunes d'être entreprenants » et que « c'est avec les petites sources qu'on fait les grandes rivières ». Fort bien. Azeta s'en trouve renforcé dans l'estime qu'il croit que Delchiotto a pour lui. Il ne m'en avait pas

153

parlé plus tôt, parce qu'il voulait « me faire une surprise » ; c'est-à-dire, me surprendre dans toute sa splendeur. Mais il n'a pu résister longtemps. Je suis au courant de tout. Il envoie des invitations, il est comme un petit garçon qui écrit des lettres au père Noël. Il dit : « Tu te rends compte, Isabelle, tu te rends compte ! » Je ne me rends compte de rien du tout, moi : je m'en fous complètement, de ce congrès. Il dit que si j'étais sympa, compréhensive, je l'aiderais. Mais les enveloppes, il n'a qu'à les faire lécher à sa femme. Moi ça ne me regarde pas.

Nous avons fait l'amour à nouveau. Il a voulu rester coucher une nuit avant le retour de sa femme. Il disait que ce serait amical, juste pour le symbole. Je n'étais qu'à moitié dupe mais je me suis laissé faire. Lilas partie deux jours chez ses parents, nous sommes restés seuls. Il avait envie de moi, il soufflait comme une bête, avec son sexe qui sautait dans son pantalon de pyjama ; moi j'ai marché parce qu'il semblait en avoir tellement envie, ça paraissait indécent de refuser, il avait quelque chose d'affolant, et ça n'a pas été mieux qu'avant, pire même, lamentable, finalement il a eu un fiasco et il l'a très mal pris, il avait beau dire que c'était de trop m'aimer, c'était dans Stendhal, il était affreusement vexé, et fâché aussi, mauvais joueur, il insinuait que si j'étais gentille je m'occuperais de lui, non merci, moi je ne fais pas des choses aux messieurs, pour ça il n'a qu'à demander à sa femme. Avec ça il m'a empêchée de dormir, parce que dès que je m'endormais ça le reprenait et il me réveillait, et tout ça pour la frime, parce que je n'étais pas plutôt réveillée qu'il ramollissait à nouveau ; j'ai passé une très mauvaise nuit, je déteste qu'on me réveille. Le lendemain, il avait une sale tête ; il s'est rasé et après il est allé chercher sa famille à la gare.

Lilas est rentrée de chez ses parents de très mauvaise humeur. Le blondinet a disparu. Elle n'en parle pas, moi non plus, je crois qu'il est préférable de passer dessus.

Le congrès est dans dix jours. Au courrier, ce matin je reçois une lettre, c'est une invitation au déjeuner inaugural. RSVP, 45 F. Je ne comprends pas : qu'est-ce que je viens faire là-dedans, moi ? C'est ce que je demande à Azeta le lendemain ; je lui dis j'ai reçu une invitation pour le déjeuner inaugural. Il dit Ah ? d'un ton faussement surpris. Je dis qui est-ce qui a envoyé ça, c'est toi ? « Mais non voyons, c'est Delchiotto, c'est lui qui s'occupe de ça. » « Je croyais que c'était toi qui t'occupais des invitations ? » « Oui, mais tu ne comprends pas, mais non, moi j'envoie les papiers préliminaires, les trucs importants c'est Delchiotto. » « Je croyais que c'était *ton* congrès. » « Oui bien sûr, enfin c'est-à-dire c'était mon idée, mais tu comprends c'est Delchiotto qui couvre, moi je ne suis pas assez haut placé. » Il n'a pas l'air très content, il lâche ses phrases du bout des lèvres, l'une après l'autre, parcimonieusement. Je dis « Si c'est Delchiotto, je comprends encore moins pourquoi j'ai eu une invitation ! » « Mais c'est normal, tu es sa thésarde. » « Qui y aura-t-il à ce déjeuner ? » « Moi, Delchiotto, Vogel, Anna Graham et Bouvard et Pécuchet. » Bouvard et Pécuchet sont deux types, deux collègues à lui, des assistants ; il les appelle comme ça pour faire drôle parce qu'en réalité ils s'appellent Lafeuille et Devigne, ils sont toujours ensemble. Je dis « Qui c'est ces gens-là, Vogel et Graham ? » « Vogel, c'est bien simple, c'est un phonologue; c'est le plus grand spécialiste ouest-allemand ; il a beaucoup travaillé sur la Renaissance, mais il s'occupe surtout de l'ouverture des voyelles. C'est une chance inespérée qu'il ait accepté, tu te rends compte, ça donne de la tenue, on voit tout de suite de quoi il s'agit. » « Et Graham ? » « Anna Graham, elle vient de Cambridge, elle aussi c'est quelqu'un de très important, très important, je ne comprends pas que tu n'en aies pas entendu parler, sa spécialité c'est le dur et le mou dans l'épopée. Il faut faire attention, elle ne se prend pas avec des pincettes. » « Ah, elle a un caractère épineux ? » « Oui, épineux si tu veux. » « Et c'est cochon, ce qu'elle écrit ? » « Comment ça, cochon, je ne vois pas ce que tu veux dire, cochon, enfin oui si tu veux, elle fait beaucoup dans le scatologique, tu vois. » « Oui, je vois ; alors c'est un porc-épic ? » « Quoi, un porc-épic ? » « Ben oui, un porc épique, faut te faire un dessin ? » « Ah, dit-il, ce que tu es bête quand même, tu n'as aucun sens des choses sérieuses. » « Si, justement. Mais je ne comprends pas, je croyais qu'il y aurait beaucoup de monde à ton congrès, pourquoi il n'y a que trois pelés à ce dîner ? » « Trois pelés, trois pelés, le dîner c'est spécial ; c'est réservé aux gens qui font des communications, c'est à la fin, au banquet de clôture qu'il y aura beaucoup de monde : là tout le monde est invité, tous les gens qui auront assisté. » « Ah et alors comment ça se fait que je sois invitée, moi, à l'inauguration ? Je ne fais pas de communication, moi, je n'ai pas à y être. » « Ben, je ne sais pas, c'est Delchiotto, euh ; je ne sais pas pourquoi, mais euh, tu devrais être contente, ça veut dire qu'il pense beaucoup de bien de toi, euh, c'est une occasion qu'il te donne de rencontrer des gens c'est très gentil de sa part. » « Du bien de moi, mais je ne sais pas comment il pourrait en penser, je lui ai parlé deux fois, je ne lui ai jamais rien donné à lire, il ne peut absolument pas savoir ce que je fais ! » « Non, mais il a pu juger, enfin il s'est très bien rendu compte, à t'entendre tu sais ; il est très clairvoyant Delchiotto, il se fait très vite une opinion sur les gens. » « Ah, je croyais que c'était un vieux con ? » « Oui, mais enfin, écoute tu ne comprends pas, en ce moment j'ai besoin de le ménager. » « Je ne comprends toujours pas pourquoi je suis invitée. » J'ai fait du thé, je le sers, il est une heure de l'après-midi, nous venons de déjeuner, Azeta et moi, d'une tranche de jambon ; il reprend ses habitudes du mercredi et moi je reprends mes habitudes de régime. En versant le thé je le regarde du coin de l'œil et je lui trouve l'air bizarre, je réfléchis. Je dis : « Je n'irai pas à ce déjeuner. » « Tu ne peux pas ne pas y aller. » « Et pourquoi donc ? » « Tu ne peux pas faire ça à Delchiotto, il serait vexé à mort. Tu dépends de lui, c'est ton directeur. » « De toute façon, je suis en congé, je ne peux pas y aller. » « Mais non, tu ne peux pas faire ça, il sait très bien... » « Il sait très bien quoi ? » « Il sait très bien que... Il sait très bien que tu n'es plus vraiment malade maintenant. » « Comment ça il le sait ? Mais il n'a pas à le savoir, il ne doit même pas savoir que je me suis cassé la cheville, je ne vois pas comment il le saurait. » Azeta est devenu tout rouge, il a le regard fuyant. « Comment est-ce qu'il sait tout ça ? C'est toi qui lui en as parlé ? » « Mais non. » Il n'a pas du tout l'air convaincu. Je ne le crois pas. Je le regarde. Il ne dit rien, il tripote sa tasse. Tout d'un coup la vérité m'envahit. « Tu lui as dit ! » « Je lui ai dit quoi ? »

« Tu lui as dit que... tu lui as dit pour nous ! »
« Comment ça pour nous ? » « Tu sais très bien ce que
je veux dire. » « Mais non, euh, je ne lui ai rien dit du
tout, je lui ai simplement dit que tu étais malade, c'est
tout. » « Tu lui as tout dit, je sais que tu lui as tout dit,
ce n'est pas la peine de mentir, je le vois, je le sais. »
« Ben écoute, Isabelle, ne te fâche pas, euh, tu sais, il
t'estime beaucoup Delchiotto, euh, il me l'a dit, en fait
il trouve que tu es quelqu'un de très bien... » « Depuis
quand tu lui fais tes confidences à Delchiotto ? Je
croyais que tu ne pouvais pas le sentir ? » « Mais oui,
mais oui, mais, tu comprends, enfin, c'est-à-dire que je
ne lui ai rien dit, il avait tout compris tout seul. »
« Tout compris tout quoi ? » « Pour nous, tu comprends, enfin il avait compris, à ma façon de te
regarder, il n'est pas complètement idiot, quand
même. » « Mais enfin, tu n'avais qu'à nier, quoi, c'est
invraisemblable ! » « Écoute Isabelle je ne comprends
pas, pourquoi veux-tu absolument faire des cachotteries, enfin, nous nous aimons, moi ça me fait plutôt
plaisir qu'il le sache ! » « Moi, des cachotteries ? Mais
c'était toi, tu ne voulais absolument pas que ça se
sache ! » « Mais non, euh, c'était ma femme, je ne
veux pas qu'elle sache, bien sûr, mais Delchiotto... »
« Oui, eh bien qu'est-ce que tu en sais qu'il n'ira
pas le raconter à ta femme, Delchiotto ? » « Mais non,
voyons, il y a une solidarité entre hommes. » « Ah
bien, en effet, c'est beau votre solidarité, vous avez
bien dû rigoler tous les deux, quand je pense à ce gros
dégoûtant ! Tu lui as donné des détails, sans doute ? »
« Mais non, écoute, tu ne comprends pas du tout, je lui
ai simplement dit... » « Qu'est-ce que tu lui as dit ? »
« Je lui ai dit que nous nous aimions. » « Rien que ça ?

Tu n'y vas pas de main morte. Et qu'est-ce qu'il a dit, le gros ? « Euh, il a été très bien, il a dit qu'il me comprenait, que ça lui était arrivé, à lui aussi. » « Ah, à lui aussi ? » « Oui, et tu sais, il dit qu'il ne s'en est jamais remis, c'était avec... » « Je ne veux pas le savoir ! Ça ne me regarde pas ! Ça ne regarde personne ! Et nous non plus d'ailleurs ! Et surtout pas ce gros-là ! Le vieux salaud, je ne pourrai jamais plus le regarder en face ! » « Voyons, Isabelle, je trouve que tu as des réactions trop, trop passionnées, trop... » « Trop quoi ? Et toi comment elles sont tes réactions... C'est une honte... Va-t'en je ne veux plus te voir ! » Et il s'en va, Azeta ; il ne demanda pas son reste ; d'ailleurs c'est l'heure de son cours. Il s'en va sur la pointe des pieds, il prend ses affaires, il m'embrasse sur le front, en vitesse, au passage.

Quand il est parti je me dis que je me suis encore fait avoir. La première fois qu'on a fait l'amour à nouveau, j'ai eu un grand moment de tendresse et d'abandon, comme on dit, il avait l'air si vulnérable et si malheureux, j'ai pensé, je lui fais du mal, je suis en train de le détruire ; et je me suis prise de panique, je ne pouvais pas supporter l'angoisse de son regard : et je pensais follement : qu'est-ce que je pourrais faire, qu'est-ce que je pourrais bien faire, il faut que ça s'arrête, c'est fou, et tout ce qui m'est venu à l'idée, tout ce que j'ai trouvé à dire, et que j'ai dit, c'est : « Je t'aime » et c'est complètement idiot, il n'y a rien de plus idiot que de se mettre à dire qu'on aime, au moment où on n'aime déjà plus ; et je n'aime plus Azeta depuis un moment déjà ; et je ne lui avais jamais dit, ni que je l'aimais, ni que je ne l'aimais plus : et pour essayer d'effacer le mal que, tout d'un coup, je m'aperçois que

159

je lui ai fait sans le vouloir, par un aveuglement qui fut peut-être l'égal du sien, je couronne tous mes mensonges par un dernier mensonge pire que les autres ; car il est évidemment plus grave de dire qu'on aime quand on n'aime pas, que de ne pas dire qu'on aime quand on aime ; maintenant le mal est fait, Azeta me croit dur comme fer, il a suffi d'une fois : il a cru ce qu'il voulait croire. Le mal est fait, et l'imbécile continue à se conduire comme il s'est toujours conduit : mal, à l'aveuglette, sans penser ni réfléchir. Je suis sûre qu'il a tout raconté à Delchiotto par vantardise, parce qu'il ne sait pas se taire, parce que ça lui était trop lourd de ne pouvoir en parler à personne, et puis l'autre a dû essayer de le faire parler, il n'est pas si fou que ça Delchiotto, c'est au séminaire qu'il a dû s'apercevoir de quelque chose. Ça se voyait donc ? C'est très embêtant que ça se soit vu, maintenant il n'y a rien à faire, je vais avoir l'air malin. Il va falloir que j'aille à ce repas, je vais avoir l'air d'un guignol. Avec Azeta en plus il va vraiment falloir que ça s'arrête, cet été pas de problème je m'en vais, je vais passer trois mois en Italie, ça va me changer les idées ; et après ça l'année prochaine je déménage, je vais vivre à Wassingues, ça ne sera pas très drôle mais après tout Wassingues n'est pas très loin de Paris, par le train c'est direct, alors c'est ça la solution, je n'aurai qu'à aller à Paris, aux week-ends, oui, il y a des expositions à voir, des films, ça m'occupera, et la Bibliothèque nationale, ça sera un bon prétexte, j'irai travailler là-bas, tout le monde drague à la Nationale, peut-être que je rencontrerai quelqu'un, hein, un petit prof fringant, mon Dieu ce que j'en ai marre des petits profs, fringants ou pas, j'en ai vraiment ras le bol, c'est tous les mêmes, tous des fils à maman qu'ont jamais grandi, avec leur air timide et trop bien rasé - costume - cravate, ou au contraire pour faire affranchi pas rasé - boucles sales dans le cou - col roulé, mais tout ça c'est du pareil au même, c'est toujours les mêmes petits gars, la trouille au ventre, l'air inquiet, mignons cultivés, enfin moins qu'il n'y paraît, et honteux avec ça, tentés qu'ils sont par toutes ces petites nanas de dix-huit ans qui leur tournent autour, des Lolitas de bidonville et d'HLM amélioré, pour qui le prof c'est la mère, alors comme il est pas très beau on le pare on le déguise on l'encense, et puis comme on perd les pédales on le réduit, on le met en boîte on se fout de lui on rigole on le fait marcher ; alors comment voulez-vous qu'ils restent sains avec tout ça, c'est simplement pas possible, au bout de quelques années ils ont l'air traqué, c'est pas étonnant forcément : moi j'en ai marre, faut trouver autre chose. Bon en attendant ce n'est pas la peine de faire sauter la baraque, ça ne servirait à rien, il faut attendre que le temps clôture cette histoire idiote, il faudra que j'aille faire le clown à ce déjeuner, clown claudicant, clown en robe rouge, je mettrai ma robe rouge, la plus voyante, celle qui va le mieux avec mes cheveux.

La situation semble se normaliser : je remarque, Azeta a repris ses bonnes habitudes, je le laisse me faire l'amour parce que ça semble lui faire tellement plaisir : finalement, je lui en veux moins depuis que je sais qu'il a trop parlé, peut-être parce que cela m'a donné une raison concrète de le mépriser. Je n'en ai rien dit à Lilas d'ailleurs : parce que je l'entends d'ici : « Tu fais des histoires pour rien, tous les types sont comme ça, tous des vantards, c'est dans leur nature, tu ne peux pas espérer qu'il soit plus saint que les autres ! » Elle est, j'en suis presque sûre maintenant, complice, à elle aussi, Azeta aura trop parlé : d'autres choses, d'autres détails ; et sans doute Lilas, d'ailleurs, aura trop parlé : il y a eu leurs conversations sur le palier, interrompues maintenant que je suis à nouveau valide ; et puis la fois où ils sont allés prendre le thé ensemble, et il y aura eu d'autres occasions. Sans doute cela s'est renouvelé, Lilas ne m'en aura plus parlé, à cause de mon mécontentement la première fois — peut-être sont-ils coutumiers l'un de l'autre, se voient-ils régulièrement, Lilas va au rapport, volant à Azeta un temps qui m'est dû, et trouve du plaisir à me doubler ainsi, elle qui, m'a-t-elle dit, voudrait être moi. Alors il faut que je réajuste tout, car Azeta ne doit plus avoir de moi l'image que j'ai voulu lui donner, que j'ai construite, étudiée, jusqu'au temps où j'étais immobilisée sur mon lit : et même alors je sentais à son coup de sonnette changer l'ordonnance de mes traits, jusqu'au timbre de ma voix. Lilas l'avait remarqué : « Tu as une voix de petite fille quand il est là », m'a-t-elle dit, « c'est attendrissant » et elle avait ajouté « Je ne comprends pas pourquoi tu ne fais pas de théâtre ». Mais c'est que pour faire du théâtre, il doit falloir changer de mimique à plaisir et selon sa volonté alors que moi, la comédie de mon corps, ma voix, ma pensée même par l'agencement des mots que je prononce, par le choix de ces mots, par leur absence souvent, est tout involontaire ; quand bien même je voudrais y mettre un terme, je ne le pourrais pas, c'est comme si en la présence de cet homme j'étais habitée par une autre femme, à la fois plus belle, mystérieuse, féminine et infantile, plus capricieuse aussi, et malhonnête. Après son départ, il ne reste que la haine, la rancune et le désir — et aussi des moments de tendresse quand je me laisse aller, que je me l'explique au lieu de lui en vouloir. Ce corps étranger qui m'habite en sa présence, sans doute facilite-t-il l'acte dit d'amour, puisque ce n'est pas moi qu'Azeta vient habiter, mais ce corps-là, à la peau plus douce que la mienne. Alors ce qui se passe bien à l'intérieur, mais pas à l'intérieur de moi, à l'intérieur de cette autre qui momentanément vient m'occuper, ça fait comme si c'était dehors et non dedans, extérieur à moi, presque indifférent, comme si je le touchais du bout des doigts : sans importance. Il y a bien deux moments difficiles ; quand il cherche à entrer en moi et que je me dis, mon Dieu ça n'est pas possible, et pendant un instant je cherche à le repousser, j'ai toujours ce réflexe-là, puis je me domine, parce qu'enfin c'est complètement ridicule, je ne suis plus une petite fille, comme il dit lui-même, alors je crispe les mains sur le drap, pour ne pas m'en servir contre lui ; je ferme les yeux, je serre les dents, et tout d'un coup ça y est, après cet instant épouvantable où il me semble qu'il va m'ouvrir en deux, tout d'un coup il est là, il est entré, il n'y a plus qu'à attendre que ça se termine, et alors ce n'est plus moi et plus rien n'a d'importance. Je me mets à penser à autre chose. C'est autre chose, c'est quelqu'un d'autre, quelqu'un de gracieux, de joli, qui fait l'amour avec un homme et que je regarde, comme au cinéma. A partir de là, tout est indifférent ; sauf ce moment vers la fin où il se met à me peser, à me peser beaucoup trop fort, où il me semble qu'il va m'étouffer, et il me tient — il a la manie de me tenir la tête — il place ses mains derrière ma nuque — avec les pouces juste sous les oreilles — et

alors là tout d'un coup j'ai peur qu'il me tue, qu'il
m'étrangle ou je ne sais pas moi, j'ai lu un jour dans un
polar, James Bond ou quelque chose comme ça, qu'on
peut tuer quelqu'un, si on presse avec les pouces au
bon endroit sous les oreilles, et je me dis s'il m'arrivait
ça, et il me semble que je me noie, je suis une nageuse
perdue au fond de l'eau et je ne remonterai jamais,
c'est trop loin, là-haut l'endroit perdu où les poissons
le cèdent aux oiseaux, beaucoup trop loin beaucoup
trop haut, je n'y arriverai jamais, et soudain Azeta
pousse un grognement et s'affale, il s'écrase sur moi
inerte, les bras en croix la tête sur mon épaule et je sais
que c'est fini, ça n'a plus d'importance s'il pèse
maintenant. C'est un poids — comment dire — un
poids normal, enfin quelque chose dont on pourrait se
dégager facilement, il suffirait de pousser, et c'est ce
que je fais d'ailleurs, quand j'en ai assez, quand il s'est
endormi là sur moi et qu'il n'en bouge pas, à la fin je le
pousse et il tombe sur le côté comme une masse inerte,
il continue à dormir comme ça sur le côté du lit et moi
alors je le regarde, il s'agite beaucoup, il sursaute, il se
débat. Je le regarde, il est plutôt beau, je commence à
m'habituer à son corps d'homme. Quand il repose
comme ça les yeux fermés, il a de beaux cils noirs très
fournis et des cheveux sur le front ; il dort bouche
fermée, les mâchoires tendues : mais il a une belle
bouche, bien dessinée, je lui passe le doigt sur la
bouche, lentement, doucement, pendant qu'il dort, et
ses lèvres tremblent, il remue la tête, il grogne un peu ;
puis je passe le doigt le long de l'arête du nez ; il a des
narines mobiles, c'est gracieux ; mais il bouge, il agite
la main devant son visage, comme pour dire : laisse-
moi tranquille. Il est toujours comme ça après

l'amour, même quand il ne dort pas : complètement indifférent. Autant avant il mendie les caresses, autant après il s'en moque. C'est drôle ça. Et moi d'ailleurs, c'est drôle aussi, pourquoi est-ce que je le caresse après quand il s'en fout, pas avant quand il en a envie ? Réponse : pour l'emmerder. Parce qu'à ce moment-là moi je m'emmerde. Parce qu'avant je n'ai pas besoin de m'occuper de lui, il s'occupe de moi. Parce que je lui en veux : je lui en veux de sa satisfaction repue alors que moi, j'ai rien du tout, juste le vide. Je lui en veux parce qu'il s'en fout. Je me demande si tous les hommes sont comme ça. Il paraît que non : il y en a qui s'occupent des bonnes femmes après, si elles n'ont pas eu ce qu'elles voulaient, ils leur font des choses, on lit ça dans les bouquins américains. Je me demande si c'est vrai. Je ne suis pas contente après l'amour, j'ai une boule dans la gorge, là. Il paraît que les femmes frigides ça n'existe pas : il paraît qu'il n'y a que des femmes pré-orgasmiques, c'est mis dans *Votre Beauté*. Qu'est-ce que ça veut dire une femme orgasmique ? Peut-être que j'en ai déjà eu un machin comme ça, peut-être que oui et que je ne le savais pas. Mais quand même ça m'étonnerait : parce qu'alors ça ne vaudrait pas le coup, ça vaudrait pas toutes les salades qu'on dit.

Enfin maintenant je sais qu'il y aura une fin et je suis plus calme, je supporte mieux : je me dis que je le regretterai quand ce sera fini, après tout j'aime qu'on m'aime. Je le tolère presque gentiment. Il dit : « Ça va mieux maintenant. » Il le croit. « Tu ne m'en veux plus ? » Il veut dire, d'avoir parlé. Je hausse les épaules. Il est doux et chaud le long de moi. Il dit Tu es belle. J'ai maigri : je ne suis pas si mal après tout, c'est vrai. « Tu viendras, mercredi ? » Je dis « Quoi mercredi ? » « Tu sais bien, euh, au déjeuner. » « Oui, oui, je viendrai. » « Tu seras belle ? » « Oui, oui. » « Il va falloir que je parte. » « Oui, oui. » Il met sa chemise dans son pantalon, il regarde par la fenêtre, il a l'air préoccupé. Il m'embrasse ; il dit : « Il ne faut pas que je fasse ça, sinon je ne pourrai pas partir. » Il me lâche, il s'en va. Je suis un peu triste, parce que je me retrouve seule tout d'un coup, sans personne pour s'occuper de moi, puis je suis contente. Je me promène en peignoir, je croque une pomme.

Lilas rentre à sept heures. Elle a l'air de mauvaise humeur. Il me semble voir dans ses yeux une lueur curieuse, presque méchante. Je dois me tromper. Quand même, ça me fait un drôle d'effet, et je dis d'un ton faussement détaché « Ciao Lilas, comment ça va ? » Quand je dis ça et que ça va bien elle répond « Fraîche comme une rose ! » Ce soir elle ne dit rien mais elle me jette — oui, c'est cela, elle me jette vraiment — un regard mauvais. Qu'est-ce qui se passe chez Lilas ? Je commence à me dire qu'il y a quelque chose que je n'ai pas compris, depuis le début. Il est un peu tard pour m'en apercevoir. Et puis ce quelque chose-là me fait peur : il faudrait que je m'en occupe, et je ne peux pas, non, pas maintenant, je n'en ai pas le courage. Je vais essayer de durer, voilà, peut-être les choses s'arrangeront-elles d'elles-mêmes, oui, et je tirerai ça au clair quand ça ira mieux, quand tout sera un peu moins confus, parce que pour l'instant ce n'est pas possible, non, vraiment pas. Aussi je fais semblant de ne pas remarquer le silence ; je vais dans la cuisine mettre de l'eau pour le thé, je sors les tasses. Lilas ôte son manteau, puis elle me rejoint, elle s'appuie contre la table, croise les bras sur sa poitrine et me regarde la tête de côté. Je n'aime pas quand elle se tient comme ça, je ne sais pas, ça lui donne l'air d'un homme, et puis ça lui fait un double menton. Elle me regarde d'un air de dire « Je - sais - tout - je - ne - suis - pas - folle - on - ne - me - la - fait - pas - comme - ça » ; j'attends et finalement elle change d'attitude, elle va regarder par la fenêtre. Tout à coup elle tourne la tête et dit : « Vous n'avez pas dû vous embêter Azeta et toi aujourd'hui ! Ta chambre est dans un état ! C'est dégoûtant ! Les oreillers, les draps et les couvertures aux quatre coins de la pièce ! » Elle commence à m'énerver ; mais il vaut mieux que ça ne se voie pas, je ne veux pas d'éclat, je ne me sens pas assez d'énergie. Je dis d'un ton aussi calme que possible : « Si ma chambre ne te plaît pas, tu n'as qu'à ne pas y aller. » « Je n'ai pas besoin d'y aller ! Tu laisses la porte grande ouverte ! Je ne peux pas ne pas voir ça quand je passe dans le couloir ! » « Je trouve que tu es drôlement prude tout d'un coup ! » « Je ne suis pas prude ! Je ne suis pas prude ! » Lilas crie, elle est devenue très rouge ; elle n'est pas prude, elle est prune. « Je ne suis pas prude ! Mais j'en ai assez ! Je ne peux plus tenir le coup ! Il n'y en a que pour toi ici ! Il n'y a que toi qui compte ! Moi je n'existe pas ! Je suis la bonne espagnole ! Ce sont toujours les mêmes qui ont tout ! Tu piques absolument tous les mecs ! Tu pourrais quand même laisser des miettes pour les autres ! Je... j'en ai marre ! Je... je... je... » Elle file dans sa chambre. J'entends la clé tourner dans la serrure et ses sanglots derrière la porte. Je frappe, parce qu'il me semble que c'est ce qu'il faut faire ; en réalité je n'ai aucune envie de voir la porte s'ouvrir. Elle ne s'ouvre pas. Je dis, hypocritement : « Lilas, ouvre-moi ! Qu'est-ce qu'il y a, Lilas ? » La porte reste heureusement close, mais les sanglots ne cessent pas. Je mets mon manteau, je sors, je vais au cinéma voir un film canadien. Ah mais ; elle ne m'aura pas comme ça, la mère Lilas. Je suis fatiguée, je dors à moitié. Ce qui me tient un peu éveillée, c'est que le type qui est assis à côté de moi me fait du pied, tout en commentant le film à sa petite amie qui est assise de l'autre côté — ce qui est d'ailleurs assommant, je déteste les gens qui font des commentaires tout haut au cinéma. Quand même il a quelque chose de cool ce type, de me faire du pied comme ça gentiment, pas trop insistant, un certain sens de l'humour. Mais enfin il faut se respecter, je croise les jambes de l'autre côté, je les envoie en plein dans les tibias de mon autre voisin, un vieux connard qui me lance un regard furibond. Il faut bien que je mette mes jambes quelque part. Le film est affreusement long, heureusement la salle est neuve, et les fauteuils sont très confortables. A la fin je me lève avec les autres et lorsque je me retourne pour gagner le fond de la salle, qui est-ce que je vois ? Qu'est-ce que je vois qui me voit aussi ? Azeta, avec une petite souris, une jolie petite souris grise, sa femme. Il a l'air gêné ; il fait quand même preuve d'un minimum de correction ; il aurait pu faire semblant de ne pas me voir, mais non, il me fait bonjour de la tête et un petit signe de la main, auquel je réponds de même, et la souris, incertaine mais polie, hoche vaguement du chef. Puis Azeta et sa souris se perdent dans la foule.

Mardi soir : coup de sonnette, Azeta. Sur le pas de la porte il me dit « Écoute, euh, je ne reste que cinq minutes ; je viens de chez Delchiotto, on a mis au point les derniers détails; c'est lui qui va chercher les pignoufs au train et moi à l'aéroport; évidemment, c'est plus loin. Il m'a offert l'apéro, tu sais en fait ce n'est pas un mauvais diable, il m'a dit — écoute Isabelle, tu ne vas pas me laisser entrer? Tu restes là en travers de la porte, j'ai l'air d'un con, moi, sur ton paillasson ». Je le fais entrer, il ôte son manteau, le pose sur une chaise, s'installe sur le canapé; il a vraiment l'air de se sentir chez lui. Moi je pense que je suis vraiment dégueulasse, en robe de chambre, pas coiffée, pas maquillée et tout, j'ai eu une réunion de parents d'élèves, deux heures debout à serrer des pinces et à répéter tout le temps la même chose : « Mais oui, Monsieur Grobisse, Raminah est une enfant charmante, très vive, je l'apprécie beaucoup. » — Je suis complètement crevée, et puis c'est la première fois qu'Azeta me voit comme ça, c'est-à-dire dans mon état normal — ça m'embête de me montrer sans masque — « sans fard » comme on dit — et puis j'ai besoin de manger et de prendre un bon bain; mais ça Azeta s'en fout complètement; ça ne lui vient absolument pas à l'idée; il parle, il parle, il raconte ses histoires, toujours les mêmes. Enfin quand même pas : tout d'un coup j'entends : « Isabelle, écoute mon petit qu'est-ce qui t'arrive, tu as l'air complètement crevée, qu'est-ce qui se passe? » Il a donc bien remarqué ma tête épouvantable, je me sens de plus en plus embarrassée, j'éclate : « Oui je suis crevée, là, je rentre d'une réunion de parents, je suis sale, je suis moche, j'ai faim et il n'y a rien à manger dans la baraque et Lilas fait la gueule. » Je fonds en larmes. Il se lève, il vient vers moi, il me prend dans ses bras, il me serre contre lui, il me berce, il me caresse la tête; je me dis : « C'est pour des moments comme ça que je le garde encore. » Il me parle à l'oreille : « Isabelle, Isa ma belle, allons, allons, allons. » Puis il se recule, dit : « Allez, va vite t'habiller, je t'emmène, on va dîner au restaurant. » Je n'en crois pas mes oreilles. « Qu'est-ce que tu vas dire à ta femme ? » (la souris). « Ne t'inquiète pas, ça ira, je me débrouillerai. Va t'habiller, je te donne un quart d'heure. » Je file à la salle de bains. J'ai très envie de sortir tout d'un coup. Je m'habille, j'essaie de réparer les dégâts à coups de shampooing sec, de parfum et de poudre de riz ; ce n'est pas très heureux, mais c'est quand même mieux. Nous sortons. Il m'emmène dans un restaurant vieillot mais correct : « Tu viens là souvent ? » « Non, pas très souvent. » Tiens, bien sûr, il ne va pas m'emmener dans un endroit où il risquerait de rencontrer ses collègues. Dès qu'on est assis il se lève : « Je vais téléphoner » (à la souris). Il revient cinq minutes après. « Qu'est-ce que tu lui as dit, à ta bonne femme ? » « Je lui ai dit que je téléphonais de chez Delchiotto, que j'étais invité à dîner, que je ne pouvais pas faire autrement. » « Elle n'a pas fait d'histoires ? » « Non, non au contraire, elle m'a dit que c'était une chance. » « Dis donc, c'est une vraie petite souris, ta bonne femme. Tu dois avoir du mal à la retrouver le samedi soir, au fond du plumard ? » « Allons, Isabelle, ne sois pas méchante. » Et Azeta de me raconter sa triste histoire. Comment il l'a rencontrée alors qu'ils étaient à l'école normale d'instituteurs tous les deux (il revient de loin, Azeta), comment il l'a mise en cloque parce qu'il était jeune et con (c'est lui qui le dit), comment il a bien fallu qu'il l'épouse, comment elle a confiance en lui, elle compte sur lui, elle ne se doute de rien, il lui a fait trois enfants

(bêtement, je cite). Il ne peut pas la quitter maintenant, il s'en voudrait trop, il ne pourrait jamais se le
pardonner, il se trouverait trop salaud, etc. « Mais
personne ne te demande de la quitter, Azeta. »
« Écoute, Isabelle, appelle-moi Gilles ; pourquoi tu ne
veux pas m'appeler Gilles ? » Il a l'air ému, sincère-
ment peiné, vulnérable. C'est dans ces moments-là que
le cœur me fond. Je lui passe le doigt sur le bout du
nez. Il voit bien que je suis attendrie, et, content de son
effet, il insiste, il en rajoute. Il en fait trop ; son histoire
n'a rien de drôle et je ne veux pas qu'il perde son statut
d'objet de luxe, de gadget, je ne veux pas que lorsqu'il
arrive chez moi le mercredi matin, le col de son
pardessus relevé et le nez froid, sentant le vent de la
rue, se profile derrière l'Azeta maigre et affamé de
l'aise qu'un peu de savoir confère, l'Azeta rongé de
honte et de gaucherie vendant son quotidien à la
médiocrité pour pouvoir, enfin, venir entre les cuisses
d'une fille, à vingt ans, après le bal de l'École normale.
Et c'est trop tard, je vois bien que maintenant je
n'oublierai pas, je comprends d'où vient cet air perdu
qu'il a par moments. Mais c'est trop tard aussi, trop
tard pour que l'émotion qu'il provoque puisse être
autre chose qu'une gêne. Quand il en a fini avec cela,
pendant qu'il mange sa tarte aux pommes, il fait de
grands moulinets dans l'air avec sa fourchette, il est
reparti sur le congrès. Je dis « Tu devrais lui donner
un nom à ton congrès, ça ferait mieux ». Il a l'air
content : « Tu crois ? Oui, j'y ai déjà pensé : ça
pourrait s'appeler " 1er Congrès international d'Études de la Renaissance italienne d'Ypallage ". Mais je
ne sais pas, c'est peut-être un peu trop long, qu'est-ce
que tu en penses ? » « Je pense que " La Renaissance

italienne d'Ypallage ", c'est ridicule. » « Ah oui ? tu crois qu'on pourrait se tromper ? Qu'on pourrait croire que ça porte seulement sur la dernière partie du syntagme et non sur le tout ? Mais si on faisait une analyse en constituants immédiats... » C'est reparti : la linguistique, c'est sa dernière marotte. C'est en passe de remplacer la psychanalyse. Il m'a déjà montré bien une dizaine de bouquins, qui portent tous le même titre : *Le langage*. Enfin il en sort : « Qu'est-ce que tu suggères de mieux ? » « Tu pourrais appeler ça : " Beaucoup de bruit pour rien. " Ça tomberait à point, tu m'as toujours parlé de l'importance des sources italiennes chez Shakespeare. » Les traits de son visage sont tombés : « Bon, écoute, voilà comment tu es. Je ne sais vraiment pas ce que je t'ai fait. » « Tu ne m'as rien fait. Ce n'est pas le moment de discuter de ce que tu m'as fait, ou de ce que je t'ai fait. On n'est pas faits pour aller ensemble, c'est tout. » « Écoute, Isabelle, ce n'est pas le moment de parler de ça. » Et il repart. Il m'explique qu'il va falloir que je sois bien sage demain. Pour lui faire plaisir. Pour une fois. Pour changer un peu. Bon, c'est d'accord. Et puis il m'explique aussi qu'il va falloir que je me fasse un beau paquet-cadeau. Pas pour lui faire plaisir à lui, non, parce que de toute façon... de toute façon comme ça je lui fais plaisir... Mais enfin... enfin oui c'est important... parce que... quand il me voit et qu'il me trouve très belle... et qu'il me compare aux autres femmes qui sont là... et qu'il se dit que je suis plus belle qu'elles... et qu'il regarde aussi les hommes qui sont là... et qu'il voit qu'ils me trouvent belle... et qu'ils ont envie de moi... si... si... eh bien... alors il se dit... il se dit qu'il est content, parce qu'il m'a et que les autres ne m'ont pas... alors c'est plus fort que lui ça lui fait plaisir... et il est fier... oui, c'est ça, il est fier... ça lui fait un sentiment... qu'il n'a jamais éprouvé auparavant... Il a l'impression d'être important... d'être quelqu'un... parce qu'il faut que je comprenne... que je suis quelqu'un de très important pour lui... il faut que je le comprenne... petit à petit je ne lui en voudrai plus... il espère que je ne lui en voudrai plus... Ce qui s'est passé au début n'a pas d'importance. Il ne faut plus y penser... Petit à petit j'oublierai ça. Il continue à parler... Il y a longtemps que j'en ai terminé avec ma crème Chantilly. La glace au chocolat n'est plus qu'un souvenir aqueux au fond de ma coupe. J'ai trop mangé, il flotte dans l'air une odeur de cigares et d'alcool. Je n'aime pas avoir trop mangé, ça me donne du ventre. Je me dis que ça n'est pas possible... quand est-ce qu'il va se lever qu'on s'en aille... Enfin perfidement je lui dis : « Tu sais, je crois qu'il est tard, tu n'as pas peur que ta femme ne s'inquiète ? » Eh si, il a peur. Il change complètement de regard, sa mâchoire se fige, ses mains, qui se promenaient dans l'air çà et là, viennent agripper la table. Il dit « Oui, c'est vrai, tu as raison. Il faut que je rentre ». Puis il me prend par la main et dit d'un air attendri : « Tu es vraiment gentille, tu sais, de penser à ça. » Décidément, nous ne nous comprendrons jamais. Il me raccompagne en voiture et il s'en va, avec un signe de la main et un petit air malheureux.

V

On a enfermé Vogel

Le lendemain matin, je me suis levée de bonne heure. J'ai pris un bain avec de l'huile dedans ; je me suis lavé les cheveux, rasé les poils, pressé les points noirs, verni les ongles, lotionné le visage, brossé les dents, poncé les coudes, épilé les sourcils. J'ai mis un slip et soutien-gorge assorti, je me suis frictionnée à *L'air du temps,* j'ai mis un collant cuisse-de-nymphe, et une robe qui m'amincit, de la crème hydradante, une base teintée, de l'anticernes, du crayon à paupières, du fard crème gris et du fard poudre blanc au-dessus ; du blush-on sur les joues, du rouge à lèvres et du lip-gloss ; une couche de mascara, de la poudre de riz transparente ; une deuxième couche de mascara, une brumisation d'eau minérale pour faire tenir ; j'ai fait chauffer le fer à friser, et je me suis fait onduler les cheveux mèche par mèche ; après j'ai renversé la tête en bas et j'ai brossé comme ça pour donner du gonflant, puis j'ai relevé la tête et j'ai brossé dans le bon sens ; je suis allée choisir une bague et un bracelet qui aillent bien avec la robe ; je n'ai pas eu de mal parce que question bijouterie, chez moi, il n'y a pas beaucoup de choix ; j'ai essayé trois paires de chaussures et j'ai regardé l'effet produit de dos, de face et de profil, pour voir quelle hauteur de talon donnait le meilleur galbe à mon mollet, compte tenu de la longueur de la robe. Ensuite j'ai vidé mon sac à main, jeté les vieux Kleenex, les tickets de bus et les papiers de chewing-gum et j'ai tout remis en place ; puis j'ai mis mon manteau. Coût total de l'opération : 2 h 30. Je n'avais même pas eu le temps de déjeuner. Mais ça ne fait rien, tant pis, il vaut mieux que je ne mange pas sinon je vais avoir du ventre. Pendant tout ce temps-là aucun signe de vie derrière la porte de la chambre de Lilas. Je suis sûre qu'elle ne dort pas vraiment, à onze heures et demie du matin. Elle doit faire la tête. Oui eh bien tant pis, moi je n'ai pas envie d'affronter ça, je m'en vais ; ce soir je dirai que je n'ai pas voulu la réveiller. Je prends une paire de gants, je me regarde une dernière fois dans la glace ; la porte de Lilas s'ouvre. Je suis sûre qu'elle a attendu le dernier moment pour sortir, exprès. Elle s'appuie contre le chambranle de la porte, la tête renversée en arrière, les bras ballants, elle ferme les yeux d'un air épuisé. Elle soupire : pouh, pouh. Elle dit : « Je suis crevée, absolument crevée ; je ne dors plus ; je fais des cauchemars tout le temps ; je deviens absolument insomniaque. » « Moi aussi je suis crevée. » Paroles malheureuses ; Lilas ouvre les yeux, qu'elle a dans les moments de rage couleur de menthe à l'eau, et dit en serrant les poings : « Crevée, toi ? Eh bien tu n'en as pourtant pas l'air ! » « Tu parles ! Je viens de me crever pendant deux heures et demie, rien que pour avoir l'air en forme tout à l'heure. » Lilas dit : « Tu sors, fais attention, il va y avoir du schproum aujourd'hui. » « Quoi, du schproum ? » « Oui, du schproum : du bintze. Il y a des manifestations de prévues. » « Des manifestations de quoi ? » « Les étudiants spontanéistes et le syndicat des prostituées. » « Quoi ? Qu'est-ce que c'est que ça ? » « Tu ne savais pas ? C'est bien fait, tu ne lis jamais les journaux sérieux, tu ne te tiens jamais au courant. » « Bon, et alors qu'est-ce qu'ils ont les étudiants ? » « La sélection, la réforme. » « Ah. Et alors, qu'est-ce qu'ils vont faire ? » « Ben, défiler. » « C'est tout ? Comme d'habitude ? » « Ben oui, qu'est-ce que tu veux qu'ils fassent d'autre ? » « Je ne sais pas moi. Tout brûler. Les manifs ça sert absolument à rien. » « Tout brûler ! C'est bien de toi, ça ! C'est bien des idées de bourgeoise ! » « Je ne comprends pas pourquoi ils font encore des manifs qui ne servent à rien. » « Ben quoi c'est pour changer, on se marre un peu. On est tous ensemble. On se trouve des mecs, parfois, dans les manifs. Tu comprends, tu défiles. Il y a quelqu'un qui dit : " Attention, les flics. " On serre les rangs et les fesses. On est émus. Il va peut-être se passer quelque chose. On est les uns contre les autres. C'est à ce moment-là que les gens se prennent le bras, pas seulement les premiers rangs. Dans les premiers rangs on ne se trouve pas de mec, on a trop la trouille. Moi je vais vers le milieu. Bon alors tout d'un coup, tu te retrouves le bras dans celui d'un type. Tout le monde gueule plus fort, mais tu discernes la voix du type à travers les autres. Tu sens qu'il y a quelque chose entre toi et ce type, tu vois ? Alors après quand c'est fini, tout le monde se disperse mais le type est toujours à côté de toi ; il t'invite à aller prendre un pot, voilà. » « Ah. C'est drôle, moi j'avais pas vu les manifs comme ça. » « Ça c'est parce que tu vois jamais rien de toute

177

façon. » « Tu as peut-être raison, et tu y vas à la manif d'aujourd'hui ? » « Oui, tu parles, justement il faut que je me dépêche, je vais être en retard, il faut que je retrouve mon jean je ne sais pas ce que j'en ai fait. Et puis aussi j'ai une mignonne petite casquette de marin, juste le truc qu'il faut. » « Bon. Eh bien écoute amuse-toi bien. Moi j'y vais. A propos qu'est-ce que tu as dit qui défilait comme syndicat avec les étudiants ? » « Le FOUTR. » « Qu'est-ce que c'est que ça, c'est un nouveau syndicat ? » « Oui, c'est le truc des putes libérées. » « Quoi ça, les putes libérées ? » « Oui, tu sais, elles en ont marre des macs et des flics, c'est leur MLF. » « Et les mecs alors, les clients, elles en ont pas marre aussi ? » « Si, mais ils payent. » « Ah bon. Mais alors elles vont défiler avec vous, les putes ? » « Oui, justement, c'est ça qui va être marrant, c'est pour ça que ce sera pas une manif comme les autres. » « Non, ce sera peut-être pas comme les autres, mais avec les putes, j'ai l'impression que c'est pas là que tu vas te trouver un mec. » « Si, parce que les mecs ont pas de fric. Une pute ça se paye. C'est cher. Au moins cent balles la passe. » Il s'en fait des économies, Azeta. Ça me fait rêver. Je ferais mieux de changer de métier. Quoique quand même ça doit être fatigant. Je me demande si après tout c'est plus fatigant que de raconter des histoires aux mômes. Et puis c'est sale. Quoique le train pour Wassingues, c'est plutôt dégoûtant aussi. Un jour j'y suis allée avec mon manteau rose, le soir il était gris. Et il y a des types qui crachent par terre dans les couloirs. On les entend, ils prennent leur élan : « rrrrac ».

Bon. Eh bien avec tout ça je vais être en retard. Je souhaite bonne manif à Lilas et je m'en vais en claquant la porte derrière moi, je ne prends pas l'ascenseur ; je ne sais pas ce qui m'arrive, je suis toute gaie. Je cours dans l'escalier. Tout d'un coup la jambe me manque : la mauvaise, bien entendu. Heureusement je me rattrape des deux mains à la rampe. Il n'était que temps. Je suis pliée en deux, accrochée à la rampe, avec ma jambe qui tremble violemment. Je regarde en bas dans la cage d'escalier. J'ai le vertige, le rectangle de la cage d'escalier se met à tourner. Je ferme les yeux. La cage d'escalier fait encore deux tours et puis s'arrête. Il ne faut pas que je reste comme ça, j'ai peur de tomber dans le rectangle. Pourtant je ne peux pas bouger : j'ai les bras et les mains complètement raides. Il n'y a que ma jambe qui bouge, qui tremble de plus en plus, par saccades, je ne peux pas contrôler ça, j'ai mal au cœur, j'ai peur de vomir dans le rectangle, je ne peux pas faire ça, qu'est-ce que dirait la concierge ? Mais je m'aperçois que je ne pourrais pas vomir de toute façon, parce que j'ai les mâchoires figées, les dents serrées ; j'ai mal aux dents, depuis un moment, à force de serrer les mâchoires. Je sens une goutte de sueur me rouler sur le front ; elle n'est plus là, elle a dû tomber dans le rectangle. Je suis mentalement sa course vertigineuse ; j'attends le bruit qu'elle fera en s'écrasant à terre. J'attends, j'écoute, je n'entends rien, absolument rien. J'ai peur : le rectangle pourrait-il être beaucoup plus profond que je ne crois ? Peut-être n'a-t-il pas ou plus de fond ? Voilà que mes mâchoires aussi se mettent à trembler. Une porte claque, et un autre bruit — répété — le bruit d'un doigt impatient sur le bouton de l'ascenseur. Le bouton de l'ascenseur. Il y a un ascenseur. Un ascenseur vert dehors et brun dedans, avec par terre un tapis brosse et sur une paroi un tableau métallique avec des boutons, un, deux, trois, quatre, cinq, six, arrêt, appel et tout en bas : « Roux-Combaluzier ». Un ascenseur, donc pas de danger. D'habitude j'ai peur dans l'ascenseur : peur qu'il ne s'arrête entre deux étages, et que je reste dedans, à m'user vainement les poings contre la porte. Mais là, il remet tout en place. Je sais que de l'autre côté du rectangle il y a des marches et en bas des marches — il doit y avoir une dizaine de marches à peu près — en bas des marches on trouve le palier et l'ascenseur est sur le palier. Je fais un gros effort pour décontracter mes bras, je voudrais essayer de me laisser tomber en arrière. J'entends que je respire très fort : « unh — heu, unh — heu ». En essayant de décontracter les bras je serre les dents encore davantage et je respire de plus en plus fort : je m'entends grogner : « han, han ». J'entends le bourdonnement de l'ascenseur : « mmmm ». Il arrive, il passe, il est passé. C'est un bruit familier, plutôt sympathique. Han plus fort, ça y est. Mes bras ont lâché prise. Je tombe en arrière, les reins sur l'arête d'une marche, je me fais très mal. Je ne peux plus m'arrêter ; encore l'arête d'une marche ; encore une autre, encore une autre. Ça me fait très mal, mes yeux sont toujours fermés et je ne peux pas les ouvrir, je ne vois rien, je ne sais plus où je suis, peut-être que je me suis trompée, peut-être n'y a-t-il plus de palier. Mais je rebondis encore une fois et je m'arrête. Voilà. Cette fois je suis tombée à plat ; je suis sur le palier, assise. J'ouvre les yeux. Je suis affreusement indécente. Mon manteau, ma robe remontés jusque sous les bras, je suis en bottes et en collant, avec ma petite culotte noire et deux poils, deux poils pubiens comme on dit, deux poils châtains et frisés qui ont passé à travers le nylon et qui fleurissent innocemment sur le collant. On entend une radio qui gueule quelque part. Je reconnais la chanson, je me souviens de quelques paroles :

> *Celle que j'aime c'est Gisèle*
> *Je veux rester avec elle*
> *Celle qui m'aime c'est Adèle*
> *Que la vie est donc cruelle*

Je me mets à les chanter, je les chante, je répète, j'attends que le refrain vienne, car je ne connais pas les paroles des couplets : « Celle que j'aime c'est Gisèle. » Mais je suis complètement folle de chanter là, sur le palier, à moitié nue, ma robe sur la poitrine et les jambes ouvertes. Et si quelqu'un ouvrait sa porte ? Je vais faire un effort. Il convient de réfléchir à la stratégie à suivre : de se clarifier l'esprit. Se couvrir les cuisses et le ventre. Ramener sa robe, et incidemment son manteau, de la poitrine aux genoux. Dégager une main, tirer sur la robe et sur le manteau. Impossible à exécuter, le manteau et la robe étant coincés derrière entre le dos et l'arête d'une marche. Se laisser glisser de manière à s'allonger entièrement sur le palier, après quoi il sera possible de se retourner. Écueil à éviter : laisser rebondir la tête sur la marche et s'assommer complètement. Opération réussie ; la tête a rebondi mais l'assommage est partiel. Repos pour laisser aux trois étoiles jaunes et à la comète rouge qui me voguent dans le regard le temps de tourbillonner sur elles-mêmes, de se mettre sur orbite et de disparaître dans l'éther. Se retourner sur le ventre. Faire un gros effort mental. Opération réussie. Il ne faut jamais désespérer. Essayer de remuer les bras. Positif. Les bras sont redevenus souples. Se propulser vers l'avant sur les coudes en décollant légèrement le ventre du sol, afin de permettre à la jupe et au manteau de redescendre. Se retourner et s'asseoir. Objectif ambitieux. Opération réussie. Se relever en s'appuyant de la main à la rampe d'escalier. Réussi. Constate que si la jambe gauche tremble toujours le corps est souple et apparemment obéissant. Les yeux et la bouche peuvent s'ouvrir et se fermer, puis s'ouvrir à nouveau. La respiration n'est plus audible de l'extérieur. Le bas du dos est extrêmement douloureux. Marcher jusqu'à l'ascenseur et appuyer sur le bouton. Dans l'ascenseur ça va mieux. Je reprends mes esprits. Je m'appuie contre la paroi du fond. Je rajuste la bandoulière de mon sac, je mets les mains dans les poches, je m'exerce à prendre un air détaché, au cas où quelqu'un attendrait devant la porte en bas, tout à l'heure. Ma jambe tremble encore par saccades. Je sors, personne, je traverse le hall la tête haute, par un effort de volonté, je pousse la porte, je suis surprise par la piqûre de l'air : à Ypallage il fait toujours plus froid que je ne l'aurais cru, je ne m'y habituerai jamais ; d'habitude c'est une punition mais aujourd'hui au contraire ça m'aide à me remettre, je me dis que coûte que coûte j'atteindrai le restaurant qui est à dix minutes de marche, et que personne ne verra rien. En marchant je me sens affreusement seule, j'ai l'impression de parcourir un petit couloir tracé pour moi au milieu du trottoir, dont les parois translucides me gardent prisonnière à l'insu des passants. J'ai une grosse boule d'angoisse dans la gorge et une envie ridicule de m'asseoir par terre (encore !) et de me mettre à pleurer les poings sur les yeux, Isabelle au pays des déveines. Mais je résiste bravement, pour m'aider je me chante, intérieurement, un petit refrain : « Y m'auront pas, les va — ches ! Les vaches y — y m'auront pas ! » Je le chante selon plusieurs styles ; le mieux c'est le chant grégorien. Et me voici à la porte du restaurant, une espèce de machin faussement rustique, la quantité de poutres et de bois de cerfs déployée augure mal du prix du menu, mais je m'en fous, c'est pas moi qui paye. J'entre et je les reconnais tout de suite, les autres clients sont à de petites tables par un, deux ou trois mais eux, ils sont en congrégation dans le fond à une longue table à nappe blanche et Delchiotto debout au milieu lève son verre, ce qui renforce leur air de noce villageoise. Je me dirige vers eux, un garçon en tablier blanc s'apprête à intercepter mon progrès quand Delchiotto m'aperçoit, pointe un doigt et s'écrie : « Ah ! Voici notre belle attardée ! » Il dit, le garçon se retire comme emporté par le reflux d'une vague invisible, et moi, comme portée par le flux de la vague suivante, je me penche et serre la main tendue. Je vois des visages qui me regardent, blafards, maigres, ridés, poupins, à lunettes. Mon Dieu, quelle tablée. On dirait une réunion de vampires, maintenant : la noce, c'était de loin et de dos. Au milieu de tout cela le visage d'Azeta qui me sourit est rassurant. Le garçon est revenu, il prend mon manteau. Il reste une place vide, je l'occupe. Je me trouve entre une grosse dame en vert qui me regarde d'un air soupçonneux par-dessus de petites lunettes rondes et un blondinet pâle qui me regarde par en dessous. La grosse dame ne se présente pas. Moi non plus alors. Je me tourne vers le blondinet qui, lui, se présente :

« Pierre Lafeuille. » Et il tire par la manche un grand
type aux cheveux châtains frisés, au nez et aux yeux de
chouette, qui incline la tête en souriant, et en clignant
des yeux se présente « Paul Devigne ». Je dis alors
« Isabelle de Santis ». Le blondinet parle à son
assiette. Curieuse j'interviens : « Plaît-il ? » Le blondinet redresse la tête : « Je dis '' Beau nom '' ! »
déclame-t-il avec fermeté cette fois. Un peu interlo-
quée je dis « Vous trouvez ? » et je me tourne à
nouveau vers ma grosse voisine. Elle me parle à son
tour, de façon incompréhensible. Quelle langue
parlent donc ces gens-là ? Je dis : « Excusez-moi ? »
Elle dit : « Je dis le pays de la gastronomie. » Et elle
répète : « Le pays de la gastronomie. » A ce moment
j'aperçois le garçon chargé d'un énorme plat de fruits
de mer et je réponds : « Ah oui, bien sûr. » Le remous
provoqué par mon apparition tardive est apaisé,
personne ne s'occupe plus de moi, la grosse Anglaise a
le nez dans ses huîtres et Lafeuille poursuit avec
Devigne une conversation qui semble très absorbante.
Je l'y laisse et m'occupe à mon tour de mes huîtres. Je
jette des coups d'œil furtifs — je ne veux pas avoir l'air
indiscrète — au grand escogriffe placé en face de moi,
au long visage glabre et bleu, au cheveu rare et
incolore, au regard fixe. Voici qu'il s'anime, sourit,
lève son verre et s'écrie : « A nodre ami Delchiodo
pour zon admirable gondribuzion à l'étude de
Marini. » Le verre levé, le sourire figé sur les lèvres, il
attend. Sur la table s'est abattu le silence du tombeau.
Quelqu'un tousse. Je regarde Delchiotto : il est livide.
Personne ne bouge. Soudain Azeta prend la parole :
« Je voudrais dire au nom de tous ici et aussi au nom
de notre belle et chère Université d'Ypallage, combien

je suis reconnaissant à mon cher et honoré directeur, le professeur Ange Delchiotto, de cette possibilité qui nous est donnée de nous rencontrer, nous tous qui sommes animés d'une même passion pour cette période unique dans l'histoire, la Renaissance italienne. » Azeta s'arrête, regarde autour de la table, personne ne réagit ; le silence glacé persiste ; sauf chez Vogel qui reprend un air satisfait pour dire à haute et intelligible voix : « Oui, nous sommes egzdrêmement regonaizants à Delchiodo. Pour l'exzellent rebas, l'indérezant gongrès et zurdout za gondribuzion à l'édude de la boésie de Marini, gui a abordé un zang neuf à nos gères édudes, gomme tizent les Vranzais, les betits ruizeaux ont besoin des grandes rifières. » Il se tait, la bouche ouverte, il regarde encore autour de lui, guette les réactions d'un air d'espoir. Cette fois c'est Delchiotto qui réagit : du blanc il vient de virer au rouge, ça a commencé par le cou et ça s'est étendu jusqu'au haut du front en passant par les oreilles ; ces oreilles de Delchiotto qui m'ont toujours fascinée à cause des touffes de poils gris qui s'en échappent comme des touffes de giroflées des pierres d'un vieux mur. Sa respiration est bruyante et oppressée à la fois, et son nez — ce nez qu'il a plutôt épais — est devenu mobile comme un nez de lapin, les narines gonflent et dégonflent. Il ouvre la bouche, il va parler ; ou plutôt il essaie, mais ça a du mal à sortir. Il dit « É... é... é... » Je suis inquiète pour lui. Je me demande s'il est sujet aux attaques. Il me fait pitié ; je tente de l'encourager du regard, de toutes mes forces, comme si ça pouvait servir à quelque chose, d'ailleurs il ne me regarde même pas, il regarde le grand escogriffe comme s'il voulait le dévorer, il est vraiment inquiétant. Il bredouille toujours ; enfin le verbe jaillit : « Écoutez, Vogel, si vous voulez vous foutre de ma gueule, faites-le au moins avec des consonnes correctes ! » Et il répète : « Des consonnes correctes ! » L'étonnement se peint sur le visage de Vogel. Ses yeux s'agrandissent et sa bouche s'arrondit. Il dit : « Blaît-il ? » Azeta inter-vient. Il dit : « Écoutez, Vogel... » Vogel l'interrompt d'un geste impatient de la main, il se retourne vers Delchiotto. « Blaît-il ? Che ne gombrends bas pien. » Azeta intervient à nouveau, en direction de Delchiotto cette fois : « Écoutez, Monsieur... » La réponse ne tarde pas : « Ah vous, hein, foutez-moi la paix, mêlez-vous de ce qui vous regarde ! » La grosse dame à côté de moi prend la parole : « Allons, mes amis, il faut être raisonnables. » Elle déplace l'accentuation de tous les mots de la dernière à la première syllabe. De toute façon personne ne l'écoute. Tous les yeux convergent à nouveau sur Vogel qui s'apprête à répondre. Il dit qu'il ne comprend pas ce qui se passe, ni pourquoi on l'insulte. Delchiotto répond que l'insulté c'est lui-même. Vogel s'écrie d'un ton plaintif qu'il n'a insulté personne. Ses consonnes sont de plus en plus capri-cieuses. Delchiotto crie qu'on ne s'est jamais foutu de lui de cette façon, et chez lui en plus, et qu'on le lui paiera. La grosse Anglaise demande : « C'est à vous le restaurant ? » Elle a supprimé la deuxième syllabe dans ce dernier mot. Personne ne l'écoute. Vogel dit d'un ton digne et froid que la question se réglera « sur le champ ». Delchiotto bondit en avant : « Sur-le-champ, oui ! Je vais lui casser la gueule tout de suite moi à ce salaud, avant qu'il ait eu le temps de s'en apercevoir. » Mais vifs comme l'éclair, Lafeuille et Devigne ont quitté leur place. Ils tiennent Delchiotto chacun par un bras et l'empêchent de mettre sa menace à exécution. Vogel explique péniblement que lorsqu'il dit sur le champ il veut dire demain matin neuf heures et au pistolet. La grosse Anglaise s'écrie : « Ah ! il veut dire le champ d'honneur ! » Elle n'a pas prononcé le r final. Lafeuille s'écrie : « Demain matin neuf heures ce n'est pas possible, Professeur Vogel, c'est l'heure de votre communication sur la mutation vocalique ! » Vogel fait preuve d'une énergie surprenante. Debout il est très grand. « Che m'en fous de ma gommunication ! Che ne la ferai pas ! Che ne ferai pas à ce zalaud l'honneur de s'enorgueillir de ma brésence à ce congrès riticule ! » Lafeuille et Devigne ont le plus grand mal à retenir Delchiotto qui se débat tant qu'il peut, on dirait un chien enragé. Derrière Vogel j'aperçois le garçon qui contemple la scène d'un air médusé. Azeta intervient à nouveau : « Voyons, tout cela n'est pas raisonnable ! il s'agit d'un simple malentendu ! Nous apprécions tous à sa juste valeur le professeur Delchiotto et nous savons très bien que l'erreur du Professeur Vogel que nous apprécions également est due à la fatigue du voyage. » « Qu'est-ce qu'il apprécie ce garçon ? » me dit la grosse Anglaise. « Vogel ou son erreur ? » Elle n'a pas prononcé le r final. Delchiotto se tourne vers elle. « Oh, vous, Graham, ne vous mêlez pas de ça, vous le regretterez. » Vogel dit à la grosse Anglaise : « Il ne faut pas parler à ce fou furieux, Anna, c'est très dangereux. » « Mais je ne parlais pas à Delchiotto », répond Anna Graham. « Je me parlais à moi-même, tout haut, n'est-ce pas ma petite ? » dit-elle en se tournant vers moi. « Oui Madame. » « Vous pouvez m'appeler Anna, vous savez. Au point où nous en sommes ! » Et elle appuie fortement sur : « sommes ». Azeta dit : « Nous apprécions tous également le travail du Professeur Delchiado... Les professeurs Delchiado et Delchiotto ont fait, chacun dans leur domaine, un travail remarquable... C'est différent... On ne peut pas vraiment comparer d'un point de vue méthodologique la thèse de Delchiado sur Marini et celle de Delchiotto sur Marinetti... » Vogel s'écrie : « Marinetti ! Qu'est-ce que Marinetti a à faire là-dedans ? » Et Azeta : « Le Professeur Ange Delchiotto est l'auteur de la thèse : *Du crépuscule au Futurisme, Marinetti, l'homme et l'œuvre. L'art de la Métaphore Prolongée chez Marini,* c'est la thèse du Professeur Sulpicien Delchiado, de l'Université d'Aix-en-Provence. Nous les apprécions beaucoup tous les deux... » Lafeuille et Devigne sont rejetés en arrière, et Delchiotto, lui, s'élance. Il fonce droit sur Azeta, dont il est par bonheur séparé par la largeur de la table. Il saisit Azeta par le col de sa chemise et il le secoue. La table se prend d'un mouvement de va-et-vient. Le verre plein de gewurztraminer d'Anna Graham se renverse et atterrit sur ses genoux. Elle se lève en poussant un cri, elle tape du pied comme une petite fille rageuse. Lafeuille et Devigne ont remis la main sur Delchiotto ; ils tentent de le tirer en arrière : « Non, non, Monsieur Delchiotto, il ne faut pas faire ça. » Delchiotto s'en fout bien. Il secoue Azeta de plus en plus fort. Ce dernier, les bras ballants, ne résiste plus. Delchiotto, l'écume aux lèvres, s'écrie : « Petit con ! Petit con ! Depuis le temps qu'il m'emmerde, celui-là ! Avec son séminaire à la noix auquel personne ne comprend rien ! La métonymie dans le vers pétrarquiste ! Ça n'existe pas la métonymie, imbécile ! Il n'y a que des métaphores ! Pourquoi est-ce qu'il ne peut pas s'occuper des images comme tout le monde ! Les plantes, la mer, les rivières et les petits oiseaux ! Division en les quatre éléments si on veut, pour faire moderne ! Mais la métonymie ! Les constantes phonologiques ! Les anagrammes ! Qui est-ce qui m'a jamais rien foutu de plus ridicule que ces histoires d'anagrammes ! Tu vas voir ce rapport que je vais te cuisiner, petit connard ! Tu vas voir ta belle carrière, imbécile, si tu l'as devant toi ou derrière ! » A ce moment le garçon sort de sa réserve. Il vient prêter main-forte à Lafeuille et Devigne ; il tire Delchiotto en arrière par une basque de son veston. Delchiotto tombe assis par terre avec un grand craquement. La garçon, Lafeuille et Devigne, tous trois fixent des regards horrifiés sur le dos de Delchiotto. Assis par terre, il a l'air d'un gros poussah pensif. Il se relève au bout de quelques instants, s'éclaircit la voix et dit : « Je vous prie de m'excuser... Je me rends compte que mon attitude a été inqualifiable... Ce qui compte, n'est-ce pas, ce ne sont pas nos sentiments personnels, mais la responsabilité que nous avons... Que j'ai... En tant qu'organisateur de ce congrès... Tout à l'heure à deux heures dans le grand amphithéâtre il y aura de cent à deux cents personnes pour nous entendre... Certaines sont venues à Ypallage de loin... Nous ne pouvons pas annuler maintenant... Nous ne pouvons pas faire cela à ces gens, tous ces amoureux de la Renaissance italienne qui attendent de nous la bonne parole... Nous n'avons pas le droit de les décourager... Je m'excuse particulièrement auprès d'Azeta et de Vogel... Quels que soient leurs torts respectifs... Cela n'a plus d'importance maintenant... Il faut s'effacer... Il faut sauver les meubles, mes amis ! il faut sauver les meubles ! » En disant cela Delchiotto lève les bras vers le ciel dans un geste de grand prêtre ; à ce moment-là je comprends et le reste de la table comprend avec moi le pourquoi des regards du garçon, de Lafeuille et Devigne. En même temps que les bras de Delchiotto s'écartaient vers le ciel, le dos de son veston a suivi ; ce dos s'est séparé en deux moitiés jusqu'au col, consécutivement aux efforts modérateurs des assistants. Ces deux moitiés de veston ayant suivi la courbe ascendante des bras de Delchiotto sont comme deux ailes, et appuient étonnamment l'effort produit par ses prunelles tournées vers le ciel dans un renoncement mystique. « Beato Angelico ! » s'écrie Anna Graham. « Saint Dominique au pied de la croix ! » Une vague d'émotion parcourt la table. Vogel et Azeta baissent la tête. Le garçon se change à nouveau de pierre en garçon et débarrasse les assiettes à huîtres. Delchiotto laisse retomber ses bras, ses ailes se replient par la même occasion, ses paupières elles aussi s'abaissent, et finalement épuisé, il choit assis sur une chaise que Lafeuille, par bonheur, avance à temps. Durant le gigot en croûte aux flageolets, on n'entend que des bruits de mastication, entrecoupés de « Pourriez-vous me passer le pain ? » Cela ne change guère durant la salade aux noix. Devant le fromage, Anna Graham risque : « Ces merveilleux fromages français ! » Personne ne répond. Bombe glacée, café, liqueurs n'apportent aucune diversion. On est en pleine veillée funèbre. Finalement Delchiotto dit avec un effort : « Il est deux heures et demie ; nous allons être en retard. » Vogel avale le canard au cognac qu'il regardait mélancoliquement fondre. Dans un grand remue-ménage de manteaux nous nous mettons en route. Dehors le temps s'est encore refroidi ; il tombe une pluie fine et perçante et les nuages cernent le beffroi d'Ypallage. Les mains dans les poches et le cou dans les épaules, nous avançons deux par deux comme un pensionnat, dans une rue étroite qui se termine par un coude débouchant sur une grande artère. Le coude passé, nous nous arrêtons. La grande rue est noire de monde. Des pancartes ; pas de cris. « Mais qu'est-ce que ça ? » s'écrie Delchiotto. « La manifestation, Monsieur » dit Azeta. « Quelle manifestation ? » « Le Front pour l'Émancipation des Étudiants et le FNPL. » « Qu'est-ce que c'est que ça ? » « Le Front National pour la Prostitution Libre. » « Quoi ? » « Il y a aussi des représentantes du FOUTR ; FOUTR, Front d'Organisation Unie du Tapin Rénové. C'est la faction anarchiste. Mais elles sont très minoritaires. C'est comme le MSSA : Mao Spontex Super Absorbants. Mais c'est justement ceux-là qui sont redoutables. Ce sont de très bons agitateurs. » « Merde alors » dit Delchiotto. « J'aurais dû lire les papiers du syndicat. » « Mais enfin qu'est-ce que les putes viennent foutre avec les étudiants ? » « Ils ont un slogan » dit Azeta « Prostituées, Prolétaires, Même Combat. » « Et les étudiants, là-dedans ? » « Eh bien vous savez, par " prolétaires " ils veulent dire " étudiants ". Ça démontre la primauté du signifiant. » « Ah, ça va, hein ! » dit Delchiotto. « Ils ont comme base théorique la troisième topique de Wilhelm Reich. » « Ah ! Le Troisième Reich ! En effet ! Vous savez, à cette période de sa vie, Reich était complètement paranoïaque ! Il rêvait de réorganiser le monde ! D'instaurer un ordre nouveau ! De la folie ! De la folie pure ! » Il s'arrête, et reprend : « Comment allons-nous faire pour passer ? » « Il faut les suivre » dit Azeta. « Les suivre ? Mais

191

nous n'allons tout de même pas nous joindre à eux ? »
« Nous ne nous joindrons pas à eux, nous ferons seulement un bout de chemin avec eux. Nous ne serons pas avec eux par le cœur. » « Mais si on nous voit ? Si on nous reconnaît ? De quoi aurons-nous l'air ? » « Ça n'a pas d'importance. Il ne faut pas se préoccuper de savoir de quoi nous avons l'air. Il faut faire notre devoir. Pensons à ceux qui nous attendent. Il faut défendre le congrès contre l'anarchie. » « Vous avez raison mon petit » dit Delchiotto. La larme à l'œil, il marmonne : « Comment ai-je pu dire tant de bêtises tout à l'heure ? » « Je ne sais pas, Monsieur » constate Azeta le regard à terre. « Bon, allons-y ! » se reprend Delchiotto. « On se tiendra sur le côté, hein, pour pouvoir se dégager. » Et nous avançons au rythme de la vague. Un garçon passe son bras sous le mien. Je tente de me dégager mais il me regarde d'un air surpris, je comprends que dans ces circonstances ça ne se fait pas. Je laisse mon bras dans le sien. Je le regarde furtivement, il porte un jean et un caban, et une casquette sur la tête. Il défile le nez en l'air, les yeux braqués sur les lendemains qui chantent. Il a l'air parfaitement naturel et à l'aise. Ce doit être un habitué. La plupart des gens là doivent être des habitués. Ils doivent venir aux manifs comme autrefois on allait à la messe. Certains vont sans doute aux deux. C'est vrai qu'on est plutôt bien, dans ce mélange de chaleur et de froid : le froid au-dessus des têtes, la chaleur au-dessous. Et puis on est avec les gens. C'est si rare d'être avec des gens. Je veux dire quand on se promène dans la rue, dans le train — c'est ça, tiens, quand on sort du train le matin, qu'on est entouré, porté par tous ces gens, dans les escaliers et le couloir

qui mène aux guichets, on est dans la même situation physique ; et pourtant par ailleurs ce n'est pas du tout la même chose, on est complètement isolé, comme au cinéma ou dans les grands magasins, si une personne vous intéresse et qu'on ait envie de la regarder on fait ça par en dessous de peur que ça ne se voie, c'est drôle quand même. Ici c'est le grand troupeau, les gens sont ensemble ; en tout cas davantage qu'ailleurs. Et puis aussi on peut crier. Les gens se sont mis à crier des slogans, je ne sais pas très bien quoi ; le type qui me donne le bras, il crie en ouvrant la bouche toute grande, on voit ses dents, qu'il a blanches et bien plantées d'ailleurs. Quelqu'un d'autre passe son bras sous le mien, de l'autre côté ; c'est Azeta. Il en profite pour essayer de me tirer, avec son bras ; il me tire, je comprends que c'est pour essayer de dégager mon autre bras qui est dans celui du type à casquette. Il m'énerve, Azeta. D'une saccade je dégage mon bras du sien. Il le reprend et essaie de me dire quelque chose à l'oreille, mais je n'entends rien, avec tout ce bruit. Il s'époumone mais ça ne sert à rien. Il faut dire aussi que je n'ai pas envie d'entendre. Je comprends maintenant pourquoi je n'y suis jamais allée auparavant, quand il était encore temps, quand j'étais étudiante. Ce n'est pourtant pas qu'il ne se passait rien, au contraire. Sous ce rapport, c'était justement, comme on dit, les belles années. Qu'est-ce que je pouvais bien faire pendant ce temps-là ? Qu'est-ce que je faisais quand il y avait une grève ? J'étais contente parce qu'il n'y avait pas de cours, je m'enfermais dans ma chambre et je lisais. Je me disais : « C'est toujours autant de pris. » Autant de pris pour quoi ? Qu'est-ce qui est resté de toutes ces lectures ? Il y avait un gouffre au fond de moi dans lequel elles tombaient les unes après les autres, à peine avalées, sans laisser de traces. J'espérais que j'y apprendrais enfin des choses sur la vie, je n'y ai rien appris du tout, j'ai seulement laissé passer du temps. Je croyais que dans le petit coin sombre où je m'étais tapie, un lent travail se faisait. La réalité est que je suis passée à côté, et je ne sais même pas à côté de quoi. Je me dis en marchant, là, avec les autres : peut-être que c'est ça, vivre. Peut-être que c'est une succession de moments comme ça. Ce n'est pas que je me sois tout d'un coup découvert une vocation politique. Mais en ce moment, je marche avec les autres, et pour une fois je marche au lieu de me regarder marcher. On pourrait dire aussi que je me regarde ne pas me regarder marcher. Mais enfin quand même, je me sens bien. Pour une fois, je ne suis pas à côté de ma vie mais droit dedans, je ne sais pas pourquoi ni comment. Je ne sais pas non plus où ça me mène. Peut-être que bientôt ça sera fini. Tout à l'heure on arrivera devant la Fac et là il y aura les flics et alors tout le monde s'arrêtera sauf Delchiotto and Co qui auront de belles cartes à montrer aux flics et alors moi je passerai avec eux et une fois qu'on sera à l'intérieur on s'apercevra qu'il n'y a plus de congrès parce que les gens n'auront pas pu rentrer mais ça ne fait rien ça n'est pas ça qui les dérangera, ils mettront ça sur les circonstances extérieures, et ils se feront leur minicongrès tout seuls, ils se diront : on est bien mieux entre nous là tous au chaud à faire des gloses de gloses et à se donner des coups par en dessous entre gentlemen qu'on est redevenus, qu'à être là dehors où ça gueule, où les étudiants crachent sur les flics qui frétillent de la matraque. De temps en temps ils iront à la fenêtre voir où ça en est, avec au fond d'eux-mêmes un vague espoir que les choses se gâtent vraiment, de sortir de leur cage là un peu pour voir, mais alors un espoir vraiment très vague parce que quand même si ça se gâtait vraiment ce serait ennuyeux, il faudrait y mettre le holà. Mais enfin quand on sait que de toute façon ça ne va pas vraiment se gâter ça n'est pas si mal, ça désennuie un coin de la tête. Alors ils iront de temps en temps aux fenêtres et ils regarderont ce qui se passe quatre étages plus bas. Et ils en profiteront pour taper verbalement sur les étudiants, ces emmerdeurs qui vous rappellent sans arrêt que vous n'êtes plus jeune, et qui par ailleurs vous obligent à prendre des airs vertueux, à camoufler vos motifs naturellement égoïstes sous le titre : « Intérêt des étudiants ». Vraiment, ces étudiants sont bien chiants, ils encombrent trop la vie. S'ils pouvaient prendre quelques petits gnons sur le coin de la gueule, ça serait bien fait pour eux. Juste assez pour qu'on ait une petite heure de spectacle. Ça leur apprendrait à se taire, et puis le lendemain on en parlerait dans les journaux, il y aurait des réunions syndicales pendant lesquelles on se sentirait grands et désintéressés, on se sentirait des mecs, quoi, et on rédigerait des motions pour le Secrétariat d'État, expression magique, qui vous donne de l'importance rien qu'à la proférer. Ça change du train-train des cours. Et il faut dire que sur le moment aussi, il ne faut pas l'oublier, ça a été drôlement bien : on regarde d'en haut, on ne risque rien, on voit que ça bouge, que ça crie, que ça cogne. On ne voit pas très bien comment, on est trop haut, on ne peut pas voir le détail ; c'est ça qui est embêtant, qu'on ne puisse pas voir le détail ; mais enfin d'un autre côté aussi ça favorise les imaginations, chacun se fait sa petite idée, on confronte les versions différentes, on se met d'accord ou au contraire on refuse de lâcher du terrain, on se fâche, on décharge son agressivité ; et puis le lendemain on tombe tous d'accord pour en vouloir aux journaux qui ne font jamais honnêtement leur travail, c'est entendu, soit qu'ils tentent d'étouffer l'affaire (pour « faire le jeu du pouvoir qui ne veut pas effrayer l'opinion »), soit au contraire qu'ils la montent en épingle, toujours pour faire le jeu du pouvoir, qui cherche toujours à effrayer l'opinion. Enfin là-dessus on s'arrange pour tomber d'accord, sauf ceux qui profitent de l'occasion pour régler quelques mauvaises querelles. Mais ceux-là on n'a pas de pitié pour eux, ils font ça à leurs risques et périls. Et puis aussi on tombe à peu près d'accord, sauf quelques irréductibles, pour condamner l'attitude du Secrétariat d'État qui est toujours d'une maladresse incroyable. Enfin tout ça ça occupe. Il ne faudrait pas que ça arrive trop souvent, mais de temps en temps ce n'est pas une mauvaise chose. Surtout qu'on n'y est absolument pour rien, bien entendu, on fait son travail, on ne fomente pas de révoltes. Il n'y a qu'à regarder d'en haut et après, à discuter le morceau. Sur le moment on fait toujours comme si c'était plus grave que ça ne l'est en réalité. Ça a un côté enfantin, on en est puni le lendemain parce que quand on apprend que finalement il n'y a pas eu de morts, quand on voit que l'unique blessé qui balade à travers les couloirs l'insigne blanc du courage s'est seulement foulé le pouce, alors forcément on est un peu déçu : on paie l'emballement de la veille. Dans la vie les emballements ça se paie toujours. Par ailleurs, toutes les bonnes choses se paient, alors il ne faut pas trop regretter. Peut-être que ça sera mieux la prochaine fois. Maintenant il faudra attendre au moins six mois avant que ça ne se gâte à nouveau. On a quand même pris son pied une bonne fois. Ça aide à vivre, ça fait patienter.

Ça c'est ce qui va se passer là-bas, bientôt, sans doute. Pour l'instant on marche; je marche. J'ai fini par discerner ce que les autres gueulaient et je me suis mise à gueuler avec eux. A côté de moi Azeta serre les dents comme à son habitude. Je ne sais pas comment il ne se les casse pas à force. Le type de l'autre côté secoue son bras avec le mien tout d'un coup. Je le regarde, il me regarde; il me sourit, je lui souris. Il m'a donné un bon sourire, un peu supérieur, plutôt sympa. Après il a de nouveau détourné son visage en direction des lendemains. Moi je me dis que je n'aurais sans doute pas dû répondre à son sourire; je me demande ce qui m'a pris. Prise; prise. On ne répond pas comme ça au sourire des hommes rencontrés dans la rue, Isabelle. Sinon où finit-on? Au bordel, Isabelle, au bordel. Je me suis souvent demandé comment c'était un bordel; un jour j'ai demandé à Azeta; il m'a répondu d'un ton sec qu'il ne savait pas, qu'il n'y était jamais allé. C'est drôle, je croyais que les hommes y allaient. D'autant plus qu'à Ypallage il paraît qu'il y en a beaucoup. C'est pour ça que le mouvement des putes y est puissant. A propos je me demande où elles sont les putes? Pourquoi je dis les putes aussi? Pute c'est plutôt désagréable; c'est comme négro, bicot, youpin, nana. Pute, qu'est-ce qu'on peut dire d'autre? Putain, prostituée, péripatéticienne, respectueuse (le pire : respectueuse de quoi? on vous service la quéquette et il faudrait encore qu'on vous la respecte?), demoiselle de petite vertu, dame de mauvaise vie, demi-mondaine, traînée, fille perdue, fille de joie, fille à matelots. Je ne sais pas ce qu'il faut dire. Putain, c'est démagogique, péripatéticienne ça fait esthéticienne, prostituée c'est comme clitoris ou orgasme, ça fait médical. Il n'y a pas de bon mot, je me demande si quand il n'y a pas de bon mot c'est qu'il n'y a pas de bonne chose. Mais voilà que je me remets à philosopher maintenant. Je me reprends, je me dis : « Tais-toi et marche ! » On marche. Insensiblement le paysage se modifie. La colonne est encadrée par deux farandoles d'étudiants, main dans la main, nez au vent. On dirait qu'ils dansent si ce n'était que le rythme s'est ralenti, on est passé de la randonnée à la marche funèbre. Puis les rangs se serrent, on arrive à la petite rue étroite dans laquelle se trouvent les portes de l'université. On s'y engage mais on s'arrête au bout de quelques pas. Les slogans s'arrêtent aussi et sont remplacés par un grondement. Les flics sont là. D'où je suis on ne les voit pas mais on les imagine très bien ; là en cordon, la rangée de Martiens avec leur cuirasse de Plexiglas, et la matraque prête, l'i aveugle, on les voit à travers la masse des corps. Le grondement ne dure pas longtemps ; le chant reprend, cette fois trois syllabes puis deux. Delchiotto fend la foule ; il coupe le cordon, il brandit une carte tricolore en criant : « Laissez-moi passer. » On le laisse passer, et le reste de la petite bande s'engouffre à sa suite dans la trouée, Azeta me tirant par le bras m'arrache du camarade à casquette. Delchiotto, exhibant sa carte et énonçant sa condition, parvient à franchir tous les barrages de police. Nous voici à l'intérieur du bâtiment ; mais contrairement à ce que j'avais imaginé, nous ne montons pas au quatrième étage : au contraire nous descendons en direction de l'amphi du sous-sol. Là nous entrons par la petite porte du fond, derrière la chaire, l'entrée des professeurs. L'amphi est plein. On distingue assez vite deux foules différentes. Il y a la foule assise, occupant sagement les gradins, attendant son cours : le public du congrès. Regardant l'horloge au fond de la salle, je m'aperçois que nous avons une heure et demie de retard. Pour peu que ces gens-là soient arrivés à l'avance, comme on fait dans ces cas-là pour avoir des places, ils doivent être là depuis deux heures, sans pouvoir sortir, le cordon de police interdisant aussi bien la sortie que l'entrée. Cependant ils sont patients, ils attendent. Il faut dire aussi qu'on s'occupe d'eux : car la deuxième foule, qui se reconnaît d'abord à sa station debout, ensuite à sa bigarrure et à la touffeur du poil, leur fournit un spectacle préliminaire. A bien regarder, et quoique je ne les voie que de dos, ce deuxième groupe se subdivise lui aussi en deux, selon que le système vestimentaire de chaque individu se caractérise par le port du pantalon ou de la jupe. Non qu'il s'agisse principalement d'une distinction de sexe. En effet, si le port de la jupe — de la minijupe plutôt — semble entraîner une adhésion au sexe féminin, il n'est pas sûr, en ce qui concerne la composition des composants du sous-groupe à pantalon, que cette adhésion fasse partie de la structure profonde de ces individus. Et en ce qui concerne le sous-groupe (+ blue-j), la longueur du poil, relative car le poil y est long chez tous les individus mais plus long cependant chez certains que chez d'autres, permet de distinguer entre masculin et féminin, et de constater que le féminin semble y être représenté à raison du quart environ. Les deux sous-groupes (+ minij.) et (+ blue-j.) bien que manifestement d'accord quant à leur union à l'encontre du groupe assis, semblent cependant avoir quelques divergences. Ainsi dans chaque sous-groupe un individu, manifestement un meneur, puisque doté de la parole, s'adresse à la foule assise. Mais ces deux meneurs parlent en même temps et se gênent l'un l'autre. Ils parlent, ou plutôt ils crient, surtout une blonde aux cheveux d'ange moussant autour de la tête et jusqu'aux épaules, avec son tee-shirt noir, sa minijupe à carreaux, son ceinturon en cartouchière sur les hanches, son collant noir, ses bottes blanches au mollet, dont j'imagine qu'elles doivent être lacées par-devant jusqu'en haut. Elle se tient debout sur l'estrade, jambes écartées, elle a pris un micro, elle le tient devant elle ; et l'autre, la tignasse noire aux boucles défaites, il se tient différemment, pas du tout chanteur de rock comme elle, debout simplement, lui aussi il a pris un micro mais il ne le brandit pas vers le ciel ; ce qui est sûr c'est qu'il gueule aussi fort qu'elle, plus peut-être ; il a la voix profonde et plus chaude mais percée par moments par ses aigus à elle. La petite bande les regarde frappée de stupeur ; dans la salle les spectateurs bien sages nous regardent les regarder. Azeta dit : « C'est Kalgan, Simon Kalgan. » « Qui ça ? » dit Delchiotto. « Le meneur mao-spontex. Un transfuge des trotsks, mais alors maintenant, plus mao que les maos. Avec ça intelligent, beaucoup de charme. Il parle très bien. » « Comment savez-vous tout ça ? » « Je vais à leur A.G. » « Vous n'avez pas autre chose à faire que de vous montrer dans ces endroits-là ? Vous devez être sur la liste noire ! » « De toute façon » dit Azeta « il y a tellement de gens

dessus. Et puis comme ça on apprend des choses. »
« Quoi, par exemple ? » « Kalgan. C'est un spectacle,
Kalgan. C'est une couverture d'ailleurs. Ils l'appellent
Simon le Simple ; parce que c'est un compliqué. »
« Couverture de quoi ? » « François Térène. C'est un
autre, beaucoup plus dangereux, qui reste dans les
coulisses. En ce moment, vous pouvez être sûr qu'il
tire les ficelles de quelque part. Ils l'appellent Fanfan
le Taré. C'est parce qu'il sait ce qu'il veut. Il sait très
bien ce qu'il veut, celui-là. » « Qu'est-ce c'est que ces
histoires de fous ? » dit Delchiotto. « C'est un rapide
avec les filles, aussi, Térène », dit Azeta. « Il choisit
toujours des petites bourgeoises bien sages, si possible
avec des papas mandarins. Ça lui sert ; comme ça il
apprend des tas de choses : on appelle ça la méthode
Térène. » « La méthode quoi ? » « La méthode Térène.
D'après la méthode Tabard. Vous savez, *Baisers
volés.* » « Non », dit Delchiotto. « Non, je ne sais
pas. Et la fille ? » « Elle, je ne la connais pas. » « C'est
curieux », dit Delchiotto. « De dos, comme ça, il me
semble qu'elle me rappelle quelqu'un. » « C'est certainement la représentante du syndicat des putes. »
« Oh ! » dit Delchiotto. « Alors ce n'est pas possible. »
« Il faut y aller, Monsieur » dit Azeta. « Il faut faire
quelque chose. On ne peut pas les laisser garder le
contrôle de la situation comme ça. » « Vous avez
raison » dit Delchiotto. « Vous croyez qu'il faut que
j'y aille ? » « Oui, Monsieur. » « Bon. » Et il fend les
chevelus, il monte sur l'estrade, il arrive derrière
Kalgan, il lui dit quelque chose ; on n'entend pas quoi.
Kalgan se retourne ; il le regarde lentement d'un air
moqueur. Il a une tête de beau gosse, des yeux très
noirs, la bouche grande. Son regard descend lentement

de la tête de Delchiotto jusqu'aux pieds, puis remonte, puis se détourne ; il se remet à parler. Autour de lui ça bouge, Delchiotto disparaît dans la foule des garçons et des filles qui l'entourent, tournent, parlent tous à la fois ; ils entourent même l'oratrice - chanteuse, on ne la voit plus ; ils nous entourent aussi, ils nous regardent, ils nous parlent, je ne comprends pas ce qu'ils disent, j'entends des mots, je n'arrive pas à les lier ensemble pour obtenir un sens, il y a beaucoup de bruit, des bruits ambiants dont on ne parvient pas à discerner la source, et beaucoup de mouvements, des mouvements qu'on ne comprend pas, qu'on ne suit pas ; je suis complètement passive, je ne sais pas où sont les autres. Et puis soudain ça se disperse, les rebelles s'en vont : en groupe, passant un par un par la petite porte du fond. Pas tous cependant : il en reste trois ou quatre, Kalgan parmi eux. La prostituée blonde a disparu. Ils sont groupés là, les quatre restants, autour d'un micro ; Delchiotto très rouge s'éponge le front. « Où est Vogel ? » dit Azeta. « Vogel ? » dit Delchiotto. Il n'a pas l'air de comprendre ce qui se passe. « Vogel n'est plus là » dit Azeta. « Il est peut-être parti à les toilettes » dit Anna Graham. « Ne dites pas de bêtises » dit Azeta. Décidément, il s'oublie. « Où est Vogel ? » dit Delchiotto. « Il n'est pas là, Vogel ? » « Vogel a disparu » dit Azeta. « Il n'a pas disparou » dit Anna Graham. « C'est ridikioule. Il est allé à les toilettes. » « Mais oui » dit Delchiotto. « Il est probablement allé aux toilettes. » « Il vous a dit qu'il allait aux toilettes ? » dit Azeta à Anna Graham. « Bien sûr il ne me l'a pas dit. Quelle question. C'est ridikioule. » On entend une voix qui reprend en écho : « Ridicoule ! Ridicoule ! » C'est

Kalgan. « Il n'a pas pu aller aux toilettes » dit Azeta. « Ça ne tient pas debout. » « Pourquoi ? » dit Delchiotto. « Après tout ce qu'il a bu ce midi, c'est plutôt lui qui ne tenait pas debout. » « Il n'a pas pu aller aux toilettes » dit Azeta « parce qu'il ne savait pas où elles se trouvent. » « Élémentaire, mon cher Watson » énonce Devigne à la stupéfaction générale. « Quelqu'un d'entre vous » dit Azeta, s'adressant aux révolutionnaires au poil dru, « a-t-il indiqué au Professeur Vogel le chemin des toilettes ? » « Dis donc » dit Kalgan « tu pourrais être poli, mon vieux. J'aime pas qu'on me parle sur ce ton. » « Ne fais pas le malin, Kalgan » dit Azeta. « C'est sérieux ! » « OK — Vieux » dit Kalgan. « Comme on est de bons petits, on va s'en occuper, de ton Professeur Ta Gueule. » Il se retourne vers les gradins, approche le micro de sa bouche, se balance lentement avec, et énonce d'un ton chantant, sur un rythme beat : « Annonce au Public — Quelqu'un d'entre vous — A-t-il indiqué — au Professeur Ta Gueule — Le chemin des toilettes ? » Pour la première fois l'auditoire s'anime. Bruits et mouvements divers. Des gens se lèvent. Kalgan se balance toujours ; il claque des doigts de sa main libre. Il reprend, plus fort cette fois, et plus chanté, la même annonce. Quand il a fini, il secoue la tête et dit : « Dou — bi — dou — ah. » « Vas-y Simon » crie un de ses camarades. « Il y a de quoi devenir fou », dit Delchiotto. « T'inquiète pas, Duchnoque », dit Kalgan, hors micro « T'es déjà trop bien parti comme ça, il peut plus rien t'arriver de pire. » « Ce n'est pas la peine d'insister, Monsieur » dit Azeta. « J'ai trouvé : il suffit d'aller voir aux toilettes, c'est le meilleur moyen de savoir si Vogel y est ou non. » « Élémentaire, mon cher Watson », dit Devigne à Lafeuille. « Mais oui, Bon Dieu » s'écrie Delchiotto. « Comment diable n'y ai-je pas pensé plus tôt ! » « Bon » dit Azeta « On y va. Tous ensemble, en rangs serrés, hein. Surtout que personne ne se sépare. Un disparu, ça suffit comme ça. De toute évidence, l'Université est tenue par les rues. » Et nous sortons, toujours deux par deux, comme au pensionnat. Kalgan est déjà retourné à son micro. Très satisfait de pouvoir à nouveau mobiliser le terrain, il recommence à haranguer les foules. En parcourant le couloir qui sépare l'amphi des toilettes, l'atmosphère se fait lourde, inquiétante, la marche se ralentit ; ça tient maintenant davantage du jeu de piste ; je réprime avec peine une envie absurde de tenir la main d'Anna Graham qui marche à côté de moi. En arrivant devant les toilettes, Azeta nous fait signe de nous arrêter, un doigt sur la bouche. Nous nous arrêtons, il pousse précautionneusement la porte, passe la tête par l'ouverture, entre. Delchiotto entre à son tour. Nous attendons. Ils ressortent. « Il n'y a personne » dit Azeta, fier de lui. « Il n'est pas là » appuie Delchiotto. « Peut-être qu'il s'est perdou, quand il est sortou », dit Anna Graham. « Pas sortou, sorti » dit Delchiotto. « Qu'est-ce qu'on va faire ? » dit Lafeuille. « Il n'y a qu'à demander à Watson », dit Devigne. « Qui est Watson ? » demande Delchiotto. « C'est un ami de Sherlock Holmes », dit Azeta. « Qu'est-ce que Sherlock Holmes vient faire ici ? » dit Delchiotto. « Rien, Monsieur, c'est une façon de parler. » « Ce n'est pas le moment de plaisanter » dit Delchiotto. « Qu'est-ce qu'on va faire maintenant ? » « Il faut trouver Térène. » dit Azeta. « Je suis sûr que Térène détient la clé du mystère. » « Qui c'est, Térène ? » dit

Delchiotto. « Je vous l'ai dit, Monsieur, c'est le meneur MSSA, celui qui tire les ficelles. » « Qu'est-ce que c'est que ça, MSSA ? » dit Delchiotto. « Je vous l'ai dit, Monsieur : Mao — Spontex — Super — Absorbants. » « Qu'est-ce que ça veut dire ? » « C'est une allusion, Monsieur, une allusion qui se veut à la fois, comment dirais-je, libertine et libertaire. » « Mais enfin Azeta, soyez clair, qu'est-ce que c'est que cette allusion ? » « Une allusion aux tampons, Monsieur. » « Les tampons ? Quels tampons ? Expliquez-vous, voyons, je ne comprends pas. » Lafeuille se racle la gorge, Devigne fait écho. « Mais si je vous explique, Monsieur » dit Azeta, « alors ce ne sera plus une allusion. » « Ne faites pas le finaud avec moi, Azeta » dit Delchiotto. « Des tampons Tampax » dit Anna Graham. « Quoi ? » dit Delchiotto. « Il ne doit pas y avoir d'allusions sur ces choses » dit Anna. « Il est temps que les femmes vivent pleinement leur sexualité. » « Ne parlez pas de ce que vous ne connaissez pas, Graham » dit Delchiotto. « Comment peut-on dire des choses aussi dégoûtantes. » « La sexualité femelle n'est pas dégoûtant » dit Anna. « C'est une fonction naturelle. Tout ce qui est naturel est beau. » « Arrêtez de dire des conneries » dit Delchiotto. « Le mot " connerie " est une injure sexiste » dit Anna. « Personnellement, je suis très fière d'avoir un con. Je trouve que le con c'est beaucoup plous beau que la bite. Dans ma section du Women's Lib, *Sappho Collective N° 4,* nous avons consacré une séance au sexisme du vocabulaire français ; j'ai démontré que c'était dû à la présence dans le système grammatical du genre artificiel. Nous avons rédigé une motion en faveur de l'adoption du mot " biterie ", à la place de " connerie ''. » « Vous nous emmerdez, Graham », dit Delchiotto. « Merde vaut pour les deux sexes. Allez débiter ailleurs. » « C'est ça » dit Anna « je vais rejoindre Kalgan. Il n'a pas l'air mal, ce garçon ! » « Faites attention, Anna », dit Azeta. Elle est déjà partie. Elle trotte dans le couloir comme une grosse souris grise. « De mieux en mieux » dit Delchiotto. « Bon alors qu'est-ce qu'on fait ? » « Il faut retourner dans l'amphi » dit Azeta « Il est évident maintenant que Vogel a été kidnappé. Ils ont dû l'enfermer quelque part et ils attendent. C'est une prise d'otage. Il faut faire un appel au public, au cas où quelqu'un aurait remarqué quelque chose. Ensuite, il faudra fouiller tout le bâtiment. » « Bon, on y va » dit Delchiotto. « Dix petits Indiens » dit Lafeuille. « Qu'est-ce que c'est que ça ? » dit Delchiotto. « C'est une allusion ! » dit Azeta. « J'en ai assez de ces allusions incompréhensibles ! » « Monsieur, Monsieur » dit Devigne. « Nous n'avons fait que les toilettes des femmes. » « C'est vrai » dit Lafeuille. « D'ailleurs, c'est interdit. » « Mais oui » dit Delchiotto « si Vogel était aux gogues, il me semble que ce serait plutôt chez les hommes. » « Où est-ce ? » dit Devigne. « De l'autre côté du couloir », dit Azeta. Nous retournons sur nos pas. Dans un des urinoirs, on distingue, malgré la pénombre grandissante, une forme. « Vogel ! » s'écrie Delchiotto. « Non », dit Azeta « c'est le professeur Lavitrine. » « Qu'est-ce que le Professeur Lavitrine fait ici ? » demande Lafeuille. « Je pisse » répond la forme. « Vous n'avez pas vu Vogel ? » demande Azeta. « Je n'aime pas qu'on me parle quand je pisse » dit la forme. Tout le monde sort. « Qu'est-ce que ce con faisait là-dedans ? » demande Delchiotto. « Il est venu au Congrès, Monsieur » dit Azeta. « C'est étonnant, je ne l'avais pas invité exprès. » « Ce n'est pas étonnant » dit Devigne. « Il suffit d'enlever la syllabe du milieu. » « La syllabe du milieu, ah ah ah ! » fait Lafeuille. « Vous êtes fatigant avec vos allusions ittéraires », dit Delchiotto. Cette fois nous retournons dans l'amphi. Kalgan tient le micro. Il crie : « Nous les aurons, camarades ! Venez avec nous, camarades ! Tiens, les revoilà, ceux-là ! Alors, vous l'avez retrouvé, Sa Gueule ? » « Passez-moi ce micro, Kalgan », dit Delchiotto. Il prend le micro avec une fermeté surprenante ; Kalgan se laisse faire. « Mes amis » crie Delchiotto dans le micro. « Il vient de se passer une chose très grave. Je vous en prie, ne vous affolez pas ! » Immédiatement les neuf dixièmes de l'assistance se lèvent et se dirigent vers les issues derrière les gradins. « Écoutez-moi, mes amis, je vous en prie, écoutez-moi » crie Delchiotto. Mais les gens se bousculent aux portes. Bientôt il ne reste plus qu'un vieillard qui, renversé sur le dos dans une des allées, agite faiblement les jambes, et une quinzaine de fidèles qui, stoïques, n'ont pas bougé de leurs places. « Je vous remercie, mes amis », dit Delchiotto. « Je vais vous expliquer. Il est absolument inutile de s'affoler, cependant notre collègue et savant, le Professeur Peter Vogel, de l'Université de Düsseldorf, dont nous attendions tous avec impatience la communication sur la mutation vocalique qu'il devait faire demain matin, et qu'il fera certainement encore, si, euh, voyons, où en étais-je ?... » « Vogel a disparu », souffle Azeta. « Ah oui », dit Delchiotto. « Vogel a disparu. Nous avons certaines raisons, euh, certaines raisons de penser qu'il a été kidnappé par un mouvement, euh, le, par un

207

mouvement anarchiste. » Les quinze fidèles poussent en chœur un « oh » où l'horreur se mêle à la stupéfaction. Par terre, dans l'allée, le vieillard ne bouge plus. « Mes amis, je fais appel à vous, car nous avons absolument besoin de votre aide. Nous devons retrouver le Professeur Vogel. Nous pensons que le, euh, que ces terroristes l'ont enfermé quelque part dans le bâtiment pour en faire leur otage ; en effet, euh... » « Ils sont faits comme des rats, à cause de la police qui garde toutes les issues » souffle Azeta. « Oui », dit Delchiotto. « De toute façon, ils sont faits comme des rats, à cause de la police qui bloque toutes les issues. Quelqu'un d'entre vous a-t-il vu quelque chose ? » « Non » crient les fidèles. « On n'a rien vu. » « Bon » dit Delchiotto. « Dites-leur de se joindre à nous pour fouiller le bâtiment pièce par pièce » dit Azeta, « en commençant par le bureau du recteur ». « Très bien », dit Delchiotto. « Vous allez venir avec nous ; et nous fouillerons le bâtiment pièce par pièce, en commençant par le bureau du recteur. » Il abandonne le micro, les gens se lèvent, nous marchons vers la sortie du haut ; en passant dans l'allée nous enjambons le corps du vieillard. Un filet de sang a coulé du coin de sa bouche jusque sur la moquette. Dans le hall d'entrée, au haut de l'escalier, il y a foule : ceux qui s'étaient précipités vers les sorties tout à l'heure sont là ; ils regardent, à travers les portes vitrées, le dos des C.R.S. immobiles, jambes écartées, bras au corps. « Zut alors », dit Azeta, « ça fait beaucoup trop de monde, il va falloir se débrouiller tout seuls. Allez, venez ! » Nous le suivons, à travers couloirs et escaliers, monter, descendre, traverser, finalement nous nous trouvons devant une double porte de verre opaque gardée par un homme en uniforme. « Professeur Delchiotto » dit celui-ci, montrant sa carte. « C'est très grave. » L'homme ouvre les portes. A l'intérieur il y a de la vraie moquette, bien épaisse, et des angelots cellulitiques sourient au plafond. « Écoutez » dit Azeta, « nous n'allons pas faire irruption chez le recteur en troupe. Vous y allez, Monsieur, nous on commence à chercher, on viendra vous rejoindre ici tout à l'heure. Isabelle tu restes avec lui » dit-il en me poussant vers Delchiotto. « Je me sentirai plus tranquille, ici tu ne risques rien. » « C'est cela », me dit Delchiotto, « votre charmant sourire, Mademoiselle, amortira pour Monsieur le Recteur le choc de la nouvelle. » Azeta, Lafeuille et Devigne ressortent ; Delchiotto frappe à la porte du bureau du recteur. « Entrez », entend-on.

Le bureau est plein de monde ; c'est la troupe chevelue qui occupait l'amphi tout à l'heure. Ils y sont tous, même Kalgan qui a dû parvenir là très rapidement par je ne sais quel raccourci. La prostituée blonde est assise sur une chaise près de la porte, les mains pendantes entre ses cuisses ouvertes, la tête penchée de côté, l'air pensif. Je la regarde et je pense : « Je voudrais être comme toi ; je t'aime. » Mais elle ne me voit même pas, elle a le regard dans le vague, peut-être fatiguée après ses efforts microphoniques tout à l'heure. Le long de ses jambes est affalé un grand saccabas. Son blouson de cuir blanc est ouvert sur un pull noir trop fin et trop échancré ; elle doit avoir froid. Sa raie au milieu, son nez retroussé tacheté de son, sa bouche entrouverte comme celle d'un enfant souffrant des végétations m'emplissent de tendresse ; je l'aime. A part elle je ne vois pas grand-chose car devant

Delchiotto et moi on ne distingue que des dos et un bruit confus de voix. Cependant au bout de quelques instants l'une de ces voix se fait énergique pour dire : « Taisez-vous, c'est Térène qui parle. » Ce « Taisez-vous » a dû rappeler à Delchiotto un certain nombre de notions comme pouvoir, hiérarchie, autorité car il s'élance en avant en jouant vaillamment des coudes. Il n'a d'ailleurs pas à en jouer longtemps, la foule s'ouvre devant lui comme le Jourdain devant les anciens Hébreux et on voit, au fond de la trouée, une tranche de bureau et le recteur assis derrière. « Monsieur le Recteur » dit Delchiotto, « Vogel a disparu. » « Qui a disparu ? » dit le recteur, un homme métallique qui n'a apparemment rien perdu de son calme. « Le professeur Vogel, Monsieur le Recteur, de l'Université de Düsseldorf, je l'avais invité à un congrès, vous savez le congrès sur la Renaissance italienne, auquel vous aviez promis d'illustrer le cocktail de votre présence ce soir. » « En fait de cocktails » dit le recteur, tapotant de la main le bord du bureau dans un geste d'énervement, « ils seraient plutôt à la sauce bolchevik que bolonaise. Qu'est-ce qui lui est arrivé, à votre Vogel ? » « Il a disparu, Monsieur le Recteur, ce sont eux, nous avons fouillé les toilettes de fond en comble et il n'est nulle part, et... » « Pourquoi, vous aviez des raisons de penser qu'il avait été enfermé dans les toilettes ? » « Non », dit Delchiotto, « Non, aucune raison particulière, mais... » « Alors, pourquoi dites-vous que vous avez fouillé les toilettes de fond en comble ? C'est complètement idiot tout ce que vous me dites là, mon pauvre Delchiotto, vous ne parvenez pas à faire face à la situation, ce sont les nerfs qui lâchent, c'est bien incompréhensible, alors laissez-moi tranquille avec votre Vogel, ils l'ont probablement enfermé dans un placard quelque part, on le retrouvera après, ça n'a strictement aucune importance, ils m'assurent qu'ils n'ont encore tué personne pour l'instant. Alors écoutez-moi Delchiotto, vous allez faire ce que je vous dis, vous allez trouver un endroit calme quelque part pour vous reposer un peu, reprendre vos esprits, je ne sais pas moi, votre bureau par exemple, vous devez bien avoir un bureau, vous êtes professeur titulaire ? » « Non, Monsieur le Recteur », dit Delchiotto, « enfin c'est-à-dire que j'en remplis les fonctions mais en réalité en se plaçant strictement du point de vue du grade je ne suis que maître de conférences et justement à ce propos je voulais vous dire... » « Oui, eh bien vous me le direz plus tard mon cher ami on s'occupera de ça en même temps que de votre oiseau, là. » « Quel oiseau Monsieur le Recteur ? » « C'est une allusion » dit le Recteur, « une métaphore si vous préférez. » « Encore » dit Delchiotto. « Comment encore » dit le recteur « ça ne m'étonne pas que vous n'ayez pas de chaire Delchiotto vous n'avez aucun sens de l'humour. Ah oui vous êtes maître de conférences donc vous avez un bureau, sous les combles avec téléphone mais pas de moquette. Bon alors vous allez vous reposer dans votre bureau, hein Delchiotto, vous calmer un peu, allez fichez-moi le camp d'ici nous avons à discuter de choses sérieuses, n'est-ce pas Kalgan, foutez-moi le camp Delchiotto, je m'occuperai de vous et de vos placards plus tard. » Avant d'avoir eu le temps de riposter Delchiotto se trouve poussé vers la porte qu'une main charitable a préalablement ouverte. La porte se referme. Moi on m'a oubliée, je reste près de la porte à côté de la fille au visage d'ange, et une voix, la même que tout à l'heure, crie à nouveau taisez-vous, deux ou trois autres voix dans la foule reprennent, tout le monde se tait. « Alors Kalgan » dit le recteur « qu'est-ce que c'est que cette histoire de bombe ? » « Je ne sais pas Monsieur » dit Kalgan « ce n'est pas moi qui l'ai mise, ce doit être un dissident, si toutefois cette bombe existe vraiment, ce dont je doute comme je vous l'ai déjà expliqué, à mon avis il n'y a pas de bombe du tout ou alors s'il y en a une c'est un piège de la réaction, une provocation du grand capital, les patrons veulent annexer l'université, nous ne les laisserons pas faire, tous unis... » « Ça va, ça va Kalgan » dit le Recteur. « Vous savez bien que je suis de votre bord. » « Oui Monsieur. » « Bon mais alors cette histoire de bombe, si c'est une provocation, vous comprenez, c'est très embêtant, d'après le coup de téléphone que nous avons reçu, cette bombe, si elle existe, n'éclatera que dans une demi-heure mais vous savez comme moi comment c'est ces engins-là, c'est artisanal, ce n'est pas sûr, le moindre choc et ça y est, ça pète hors de propos, enfin vous comprenez c'est très embêtant, cet engin n'est probablement pas très puissant, mais il y a quand même pas mal de monde dans le bâtiment, alors si jamais ça éclatait comme ça sans prévenir baoum dans les pattes de quelqu'un, ça pourrait faire du vilain, c'est pour le coup qu'on serait sûr d'avoir les flics dans l'université... » « Non à la provocation fasciste ! » dit Kalgan. « Mais oui mon vieux bien entendu je suis d'accord avec vous mais enfin il faudrait faire quelque chose, il faut que vos troupes s'y mettent, parce que moi vous comprenez si dans un quart d'heure vous n'avez pas retrouvé cet engin, il va falloir que j'appelle les pompiers pour déminer, et alors vous comprenez bien, une fois qu'on fait entrer les pompiers, alors là c'est terminé, il n'y a plus rien à faire, vous savez comme moi qu'il n'y a rien qui ressemble autant à un pompier qu'un flic déguisé en pompier, et alors là mon vieux nous sommes fichus une fois qu'ils sont dans la place : ils photocopient les archives, ensuite ils mettront le feu aux originaux, et on vous mettra tout sur le dos comme d'habitude, et moi je serai dégommé. Non, ce n'est pas possible, on ne peut pas laisser faire ça. » « Bon » dit Kalgan « entendu Monsieur ne vous inquiétez pas, on s'en occupe, donnez-nous cinq minutes, on va mettre un plan au point. » A ce moment je m'aperçois que l'ange de l'asphalte a disparu. Plus de boucles, plus de bottes, plus de cabas, la chaise à côté de moi est vide. Elle n'a pas pu fendre la foule, je l'aurais vue. Elle a donc dû sortir en douce. Je veux la revoir, je ne la reverrai peut-être jamais. Je sors à mon tour sans attirer l'attention. Je tourne dans le couloir, je sors par la porte opaque devant l'homme en uniforme, il y a trois couloirs possibles et un escalier, par un coup d'instinct je prends l'escalier, j'ai peur de faire du bruit, je monte l'escalier quatre à quatre, un couloir, un autre couloir, au bout du premier couloir il me semble apercevoir un éclair argenté : le cabas, le cabas argenté de l'ange au blouson, je la suis sur la pointe des pieds, je l'aperçois, aucun doute c'est elle là-bas, je rase le mur : si elle me voyait ? Mais elle est trop occupée à regarder devant elle, à droite, à gauche, je vois sa tête tourner, le bras s'arrêter dans un mouvement de danse ; mais derrière elle, elle n'y a pas pensé. Je suis tranquille, je la suis, je la retrouverai tout à l'heure. Soudain, en montant un escalier de plus, je m'aperçois que je suis en terrain de connaissance ; cet escalier, c'est celui qui mène à l'institut d'italien. Qu'est-ce que l'ange va faire là-bas ? Où s'est-elle simplement perdue ? La voici devant la porte de la bibliothèque, elle hésite, pousse la porte, je me cache dans l'embrasure, elle ouvre la porte du bureau de Delchiotto, elle entre, pose son cabas sur le bureau, pousse un soupir de soulagement. Je m'approche d'elle, elle regarde à l'intérieur du cabas grand ouvert ; je vois par-dessus son épaule un engin oblong enveloppé dans du papier journal, qui fait tic-tac ; et en même temps j'entends le bruit d'un pas lent et lourd dans l'escalier. Je vais voir, c'est Delchiotto, il monte l'escalier lentement, se tenant à la rampe d'une main, s'épongeant le front de l'autre, il s'arrête toutes les deux marches ; il ne m'a pas vue, je retourne dans le bureau, je dis à l'ange : il y a quelqu'un qui vient. Elle me regarde, affolée mais pas surprise : « Qu'est-ce que je fais de ça ? » Elle me montre l'objet dans son cabas comme une ménagère honteuse qui est allée s'acheter une bouteille de whisky pour boire toute seule. « Il faut t'en débarrasser, je ne sais pas moi, n'importe où vite. » Je regarde autour de moi, j'avise le bureau de Delchiotto, un bureau administratif en tube gris et bois verni avec quatre tiroirs ; j'ouvre un tiroir, il est vide. « Tu n'as qu'à le mettre là-dedans. » Avec beaucoup de précautions, comme on porterait un nouveau-né, elle prend le paquet et le dépose au fond du tiroir. Je m'apprête à refermer mais elle dit très vite « Non non attention doucement pas de chocs ». Je referme très doucement, le tic-tac étouffé se tait et maintenant les pas de Delchiotto se font plus distincts : il doit arriver au haut de l'escalier. Je prends l'ange par la main, je l'entraîne vers le placard au fond de la bibliothèque où j'ai vu un jour la secrétaire mettre son manteau, la clé est sur la porte, je pousse l'ange à l'intérieur et je la suis, je referme les portes sur nous. La première c'est facile, avec le loquet ; la deuxième, c'est plus difficile. Je réussis à la tirer avec les ongles, elle n'est pas fermée complètement ; ça ne fait rien, ça nous fait un peu d'air pour respirer, et on ne pourra pas nous voir. Les pas de Delchiotto font craquer le plancher de la bibliothèque, s'éloignent vers la gauche : le bureau, il va droit dans son bureau, bien sûr ! J'écoute de toutes mes forces dans l'obscurité du placard. L'ange me serre la main. Ce que je craignais ne manque pas de se produire après un temps beaucoup plus long que je ne l'aurais cru bien qu'infinitésimal : une déflagration épouvantable se produit, baoum comme disait le recteur, la tringle et les portemanteaux juste au-dessus de nos têtes nous tombent dessus, et juste après une étagère avec des fichiers, accompagnée d'un tas de gravats. Les portes du placard s'ouvrent toutes seules sous le choc, et au milieu de tout ça je n'ai pas manqué d'enregistrer le hurlement épouvantable qui a suivi la détonation. Je sens mon sang se glacer pendant que de petits morceaux de plâtre tombent sur ma tête, tombent, tombent encore et de là atteignent le sol en une pluie crayeuse. Soudain tout s'apaise, le temps coule à nouveau à une cadence normale, la vue m'est rendue ; l'ange et moi sommes assises par terre les jambes pendant en dehors du placard, la tête couverte de plâtre, un tas de fiches bibliographiques sur les genoux. L'ange me regarde et dit « Je m'appelle Lilli et toi ? » « Ça n'a pas d'importance, il faut aller voir Delchiotto. » S'il était mort, ce gros imbécile, quelle catastrophe ! En traversant la bibliothèque, tirant par la main Lilli qui se débarrasse du plâtre à grands coups de plat de la main sur ses vêtements, j'entends un râle affreux rrrâââ, Delchiotto n'est pas mort, pas encore en tout cas, il y a de l'espoir. J'entre dans le bureau toujours tirant Lilli par la main, et là d'horreur je lâche sa main. Le spectacle est épouvantable, c'est une boucherie, un abattoir. Delchiotto est assis par terre le dos au mur, sa tête retombe sur sa poitrine, il fait rrrâââ rrrâââ les jambes écartées, l'une est prise sous le bureau qui s'est effondré d'un côté avec un gros trou ; à partir du milieu de la cuisse cette jambe est une espèce de bouillie rouge, on ne distingue pas très bien avec le bois, sauf à un endroit où le sang sourd en faisant des bulles, comme l'eau d'une baignoire un peu bouchée qui se viderait mal. Je me tourne vers Lilli qui se tient la main sur la bouche, les yeux ouverts tout ronds, interdite ; je la secoue par l'épaule, elle ôte sa main, elle dit « On avait peur que ça ne marche pas ! » d'une toute petite voix puis « Oh le pauvre, le pauvre malheureux ! » Je la tire par le bras. « Qu'est-ce qu'on fait Lilli, qu'est-ce qu'on fait ? » Elle regarde Delchiotto : « C'est drôle, je le connais celui-là, je l'ai déjà vu quelque part » puis « Va chercher du secours, je reste là, je m'occupe de lui ». Je descends l'escalier quatre à quatre, j'enfile en courant les couloirs, je me retiens à la rampe pour ne pas glisser dans l'escalier suivant qui est ciré, et soudain je tombe en plein dans les bras d'un garçon courant en sens inverse : platch, je prends son torse en plein dans la joue. Il me tient par les épaules pour me regarder, je vois son visage bronzé, un nez fort, un peu tordu, des yeux noirs, des cheveux noirs aussi rejetés en arrière, un drôle de regard, surtout les yeux, très brillants ; il me dit d'une

voix rauque, un peu cassée : « Qu'est-ce que tu fais là,
qu'est-ce qui s'est passé ? » « Il y a une bombe qui a
éclaté. Delchiotto est blessé, là-bas dans son bureau. »
J'ai peur d'en dire trop, je ne le connais pas du tout ce
type-là, je ne sais pas qui c'est, il n'a pas l'air d'un flic
déguisé mais quand même. « Blessé comment ? Grave-
ment blessé ? » « Je ne sais pas, je crois que c'est sa
jambe, il y a du sang partout, Lilli est là-haut avec
lui. » « Lilli là-haut, merde alors » et il me prend par
la main, tout le monde se prend par la main aujour-
d'hui, et il monte l'escalier en m'entraînant après lui,
je n'ai plus de souffle, j'ai mal au cœur, les escaliers les
escaliers, monter descendre descendre monter, j'ai
horreur des escaliers j'ai toujours peur de tomber, en
haut en bas, on ne sait jamais où on en est. On arrive,
le type me dit hors d'haleine : « Où c'est ? » Je le
conduis, je l'amène dans le bureau, en voyant le
spectacle il a la même réaction que Lilli, la main sur la
bouche, il dit « Nom de Dieu c'est pas possible ! » Il
reste la bouche ouverte un instant puis : « Ah Nom de
Dieu c'est pas possible, quelle connerie. » Lilli reprend
en écho d'une petite voix calme « Oui François, quelle
connerie, on s'est fait avoir comme des mômes. »
« Qu'est-ce que tu as Lilli, qu'est-ce que tu t'es fait ? »
reprend le garçon François en se penchant sur elle.
C'est vrai que c'est affolant, elle a du sang partout sur
elle maintenant Lilli, elle s'est glissée entre Delchiotto
et le mur pour le soutenir, elle tient son torse contre sa
poitrine, la tête de Delchiotto est rejetée sur ses seins,
et les mains de Lilli ouvertes retombent de chaque
côté, où ai-je déjà vu ça, dans quel musée, dans quelle
église, dans quel film ? « Je n'ai rien du tout moi »
répond Lilli. « C'est de lui qu'il faut s'occuper, tu vois

là » dit-elle en montrant l'endroit où le bureau s'est effondré « il a la jambe complètement écrabouillée avec des morceaux de bois et de verre dedans, c'est horrible, regarde, il est en train de perdre tout son sang ! » Elle montre l'endroit où ça bouillonne toujours ; à côté sur le plancher une rigole de sang s'allonge en suivant le tracé des fentes entre les lames. « Il faut aller chercher de l'aide tout de suite » dit-elle. « Nous on ne peut rien faire, il peut mourir comme ça en se vidant de son sang comme un lapin, vite allez chercher du monde vite vite » elle parle d'un ton implorant, son visage est tordu par l'inquiétude. « Ça va, ça va, j'y vais, t'inquiète pas, je reviens tout de suite » dit le garçon François. « Toi, reste ici » me dit-il. « Il ne faut pas la laisser toute seule avec ça », et il montre le tas rouge qu'est Delchiotto. Il s'en va en courant. Je m'agenouille par terre, je tente de distinguer ce qu'il y a sous le sang, je ne peux pas, tout est uniformément rouge. J'ai de plus en plus envie de vomir. « On ne peut pas faire quelque chose pour l'empêcher de couler ? » dis-je, « Je ne sais pas, moi, un garrot, quelque chose ? » « Non » dit-elle « il ne faut toucher absolument à rien, il faut attendre. » Accroupie sur mes talons je regarde les bulles rouges se former et crever et la rigole gagner en long et en large sur le parquet. Delchiotto ne râle plus, je crois qu'il a perdu connaissance. Tant mieux pour lui. Sa tête retombe sur sa poitrine, les mèches de cheveux qu'il ramène soigneusement d'habitude de gauche à droite pour cacher sa calvitie pendent raides sur son front. Une partie de son crâne est cachée par la main de Lilli — la pute, une main qui va et vient en une course machinale qui se voudrait apaisante. Je crois qu'il a perdu connaissance mais tout d'un coup je me demande si ce n'est pas davantage. Son gros nez rouge est devenu violacé. Je regarde le visage de Lilli, elle baisse la tête et me désigne son autre main qu'elle a sur la poitrine de Delchiotto, à l'endroit du cœur. « Non » dit-elle. « Il n'est pas mort, le cœur bat, ce n'est que la jambe qu'il a d'atteinte, il ne faudrait pas qu'il perde trop de sang, c'est tout ; c'est une question de temps. Il ne faudrait pas qu'ils arrivent trop tard. Mais ils feront vite, on peut compter sur François, c'est un type très sensé, il n'a aucun intérêt à la mort de ce type, au contraire. Je le connais, d'ailleurs, ce type » dit Lilli. « C'est un pauvre type, complètement paumé. Qu'est-ce qu'il fait ici, dans ce bureau ? » « C'est son bureau. » « Comment son bureau ? Son bureau ? Tu veux dire que c'est un prof, ce type ? » « Un prof, oui. » « Un prof ? Quelle sorte de prof ? Un petit ou un gros ? Je veux dire ce n'est pas une mandarine quand même ! » « Si, Lilli, c'est ça, si tu veux, un mandarin, oui, en quelque sorte. » « Tiens c'est drôle, je ne sais pas pourquoi on s'imagine toujours que ces types-là, ils sont plus moraux que les autres... En fait ce n'est pas vrai, bien entendu... On ne voit pas pourquoi ça le serait... C'est pareil, moi quand j'étais étudiante... à Düsseldorf... Il y avait un type... un prof... je me souviens... Il nous faisait un cours de philologie... Il avait trouvé une théorie... Non, pas une théorie... Un système de classification... des voyelles... Ça avait quelque chose à voir avec les voyelles... Il appelait ça en français... Par ironie... C'était un type qui avait un certain sens de l'ironie... Le Système Loiseau... Je ne sais plus pourquoi... Pourquoi est-ce qu'il appelait ça comme ça... Ça n'a aucun sens... Le Système Loiseau... Je crois que ça devait avoir un rapport avec son nom... Je ne me souviens plus du tout de son nom par contre... C'est curieux... Je me souviens seulement du nom du type qui avait la théorie opposée... Un type qu'il ne pouvait pas souffrir... Il fulminait contre lui en chaire sans arrêt... Amfitéatrof il s'appelait l'autre type... C'était vraiment un nom extraordinaire... Pour un prof... Amfitéatrof... Mais l'autre type, là... Celui dont je veux parler... A Düsseldorf... Je ne me souviens plus de son nom... C'est drôle... Vraiment pas du tout... Il ne devait pas avoir un nom frappant, lui... Pour que je ne m'en souvienne pas du tout... Je ne sais pas pourquoi je parle de lui, d'ailleurs... Pourquoi il m'est revenu en mémoire... C'est vraiment curieux... Ah si... Lui aussi c'était une mandarine hein, et en même temps un client, comme celui-là... Enfin un client... Je n'étais pas encore du métier, à l'époque... Mais enfin... C'est la même chose... Un jour il m'avait fait venir dans son bureau... Il avait le souffle court... C'était vraiment dégoûtant... Je ne sais pas... A l'époque je n'étais pas habituée... Je ne connaissais pas ces choses-là... Ça m'a paniquée... Je suis sortie du bureau à toute vitesse... Le vieux salaud... Après il ne m'a plus jamais regardée... Pendant son cours il faisait comme si je n'existais pas... Alors finalement ça ne m'étonne pas tellement... Que celui-là aussi soit une mandarine... Il y a des clients qui parlent... Ils racontent ce qu'ils font... Ils prennent leur temps... Ça leur coûte mais ils préfèrent... Pas celui-là... Avec celui-là c'est du rapide... Du vite fait... En cinq minutes... Sans un mot... L'air honteux... Sauf quand il veut des spécialités, il paraît... Enfin ça c'est autre chose... Ce n'était pas avec moi qu'il allait chercher ça de toute façon...

Avec moi il était très régulier... Neutre... Complètement neutre... Ceci dit ma copine Lucienne me disait...
Mais enfin Lucienne c'est autre chose... Avec moi il a
toujours été très réglo. . Ce n'est pas que je l'aie vu très
souvent d'ailleurs... Je ne sais pas... Je ne me rappelle
plus... Trois ou quatre fois au plus... Ce n'est pas un
type qui vous marque tellement. Un type tellement
neutre... C'est pour ça que je ne l'ai pas reconnu tout
de suite. Lui non plus d'ailleurs... Il m'a dit ça tout à
l'heure... " Je ne savais pas que c'était toi ", il m'a
dit... Évidemment... La nuit... Et puis ce n'est pas
tellement nos têtes qui les intéressent... Mais enfin
normalement... Ce serait plutôt à eux de se souvenir...
Nous on en voit tellement... C'est normal qu'on ne se
souvienne pas tellement bien... Ça me fait drôle quand
même... Ce n'est pas qu'on ait des sentiments pour
eux. En fait évidemment on les déteste c'est tous des
salauds des pigeons des nuisibles... Mais enfin... Je ne
sais pas... Malgré tout il y a un peu de tendresse
aussi... Je sais que c'est idiot mais malgré tout je ne
peux pas complètement m'en débarrasser... Malgré
tout on les abrite... Dans notre grotte sombre... Notre
caverne drapée de velours écarlate comme à l'opéra...
On abrite du froid et de la solitude pour quelques
instants leur pauvre quéquette qui au moins pendant
ce temps-là n'est pas condamnée à pendre lamentable-
ment dehors... Extérieure... Esseulée... Exposée aux
intempéries... Aux chocs... Aux accidents de la circula-
tion... Le premier camion qui passe trop près... Pouf
plus rien... Coupé... Coupé à tout jamais... Des
escargots sans coquille... Ce sont des escargots sans
coquille... Ils cherchent... Ils cherchent désespéré-
ment... Sans très bien savoir... Quand ils trouvent... Ils

221

essaient pour voir... Ils sont toujours prêts à essayer...
Ils aimeraient tellement trouver... Mais ils ne trouvent
jamais... Au fond d'eux-mêmes... Ils ont toujours un
doute... Ils savent que ça ne va pas être ça... Ils savent
qu'ils ne la trouveront jamais, leur coquille... Et
nous... On leur en offre des beaucoup trop bien... Des
caravanes décorées... Avec coin salle à manger cuisine
frigidaire douche et W.-C... En fait ce n'est pas ce
qu'ils veulent du tout... Ils voudraient beaucoup plus
simple... Et on leur donne des fanfreluches... Pas
étonnant qu'ils soient toujours frustrés... Mécontents...
Qu'ils nous repoussent... Ce n'est pas leur faute... Il y
a inadéquation... Les malheureux... C'est comme ça...
Un malentendu perpétuel... Écoute... Écoute les voilà,
ils arrivent... Enfin ça n'est pas trop tôt... Avant qu'il
soit crevé complètement... Ouf, je dois dire que j'ai eu
chaud... Je peux le dire maintenant. Avec ça j'étais
bonne pour la tôle... Déjà comme ça ils vont probablement m'embarquer de toute façon...

Les bruits de pas dans l'escalier se rapprochent, ils
sont de plus en plus forts, insistants... C'est incroyable,
ils n'ont quand même pas fait donner la troupe... Ah
voilà... Ils poussent la porte... C'est comme disait le
recteur... Il sait de quoi il parle le recteur... C'est un
type qui connaît les situations... La première chose que
je vois c'est leurs bottes... Des bottes noires avec des
lanières et des boucles... Ça doit être dur à fermer le
matin... Mais une fois que ça y est ça doit bien tenir...
Pas de danger de les perdre en courant... C'est pas
comme avec les mocassins... Il paraît que c'est
incroyable le nombre de naïfs qui vont aux manifs en
mocassins, comment ils se font avoir... Ils les perdent
au bout de deux mètres... Ils trébuchent ils tombent ils

se cassent la gueule et ils se font casser la gueule vite fait bien fait... Les flics eux ils sont équipés pour ça... Enfin ceux-là c'est pas des flics c'est des pompiers... Mais non justement c'est aux pompes qu'on reconnaît qu'il y a deux flics avec eux... Les deux devant c'est des flics... Les autres ça doit être de vrais pompiers... Ils n'ont pas le même modèle de pompes ; ils en ont des plus étanches... C'est marrant les deux devant... Le reste c'est bien des uniformes de pompiers... Ils n'ont pas dû avoir le temps... Ou peut-être qu'ils n'y ont pas pensé... Ils me rappellent au cinoche dans les mauvais films... Les types déguisés en bonnes sœurs qui se font toujours repérer parce qu'ils ont oublié de changer leurs pompes et leur falzar et que ça se voit quand ils retroussent leurs jupes pour se mettre à courir... Oui, c'est ça... Ou bien peut-être que les autres derrière ce sont de faux pompiers aussi, peut-être qu'il manquait seulement deux paires de bottes dans les stocks... Ou qu'ils n'avaient pas la bonne pointure pour tout le monde... Ou bien peut-être après tout que ce sont tous de vrais pompiers... et qu'il y a deux types de bottes pour les pompiers... Selon qu'ils vont par exemple repêcher des noyés ou faire sauter des petits vieux dans des draps pour les empêcher de rôtir... Je ne sais pas moi...

« Eh bien, c'est du joli » s'écrie le premier pompier-flic à la vue du spectacle. Cependant le mur de pompiers s'ouvre devant deux infirmiers en blouse blanche portant un brancard. « Bon allez, écartez-vous. » En très peu de temps Delchiotto est embarqué et les pompiers-flics commencent à nous poser des questions, à Lilli et à moi. Lilli prend l'air complètement idiot. Elle bégaie, hoquette, déconne. Il me vient à l'idée, devant cette métamorphose, qu'il s'agit d'une ruse pour mettre en échec la maréchaussée. Je n'y ai pas plutôt pensé que je me sens secouée de sanglots, bruyants, convulsifs, secs et bientôt mouillés : je me recroqueville par terre les genoux au menton, j'ai tout le corps qui se secoue. Ça secoue dur, pas assez cependant pour m'empêcher d'entendre un pompier dire à l'autre : « Nous voilà bien avec ça. » Un instant j'ai presque pitié de lui mais ça s'arrête net parce que tout d'un coup je repense que ce ne sont probablement pas des pompiers du tout. Mais des flics. Alors pas de quartier pour les flics. Personne n'a jamais eu pitié d'un flic. Alors je reviens vite à ma crise de nerfs, à la rage et à la fureur impuissantes qui m'habitent et m'agitent les membres dans tous les sens. J'entends un des pompiers dire aux autres : « On va en parler au chef. » Quel chef ? Il n'a pas l'air d'être là, le chef, cependant, puisqu'on entend des pas de pompier — chaque pas comme si on posait deux pieds à la fois, l'un sur l'autre — s'éloigner dans l'escalier. Je me livre tout entière à la crise de nerfs mais j'entends à nouveau du bruit et « Très bien, maintenant ça va les filles, vous pouvez arrêter » : une voix d'homme ; et la voix de Lilli : « Bon allez, ça va Isabelle ; ils sont partis, on les a eus ! » Mais moi je ne peux pas m'arrêter, ce n'est pas une plaisanterie, je ne l'ai pas fait exprès, je ne peux pas je ne veux pas — et je m'entends crier « Je ne peux pas je ne peux pas je ne veux pas » d'une voix défigurée par l'angoisse, curieusement sonore, forte et contestataire, affirmative, pleine de douleur, une vraie voix, une voix qui ne vient pas de ma bouche ni même de ma gorge mais du fond des tripes — du fond du ventre — là où c'est le vide — le grand vide obscur —

et c'est pour ça que la voix résonne d'une façon curieuse — qu'on l'entend si bien — comme s'il n'y avait rien pour la retenir ou l'arrêter — ou l'accueillir, comme dans une pièce vide — où elle ne viendrait finalement se briser contre les murs, après avoir parcouru tout l'espace libre, que pour être renvoyée par eux, réverbérée en mille cassures, brisures, morceaux, bribes, échos, démultiplications, miroirs, éclats, morceaux de verre brillants et coupants, trous. Chocs. Larmes. Pas assez. Poings contre les portes. Coupures. Hurlements. Pas encore. Plus. Plus. Grand choc : de l'eau, violemment. J'ouvre les yeux. Je vois devant moi le garçon François un seau à la main, je suis complètement trempée, ce salaud m'a jeté un seau d'eau à la figure. Quel con. Je crie : « Ça va pas non, ça va pas connard ! » Je suis toute surprise de m'entendre. Comment est-ce que je peux crier une chose pareille, une chose vraie pas jolie et insensée comme ça, et le garçon François me regarde, il n'a pas l'air particulièrement méchant, au contraire, il dit « Ça va, bébé, ça va te fâche pas, il faut absolument qu'on s'en aille d'ici, tu comprends, avant qu'ils reviennent et qu'ils t'embarquent et Lilli et moi aussi, alors tu vas venir avec nous sans faire de bruit et sans faire d'histoires et tu me traiteras de con tant que tu voudras après. » Bon bon bon bon bon si on est gentil avec moi alors d'accord, ça va, je ferai ce qu'on voudra. Le type François est couvert de plâtre. Il voit que je regarde ça et dit en riant « Ben oui, j'étais dans le foutu placard pendant que les poulets étaient là, à nous trois on n'est pas mal hein ! » C'est vrai : je regarde Lilli. Lilli est couverte de sang, elle en a plein ses vêtements, plein son collant, plein les cuisses plein les cheveux : dans les cheveux surtout c'est spectaculaire ; elle a dû passer ses mains pleines de sang dans ses cheveux ; il y a des empreintes de mains imprimées dans l'or. « Oui hein » dit-elle. « J'ai l'air bonne à découper en biftecks. » Elle se plaque la main sur la fesse. « C'est ici que c'est le meilleur. » Je pense : « Je t'aime, Lilli. » « Allons, Lilli » dit le type François. « Ça c'est pour après. Pour l'instant on se tire d'ici et vite. Les filles vous mettez le MLF de côté cinq minutes, vous faites ce que je vous dis parce que j'ai étudié le coin, ça va être délicat mais c'est la seule façon de nous tirer de là. » Il va à la petite fenêtre de la bibliothèque et l'ouvre. « Bon. La gouttière est très large et je crois qu'elle est solide. Après ça débouche sur un toit plat et il y a une échelle d'incendie. On arrive au toit de l'immeuble d'à côté et il y a une lucarne. On brise la lucarne et on passe par là. A partir de là je ne sais pas ce qu'on fait, ça dépendra de ce qu'on trouvera mais au moins on aura quitté la Fac ; autrement les flics ont bouché toutes les issues. » Il sort par la fenêtre et se tient debout sur la gouttière ; en fait c'est une espèce de rebord recouvert de tôle d'une vingtaine de centimètres de large. Ça a effectivement l'air solide mais pas très sûr quand même, ça gondole par endroits. François se tient debout dessus et pour l'instant ça a l'air de tenir. Il s'agrippe par les doigts aux baguettes de bois qui recouvrent la toile goudronnée du toit. Il avance lentement un pied après l'autre. Il dit à voix basse « Ça va les filles pas de problème vous pouvez venir » ; mais son visage aplati contre le toit est tendu par la peur, ou par l'effort, je ne sais pas. Lilli passe devant moi et avec décision enjambe la fenêtre et passe sur la gouttière. Au passage je remarque qu'elle ne porte pas de culotte sous son collant, sous sa jupe c'est vraiment la toison d'or, je t'aime Lilli je t'aime. Maintenant pas de problème ils m'attendent tous les deux ; je n'ai plus le choix, c'est à moi de passer. Je ne suis vraiment pas équipée pour, au moins j'ai des bottes, mais alors cette robe idiote et puis mon manteau que j'ai laissé quelque part je ne sais pas où ; de toute façon ce serait complètement ridicule de mettre un manteau comme ça par-dessus ma robe qui est trempée à tordre et puis qu'est-ce que c'est encore que cette réaction petite-bourgeoise, cette histoire de manteau, est-ce qu'on a besoin d'un manteau ? J'enjambe la fenêtre, moi je porte une culotte, pas très sexy d'ailleurs, si j'avais su ce matin ce qui allait se passer j'en aurais choisi une autre, mais enfin de toute façon il n'y a plus personne dans la pièce pour me regarder par en dessous ; je passe sur la gouttière ; là, il faut que je ferme les yeux ; le monde tourne sur lui-même, bascule en arrière et recommence sans s'arrêter dans l'autre sens. Je m'agrippe aux lattes de bois du toit, je vais vomir, tout lâcher, tomber, je sens une main sur la mienne, je ne sais pas comment sans regarder je sais que c'est celle de François, il dit « Vertige ? » Je ne réponds pas je ne bouge pas je ne peux pas, j'ai le visage écrasé contre le toit. Il dit : « Pense que tu es à cinquante centimètres au-dessus du sol. Tu es à cinquante centimètres au-dessus du sol, tu es une petite fille, tu joues à te faire peur, à t'imaginer que tu es très haut, mais tu n'arrives pas à y croire, tu sais très bien que tu es à cinquante centimètres au-dessus du sol. D'ailleurs je te tiens la main ; sens ma main. Avance avec moi. » Je sens sa main, qui tire la mienne et j'avance à son rythme. Ça va. Je pense sans arrêt très vite : « Cinquante centimètres, cinquante centimètres, cinquante centimètres. Sa main sa main sa main. » Si j'arrête de penser ça un seul instant je sens le vide me reprendre. Je suis complètement crispée j'ai mal aux mollets mal à la main. Je déplace mes pieds parallèlement un — deux un — deux, et mes mains pareil. Je me rabote le corps, la joue contre le toit. François dit « Ça va ça y est tu peux descendre ». Je ne comprends pas. Je trouve qu'il pousse l'illusion un peu loin. Ça ne fait rien il ne faut surtout pas lâcher, pas lâcher, je ne lâche pas, l'important c'est de rester comme ça jusqu'à ce que j'aie compris ce que François veut dire. Tout d'un coup on me tire par la robe, par la taille, j'ai beau m'agripper je vais lâcher, je vais partir en arrière ça y est aaah je tombe je vais aller m'aplatir en bas, platch, et je tombe effectivement, je tombe contre du tissu, c'est de la laine c'est un pull avec de la peau en dessous, je suis dans les bras de ce type François, il dit : « C'est ça, c'est ça tu peux ouvrir les yeux, ça y est maintenant ça y est » et je suis effectivement tombée de cinquante centimètres, je suis sur le toit, le toit plat en terrasse dont François avait parlé et le bout de la gouttière est là devant moi à hauteur de mes genoux. « Alors ? » C'est Lilli qui me prend par le coude. « Alors tu vois on est arrivés. » « Oui » dit François « maintenant on est blindés, on sait qu'on peut tout faire, on est des chefs, on passe à l'étape suivante. » L'étape suivante, c'est une échelle de sécurité rouillée, verticale, très étroite. Au moins 2,50 m de hauteur. Pour moi ça fait très haut. « On pourrait presque sauter » dit François. « Mais il vaut mieux pas, on pourrait passer à travers le toit à l'arrivée. » « François, il sait tout faire » dit Lilli « il a suivi un stage d'entraînement à la guérilla avec les Irlandais. » « Non », dit François « c'était avec les Cubains, en Irlande. Bon j'y vais d'abord, pour tester la sécurité. » Il descend. En très peu de temps il est en bas. « A vous les filles. Ah, c'est là que je me régale. » En plus, il est sexiste ce mec. Je dis à Lilli « Il est sexiste, ton copain, là ? » Elle descend. Je suis terrifiée mais je n'ose pas faire d'histoires, je la suis. La rouille des barreaux m'arrache la peau des mains. L'échelle n'est pas stable ; ça tremble à chaque passage d'échelon, un tremblement qui se répercute en vibrations de basse fréquence à l'intérieur du métal : boum-boum-boum. Ça transperce les mains : vvvououou. A mi-chemin je me dis que je ne peux pas aller plus loin. En plus je suis glacée jusqu'aux os, avec ma robe trempée qui me colle aux cuisses. « T'arrête pas » dit François. « Allez vas-y continue, t'arrête pas. » Je continue. Quand même je proteste un peu : je dis « Mais, j'ai froid ». L'autre en bas réplique : « Ouais, eh ben t'occupe pas on verra ça plus tard. » Il est ours ce type, mal embouché. J'arrive. Le toit est en pente. Il dit « Ne regarde pas en bas » puis « Bon, vous me suivez, attention, vous marchez légèrement, les ardoises ça fait du bruit quand ça casse ; je passe devant. » Il y a une dizaine de mètres à parcourir avant d'arriver à la lucarne ; on ne peut s'accrocher à rien. Arrivés au bout on se penche pour regarder à l'intérieur. On ne voit strictement rien, à cause de la couche de poussière cimentée de pluie qui recouvre le verre. François lance une jambe en avant et y va gaiement du talon dans le verre. Le verre se brise à grand bruit. Ça fait un trou trop petit pour qu'on passe ; en tout cas aucune réaction ne provient de la pièce vandalisée. « On a du

bol » dit François. Il s'accroupit précautionneusement ; l'ardoise fait scronch, scronch en protestation.
Il passe la main à l'intérieur du trou. « Te coupe pas »
dit Lilli. « C'est déjà fait » répond-il. Il fouille de la
main à l'intérieur. La lucarne s'ouvre brusquement,
tombe, coinçant son bras. Il dit « Aïe » en grimaçant.
En tirant il arrive à dégager le bras. Lilli le tient par les
épaules pour qu'il ne bascule pas. Elle est au-dessus de
lui, elle le chevauche. Il retire son bras. La manche est
déchirée jusqu'au coude, la main sanguinolente.
« Comme ça on est pareils » dit Lilli. « Oui, si
quelqu'un nous voit on est faits, avec l'allure qu'on a à
tous les trois. Allez, faut y aller. » Il saute à l'intérieur.
Il nous regarde une fois arrivé, il tend les bras. « Allez,
Lilli la première. » « Je vais te faire mal à la main. »
« C'est pas grave. » Elle saute, il l'attrape par la taille,
elle me dit gaiement : « Tu viens, Isabelle. » Ils sont
drôles à me regarder comme ça, deux chérubins
souriants et sanglants. Je saute à mon tour, il me
reçoit, moi aussi j'ai du sang maintenant. Je regarde
autour de moi. c'est une mansarde assez sale, avec un
lit dans un coin, une table en bois blanc, une chaise, un
lavabo, un bidet pliant, du linge qui sèche sur une
corde reliant deux des murs. L'un est ponctué d'un
rideau. « Il doit y avoir des fringues derrière » dit
François. Il bouscule le rideau, derrière effectivement
il y a une penderie et un empilement de valises. « Bon,
ça va, on peut se changer. » Sans hésiter, très vite il se
déshabille, il se lave avec le gant de toilette qui est sur
le lavabo. Il dit « Hou, pas d'eau chaude, c'est froid ».
Je ne sais pas où regarder : je regarde Lilli. Elle le
regarde. Elle sent que je la regarde le regarder, se
tourne vers moi et, sanglante et amusée, me dit « Il est

plutôt bien foutu, non ? » Alors je le regarde moi aussi ;
c'est vrai qu'il est plutôt bien foutu, enfin, c'est-à-dire,
chez un homme, bien foutu, je ne sais pas très bien ce
que ça veut dire, je n'avais jamais envisagé les choses
sous cet angle, enfin je le regarde, et lui il nous tourne
le dos il se lave il s'en fout, périodiquement il tord le
gant sous le robinet et le filet d'eau change de couleur.
Quand il a fini il se retourne et va droit à la penderie.
Il fouille, il en sort des vêtements divers ; il met un jean
et un pull, un caban. « Bon, c'est un peu grand mais ça
ira. » Lilli va fouiller aussi et me jette un pull et un
Levi's. Elle se dirige vers le lavabo à son tour. « Dis
donc Lilli » dit François « Où t'as mis ton cabas ? »
« Mon cabas, pour quoi faire ? » « Pour mettre nos
affaires sales dedans, on ne va pas les laisser là, on se
signerait. » « Oh ben on trouvera bien un sac. Mon
cabas, je l'ai oublié dans le bureau. » « Mais t'es
complètement folle ! C'est là-dedans qu'il y avait
l'engin ! Ils vont trouver des traces à l'intérieur ! Et
tout le monde t'a vue avec ce truc au bras, y'a pas plus
voyant ! » « Ça tant pis, je l'ai oublié, y'a plus rien à
faire. » « Bon, j'y vais » dit-il. Il se suspend par les
mains au cadre de la lucarne, et dans un rétablisse-
ment assez réussi se retrouve accroupi sur le toit et
disparaît. « Bon, je me lave » dit Lilli. « Toi, tu n'as
qu'à t'essuyer et à te changer. » On se retrouve toutes
les deux avec le bas de nos jeans roulés, nos pulls à mi-
cuisses ; on fait très Saint-Germain-des-Prés des
années cinquante. Tarzan revient, il a sauté d'un bond
dans la pièce : il a le grand cabas argenté autour du
cou. « Il était moins une » s'écrie-t-il « je les entendais
monter l'escalier. Allez on nettoie tout. » Lilli et moi

on enfouit les fringues dans le cabas, heureusement qu'il est grand, pendant ce temps-là François nettoie le lavabo. « Bon allez on se tire. » On ouvre la porte, on la referme, on est sur le palier, il n'y a personne, on descend l'escalier rapidement mais pas trop, on essaie d'avoir l'air normal, coup de bol on ne rencontre personne, on arrive en bas, on passe à la file indienne, comme les Pieds Nickelés, devant la loge de la concierge qui n'a pas le mauvais goût de sortir, on se retrouve dans la rue, François dit « La tire est au bout » ; il s'arrête devant une deuche, il ouvre la porte et avec un petit salut, la main sur le ventre : « Entrez Mesdemoiselles ! » Je vais derrière et Lilli devant à côté de François qui démarre en disant « Bon Lilli on va chez toi, OK ? » « OK Fanfan » dit Lilli. « Et moi où je vais ? » « Toi », dit François « tu viens avec nous et tu fais pas d'histoires. » Il commence à m'énerver ce type-là. Lilli étend le bras vers moi et me caresse la main. « Allez bébé t'occupe pas de lui viens chez moi, tu verras ce sera chouette. » Elle dit ça d'un ton caressant avec son regard clair et innocent et cette lèvre supérieure qui frise sur des dents de gentil lapin. « Bon ça va, d'accord » je dis. « Ah, ouf », il fait le type au volant. Puis « Dis donc, Lilli, par où je peux passer pour éviter le boulevard ? » Elle lui explique. Il prend une succession de petites rues en tournant à droite à gauche à gauche à droite, il conduit trop vite à mon avis. « C'est pas la peine qu'on se fasse piquer pour excès de vitesse non plus », je dis. « Ta gueule gamine » dit le type. « C'est toi ta gueule François » dit Lilli « elle a raison. » « Bon ça va ça va » il dit le type. Les rues se font de plus en plus étroites, nous sommes dans la partie la plus ancienne de la ville. La nuit tombe. On se gare avec un hoquet. Lilli sort et me tire par la main. « Allez viens bébé ! »

VI

L'arbitraire du cygne

Lilli m'entraîne dans un escalier très étroit et très raide. Le type suit derrière, je le sens derrière moi quelques marches plus bas, j'ai envie de me retourner et de lui flanquer un coup de talon dans la gueule, il a déjà le nez à moitié cassé, il a dû se faire ça en combattant à Belfast aux côtés de Fidel, un bon coup de botte qui lui écraserait le pif tout à fait compléterait le tableau, mais Lilli monte si vite, elle m'essouffle, je n'ai pas le temps de passer à l'action. Comme si j'en étais capable d'ailleurs. On arrive au dernier étage et Lilli sort une clé de la petite bourse de cuir fauve qu'elle porte autour du cou, je me trouve au seuil d'une espèce de grenier avec des poutres, pas des poutres du genre Marais rénové, mais des poutres qui se trouvent là, en travers de la pièce, parce que personne n'a jugé que ça valait la peine de s'en occuper. Tout ça est obscurément éclairé par des spots qui font des ronds roses et violets sur le sol et sur les gens qui y sont posés. En approchant je m'aperçois qu'il n'y a pas beaucoup de monde, quatre ou cinq personnes, c'est l'obscurité entre les taches lumineuses qui donnait cette impression de foule, et je vois aussi que la pièce est à la fois grande et moins grande qu'elle n'en a l'air, c'est un grenier dont les parois ont été tendues d'une toile rose shocking, le plancher est recouvert de tapis divers, et dans les coins des rideaux à demi tirés révèlent un coin cuisine, un lit, un coin salle de bains. Par terre, entre les tapis, il y a des matelas avec de gros coussins, c'est là-dessus que les gens sont allongés ; il y a deux garçons que je connais, l'un c'est Simon Kalgan. « Comment t'as réussi à te tirer de là, Simon ? » dit François. « Vérification d'identité, ils m'ont tenu que deux heures. » L'autre type, tiens mais oui, c'est le type en caban et casquette avec qui j'ai marché ce matin, ça en fait des hasards bizarres aujourd'hui décidément ; à part ça sur un grand matelas il y a deux filles aux cheveux de lionne, outrageusement peintes et court vêtues, des camarades de Lilli sûrement — il me semble que c'est tout, lorsque d'un coin sombre, d'une masse épaisse émerge une voix sur laquelle il est impossible de se tromper — « Tiens, la petite ! » J'écarquille les yeux, je m'approche, incrédule, mais il n'y a aucun doute, de près je la vois bien, c'est Anna, Anna Graham, qu'est-ce qu'elle peut bien faire ici, la vieille fille en tweed gris, Anna le respectable professeur d'Oxford, dans ce refuge de malfrats ? C'est vrai qu'à réfléchir elle a bien quelque chose du personnage d'Agatha Christie, mais pas plus, non, pas plus vraiment que la majorité des vieilles dames que l'on rencontre au premier étage des autobus sur les petites routes de la campagne anglaise. C'est bien elle, pourtant, qui est vautrée sur un matelas dans l'obscurité, et, toute retenue oubliée, toute dignité aux orties, elle se tient comme Lilli, les jambes écartées, ce qui fait remonter sa jupe à plis

Dior et révèle le haut de ses bas, la chair tremblante et blanche des cuisses et des jarretelles qu'on devine saumon tirant un peu sur le gris. Elle me regarde avec un grand sourire, Anna, un grand sourire de toutes ses fausses dents trop régulières et trop blanches, elle tend les bras en avant avec un effort, elle est si bien comme ça, vautrée à l'aise sur ses coussins, mais elle étend quand même le bras, me prend la main, m'attire vers elle, oui, elle veut que je m'allonge sur son matelas avec elle, c'est ça, et moi sous son impulsion je tombe à côté d'elle, effectivement, je tombe assez volontiers d'ailleurs, fatiguée par toute cette histoire, je n'en peux plus ; je reste là sur le dos, inerte, je vois son visage blanc penché sur moi, elle dit : « Alors on a changé de costume ? On avait une jolie petite robe ce matin. » Elle a l'air aimable, pleine de sollicitude, avec en même temps quelque chose de répugnant ; elle appartenait si bien au festin des vampires ce midi, elle y semblait tellement à sa place, si à l'aise, et maintenant je la retrouve ici. Il faut dire que moi aussi je suis passée d'un bord à l'autre, mais moi de toute façon, je ne suis jamais à l'aise, jamais à ma place, je n'appartiens nulle part. Quand elle voit que je ne lui répondrai pas, que j'évite son regard, elle cesse de faire des efforts, elle retourne vers son coin du matelas. Les autres, là-bas, tête contre tête, tiennent conférence à mi-voix. Je remarque Kalgan, qui me tourne le dos, tenant une des filles par les épaules. C'est drôle, Térène et Kalgan, comme ils se ressemblent, ils ont le même air mécontent d'enfants gâtés qui savent quel jouet ils veulent et qui le casseront dès qu'ils l'auront. Lilli sort de la nuit, elle porte une grande robe violette coulissée au cou, elle vient vers moi en souriant, les coins de la bouche retroussés sur des dents bleues et charmantes, elle porte un plateau qu'elle dépose par terre ; dessus il y a un bol de thé, des mandarines et ce qui ressemble à des loukoums. Elle dit : « Mange, ça te fera du bien. Moi je vais mettre de la musique, comme ça c'est mieux, pour une fois que je suis en vacances à cette heure-là. » Tiens, c'est vrai, c'est l'heure où elle doit prendre son travail normalement, Lilli. Après avoir déposé le plateau elle s'en va une main sur la hanche ce qui dévoile ses pieds nus. C'est vrai que j'ai faim, faim et soif : je bois et je mange tout ce qu'il y a sur le plateau. Bientôt je me trouve dans un état bizarre, je ne sais plus très bien où je suis, la pièce est très lumineuse tout d'un coup, d'ailleurs ce n'est plus une pièce mais une boule, oui c'est ça une boule creuse, une sphère colorée qui tourne lentement et je suis dedans, je suis dedans avec d'autres gens mais je ne sais pas très bien qui ils sont, je ne parviens pas à distinguer les traits de leurs visages très flous, et d'ailleurs moi aussi je suis d'autres gens, je suis scindée en plusieurs personnes, je ne sais pas très bien qui, les couleurs sont très belles dans la sphère, surtout des verts et des bleus, comme des spirales, des pelures d'orange qui rentreraient les unes dans les autres, se télescoperaient, se mêleraient, se fondraient pour se séparer, s'éloigner et se perdre. Il y a du bruit aussi ; de la musique plutôt, comme une espèce de musique des sphères, c'est toujours la même phrase sonore qui revient et se répète sans arrêt, se perd en un écho... C'est très joli... Ça dure longtemps et puis plus rien, j'ouvre les yeux, je suis toujours allongée sur le matelas de tout à l'heure, je n'ai aucune idée de l'heure, du moment du jour de la nuit, la pièce est toujours éclairée des mêmes taches colorées et violentes, mais il n'y a plus personne, je suis seule — enfin il me semble que je suis seule — je ne vois personne — Anna n'est plus à côté de moi sur le matelas — et pourtant il me semble qu'il y a quelqu'un d'autre là quelque part ; et puis je me sens bizarre, le corps entier plein de sueur, ça coule entre mes seins sous le pull trop grand qui me gratte la peau ; j'ai mal à la tête, un mal violent qui me martèle l'arrière du crâne à grands coups. Je me lève, du moins j'essaie, j'ai les jambes en coton, je titube, ça me rappelle quelque chose, quoi donc — ah oui — ça y est j'y suis — ce matin — hier — je suis tombée dans un escalier — mon escalier — mais qu'est-ce que je fais ici — dans cet endroit qui n'a absolument rien à voir avec quoi que ce soit que je connaisse qui m'appartienne auquel j'appartienne... Je n'ai rien à faire ici, rien du tout, il faut que je rentre chez moi, tout de suite, Lilas, qu'est-ce que Lilas va dire, il me semble qu'il y a au moins trois mois que je n'ai vu cette curieuse personne nommée Lilas ; c'est pourtant bien à ce monde-là que j'appartiens, le monde de Lilas, et non à ce monde-ci, le monde de Lilli, qu'est-ce que j'ai à faire ici, absolument rien, c'est une erreur, je me suis trompée, il faut que je m'en aille, vite. Quelle heure est-il ? Dans le toit au-dessus du matelas il y a une lucarne, je regarde il fait noir, noir noir nuit noire, où suis-je, comment vais-je retrouver mon chemin parmi les ruelles du quartier arabe où François dans sa deux chevaux nous a conduites Lilli et moi hier — aujourd'hui — je ne sais pas. Je remarque le long des parois ces rideaux violets que j'avais vus en arrivant et qui semblent délimiter, la pente du toit descendant en oblique, jusqu'au sol, des recoins, des sortes d'alcôves ;

ces rideaux sont tirés, peut-être y a-t-il quelqu'un derrière ; du courage, je veux en avoir le cœur net, et puis surtout je voudrais bien dire au revoir à Lilli avant de partir. Méthodiquement un par un j'écarte les rideaux. Il y en a quatre. Ça donne à la pièce un aspect de théâtre désert, le soir après la représentation ; le premier rideau dissimule un coin-cuisine très sale, évier, poubelle trop pleine dessous, une cafetière sans couvercle ; à la surface du café c'est recouvert de moisissures vertes ; par terre, des casseroles sales en désordre. Le deuxième coin fait salle de bains, avec un de ces bacs à douches pliants et des étagères au-dessus du lavabo, couvertes de flacons de parfums, de pots et de tubes divers. Le troisième rideau dissimule des toiles, des toiles peintes, des tableaux, un chevalet, une blouse jetée dessus, tout un attirail de peintre. Je voudrais bien m'attarder mais je n'ai pas le temps : il faut continuer ma quête, aller jusqu'au bout. Angoisse et prémonition me frappent au cœur tandis que d'une main tremblante j'écarte le quatrième rideau. Là sur un matelas, enroulés dans un enchevêtrement de draps et de couvertures, reposent les deux corps emmêlés et tranquilles de Lilli et de François. Un de ses bras à lui est sous son cou à elle, blanc contre brun, un de ses bras à elle, étendu, repose à terre et — étonnement attendrissement — les yeux fermés, les paupières bleues, elle suce son pouce. Lui dont je vois la moitié du torse agréablement, me semble-t-il, velu — agréablement velu ? — a l'air aussi dur et volontaire dans le sommeil que dans la veille. Lilli et François. Lilli a de petits seins à peine existants. Ainsi ils couchent ensemble. Ou est-ce que c'est seulement un client ? Lilli n'amène sûrement pas ses clients ici. C'est beaucoup trop joli pour ça. C'est son refuge à Lilli, le reste elle doit faire ça dans des chambres d'hôtel du quartier de la gare. Lilli les jambes écartées sous une brute, ce n'est pas possible. Je me sens des envies de meurtre, je serre les mains. Lilli je t'aime. Je n'ai jamais vu quelqu'un avoir l'air aussi innocent, aussi tendre. Sur la chaise à côté du lit il y a une montre d'homme : celle de François. Sept heures. Je laisse retomber le rideau, je m'en vais. J'ai du mal à m'en aller, envie de rester là, de m'asseoir à côté d'eux et de les regarder dormir, je ne sais plus, de rester avec eux, mais ça ne leur plairait pas. Sûrement. Ils n'ont plus rien à faire de moi, maintenant. Je ne les intéresse plus. Et puis ce sont des gens bizarres, pas du tout mon genre. Des gens qui vivent leur vie, dans des endroits qui leur plaisent, comme il leur plaît, avec qui il leur plaît. Pas comme moi. C'est dangereux pour moi tout ça, ça pourrait me donner des idées, des tentations, il faut que je rentre chez moi. J'ai la main sur la clenche de la porte. Quelle idée de laquer une porte en violet. Avant de partir je jette un dernier coup d'œil sur le grenier. Il a un air de lendemain de fête, la lueur rose des lampes est de mauvais goût, tout cela n'est pas pour moi. J'ouvre et referme sans bruit la porte. Je descends les escaliers, dans la rue il fait nuit et brouillard en plus, très froid, les réverbères trouent à peine le noir, je suis en plein quartier arabe, je vais me faire violer, j'ai peur. Je suis totalement incapable de trouver mon chemin. Il y a une vitrine éclairée au bout de la rue. J'y vais. C'est un café. Je pousse la porte. Deux hommes au zinc prennent un café, le patron derrière essuie une tasse ; son torchon ralentit à mesure qu'il me regarde avancer. Je demande mon chemin.

Ça va, je ne suis pas si loin du centre que je le craignais. Je quitte le café à reculons, les hommes me regardent et j'ai peur de je ne sais pas quoi, moi, qu'ils me plantent un couteau dans le dos ou pour le moins qu'ils m'empêchent de sortir. Mais non, je me retrouve dehors sans encombre. Personne dans la rue. Apparemment du moins. J'imagine des hommes louches sous les portes cochères, prêts à bondir. J'avance très vite. Je fais sonner mes talons par terre pour me donner du courage. Première rue à gauche. Aussi sombre que celle-ci mais au bout il y a de la lumière. Ça c'est la place du beffroi. En effet le beffroi illuminé apparaît par-dessus les maisons. Je marche encore plus vite, je cours, je cours. J'arrive à la grand-place ; il y a un taxi solitaire qui attend. Je m'engouffre à l'arrière, je claque la porte, je donne l'adresse, je suis sauvée. J'entre dans l'immeuble, j'appelle l'ascenseur. Dehors le ciel commence à bleuir. Il s'est passé quelque chose à propos de cet ascenseur... Je ne sais plus quoi... Je ne sais plus quand... Hier ? Je rentre la clé dans la porte. Il y a de la lumière dans le salon. Sur le canapé, sagement assis l'un à côté de l'autre, Lilas et Azeta sont là qui m'attendent. Je leur dis : « Mais qu'est-ce que vous foutez là tous les deux ? » Azeta a l'air furieux. « C'est bien à toi de nous demander ça, Isabelle, c'est à cette heure-là que tu rentres ? » Je n'en crois pas mes oreilles. Il a à peine fermé la bouche que Lilas prend la relève. « Nous étions fous d'inquiétude Isabelle, qu'est-ce que tu faisais ? Où as-tu passé la nuit ? » Tout d'un coup je me rends compte que je ne peux rien dire, je ne sais pas ce qui s'est passé, où en est Delchiotto, et la police, tout me repasse devant les yeux ; quel cauchemar, et ces deux imbéciles qui sont là à me regarder ! Je dis « Où il est Delchiotto ? » « A l'hôpital » dit Azeta. « Il va falloir l'amputer. » « Quoi ? Pourquoi l'amputer ? » « La bombe. Il a le genou complètement en bouillie, il va falloir l'amputer à mi-cuisse. Ah si seulement on tenait les salauds qui ont fait ça ! » « Qui est-ce qui a fait ça ? » dis-je en m'efforçant de prendre un air innocent. « Justement », dit Azeta. « Justement, on ne sait pas. C'est ça qui est incroyable. D'après le recteur c'est une provocation fasciste. Il a sûrement raison, évidemment, en ce moment la droite fait tout ce qu'elle peut pour déconsidérer la gauche. Mais enfin pourquoi Delchiotto ! Un type complètement apolitique ! Il avait bien quelques sympathies socialistes, mais à peine. C'est tout de même incroyable. Enfin évidemment il y a les anarchistes. On ne peut pas les mettre totalement hors de compte. Ils auraient pu faire ça pour déconsidérer la gauche, la manifestation était trop réussie, ça n'a pas dû leur plaire. J'en ai parlé au commissaire, il n'y croit pas. Il dit que la bombe était très bien faite pour un truc de fabrication artisanale. A son avis pour que ça ait aussi bien marché ça doit être un coup de la droite. C'était parfaitement bien réglé, ça a été fait par des gens très bien renseignés, qui savaient que Delchiotto ouvrait le premier tiroir de son bureau tous les mercredis à quatre heures moins cinq pour prendre une gorgée de cognac juste avant son cours d'amphi. C'est incroyable quand même, à quel point ces gens-là pouvaient être bien renseignés. Enfin tout de même ce qui est un peu étonnant, c'est qu'ils n'aient pas été au courant du congrès, parce que normalement justement ce mercredi exceptionnellement Delchiotto n'aurait pas dû se trouver dans son bureau à quatre heures moins cinq, il avait annulé son cours. Mais le commissaire dit qu'en fait ça n'a rien de bizarre, ces coups-là se préparent lontemps à l'avance, ils ont pu le filer il y a plusieurs mois, prendre leurs renseignements et attendre le moment propice. Ce jour-là évidemment, c'était l'idéal, avec toute l'agitation qu'il y avait pour la manif. De toute façon, ça ne nous explique pas où tu as passé la nuit. Lilas et moi étions morts d'inquiétude, nous n'avons pas fermé l'œil un seul instant, n'est-ce pas Lilas ? » Lilas opine d'un air froid. « Et ta femme ? » dis-je à Azeta. « Oh, ma femme, tu sais, avec tout le remue-ménage qu'il y a en ce moment... Ça n'est pas ça le problème. Où as-tu passé la nuit ? » Qu'est-ce que je peux leur dire ? Je ne peux pas leur dire que j'ai passé la nuit chez Lilli... Je ne peux pas parler de ça... Avec Térène... Je risque de les faire pincer tous... Qu'est-ce que je peux dire... Je ne sais pas moi... N'importe quoi... « J'ai passé la nuit avec un type. » « Quoi ! » s'écrie Azeta. « Avec un type ! Qu'est-ce que tu as fait ? » « J'ai couché. Couché avec un type. » « Couché avec un type ! Qui ça ! Quel type ? Comment il s'appelle ce type ? » « Je ne sais pas... Euh... Armand... Il s'appelle Armand... » « Armand quoi ? » « Je ne sais pas... » « Comment ? Tu as couché avec un type et tu ne sais pas qui c'est ? Mais où est-ce que tu l'as rencontré ? » Je ne sais pas moi, je n'en ai aucune idée, qui c'est, où je l'ai rencontré. « A la manif. Je l'ai rencontré à la manif ce matin, euh, hier matin, et, euh, enfin avec la police et toutes les histoires qu'il y a eues, euh, j'ai eu peur, et je ne savais pas où aller, alors il m'a emmenée chez lui, et, euh... » « Comment ça, emmenée chez lui ! Tu vas chez n'importe qui maintenant ! Tu suis un type comme ça dans la rue, un type que tu ne connais pas, absolument pas, que tu as rencontré dans la rue, et il te propose de te faire visiter sa garçonnière et tu lui dis oui ? » « Oui enfin, non, enfin ce n'est pas vraiment ce qu'il a dit, enfin oui, enfin oui, c'est ça que j'ai fait. » « C'est ça que tu as fait ! C'est ça que tu as fait ! Et une fois chez lui qu'est-ce que tu as fait Isabelle, tu n'as quand même pas couché avec lui ? » « Non enfin si, si j'ai couché avec lui, enfin si j'ai couché avec lui. » « Quoi ! Tu as couché avec lui ! Ce type infâme avec sa gueule de brute ! Comment as-tu pu avec un type pareil Isabelle quand même tu aurais pu choisir quelqu'un d'autre ! » Quelqu'un d'autre ? Un type pareil ? De qui est-ce qu'il est en train de parler Azeta, comment est-ce qu'il sait quelle gueule il a le type avec qui je n'ai pas couché cette nuit ? Je vais lui demander quand même. « Comment ça comment je sais qui c'est ! Enfin ce n'est pas sorcier ! Je ne suis pas complètement idiot quand même ! Tu me prends vraiment pour un imbécile ! Tu crois que je n'ai pas compris ce matin... Enfin, hier matin... Ce qui allait se passer... Mais voyons j'ai compris tout de suite... Quand j'ai vu comment il te tenait le bras... Le salaud... Le petit salaud... Et toi tu ne voulais pas venir avec moi... Tu ne voulais pas lui lâcher le bras... Hein... Tu te sentais trop bien... Tu avais déjà envie de lui... Ça se voyait... » Le type à caban et à casquette ! C'est de lui qu'il parle Azeta ! Il est devenu complètement fou ! Le type qui me tenait le bras à la manif... C'est incroyable, il est complètement idiot Azeta ma parole ! Bon, ça ne fait rien... C'est très bien... Puisqu'il veut croire ça on va sauter dessus... Il n'y a qu'à continuer comme ça... Je dis « Oui, c'est ça, c'est ça. » Il dit « Comment

245

oui c'est ça c'est ça ! » Je dis « Oui c'est ça c'est avec lui que j'ai couché. » « Ah ! Et comment ça s'est passé ? Ça t'a plu ? » « Oui non euh oui oui c'est ça oui c'est ça ça m'a plu. » « Ça n'est pas vrai. » Ça n'est pas vrai. Ça n'est pas vrai. Comment ça ça n'est pas vrai, non mais qu'est-ce qu'il raconte ce type c'est incroyable, ça n'est pas vrai, non mais quand même, qu'est-ce qu'il en sait, cet imbécile, salaud goujat violeur brute, et l'autre à côté là, ses yeux verts et son nom mauve qui ne va pas avec, non mais c'est incroyable, elle assiste à cette conversation, il est évident qu'elle a l'impression d'en faire partie, non mais regardez-les, regardez-moi ça un peu, mais qu'est-ce qu'ils foutent là tous les deux assis l'un à côté de l'autre sur le canapé, trop droits, tendus en avant avec leurs bouches en cul de poule qui lâchent les mots comme des œufs et leurs yeux pointus, qu'est-ce qu'ils foutent là, eux assis et moi debout, on croirait un tribunal, papa maman papa maman fifille la sainte trinité, j'en ai rien à foutre de la sainte trinité, je suis chez moi ici quand même, non merde, c'est mon grenier mon grenier à moi, j'y ai droit à mon grenier nom de Dieu, foutez-moi la paix foutez le camp, la colère me tape dans les mains et dans la tête, j'essaie de parler, je ne peux pas, je dis n'importe quoi, ça sort saccadé, pas assez fort, n'importe comment n'importe quoi : trop faible, trop faible, je ne parviendrai pas à me faire entendre, trop bas trop bas, pas les bonnes paroles, et eux pendant ce temps-là ils parlent, ils parlent trop fort, et non seulement ils parlent entre mes paroles mais pendant mes paroles même, ce qu'ils n'ont pas le droit de faire, c'est contraire à la règle du jeu, mais ça ne les gêne pas ça, non ça ne les gêne pas un seul instant, ils parlent je parle, je parle ils parlent, nous parlons tous en même temps, eux plus fort que moi parce qu'ils sont deux et qu'ils s'épaulent, et au milieu de tout ça personne ne s'entend, tout ça c'est du bruit, du bruit, le bruit efface le bruit, personne n'entend plus rien : mais tout le monde va m'entendre ! Je crie, je crie salaud violeur mufle goujat, je crie je crie, qu'est-ce que je pourrais bien crier encore qui serait adéquat impressionnant et pas trop ridicule ; parce que je n'ai aucune envie de rien crier en particulier mais seulement de crier, crier très fort aaah aaah, surtout crier longtemps, plus longtemps et plus fort qu'eux qui me regardent là, assis sur leur canapé comme deux peaux vides, deux carcasses molles ! Ah ils étaient bien d'accord tous les deux, je me demande pourquoi ils ne couchaient pas ensemble, ils auraient été bien, ça aurait été évident, au lieu de ça lui il couchait avec moi et elle avec personne, voilà, c'est ça qui n'allait pas, ça branlait, ça branlait du manche ! Eh bien c'est fini, fini, fini, bien fini maintenant toutes ces conneries, voilà ! Et je crie, cette fois tout le monde m'entend, je crie encore brute brute mufle con con con violeur violeur violeur, et quand j'ai fini je reste là, je les regarde, essoufflée les bras ballants, j'ai dit ce que j'avais à dire, enfin non j'en avais beaucoup plus à dire bien entendu, mais quoi, c'est trop fatigant, ça prendrait trop de temps, et puis à quoi bon de toute façon, à quoi bon perdre mon temps à des conneries pareilles, de toute façon ils ne comprendront rien, absolument rien ! Voilà ils sont ici, ils ont investi mon appartement, ils trônent, il faudra que j'en passe par où ils veulent, ils s'en foutent ; ce qu'ils veulent, voilà tout ce qui compte pour eux, et moi là-dedans qu'est-ce que je suis ? Un pantin dont ils tirent les ficelles, voilà tout, et quelles ficelles, et pourquoi, et à quel moment ils les tirent, ça c'est autre chose, c'est une autre question, ils seraient bien incapables de le dire, des fous, des fous, ce sont des fous des malades des méchants des salauds sadiques, et moi Isabelle, au milieu de tout ça, emballée dans ma peau, ma graisse, ma gaucherie qu'est-ce que je deviens, je suis la balle qu'ils se renvoient ! Mais maintenant je ne marche plus, parce que j'ai vu autre chose, Delchiotto c'était vrai, du sang il y en avait partout, son râle était un vrai râle, son genou une bouillie et Lilli, Lilli qui va au turbin toutes les nuits, Lilli la blonde sa nuit de vacances dans les bras de François c'était vrai aussi, alors qu'on ne me raconte plus d'histoires parce que les histoires, leur cinéma, leur numéro en chambre à Azeta et à Lilas, Isabelle fais ci, Isabelle fais ça, Isabelle ouvre les jambes, Isabelle laisse-toi baiser pour une fois que tu as un homme un vrai disait Lilas, Azeta c'est un homme, un vrai, il faut lui pardonner sa femme ses mômes ses réunions syndicales, pauvre petit il a eu une enfance malheureuse ça l'a marqué, personne ne l'a jamais compris et il est maladroit mais il t'aime, c'est le propre des hommes d'être maladroits, les hommes qui vous aiment vraiment c'est si rare et il t'aime Isabelle, je le sais je l'ai vu dans ses yeux sa voix ses gestes, il me l'a dit, il m'a dit je me rends compte que je suis amoureux pour la première fois, que je n'ai jamais aimé qu'elle, sa femme ses gosses c'est le devoir, c'est un homme de devoir, un type honnête, s'il ment c'est qu'il n'y peut rien c'est par honnêteté, il ne faut pas lui en vouloir il faut l'aimer vraiment il le mérite, c'est ton devoir Isabelle, si tu ne veux pas l'aimer c'est que tu ne sais pas que tu as peur que tu en es incapable, aimer c'est le sort et l'accomplissement d'une femme, il n'est rien de plus beau de plus doux, si tu n'aimes pas c'est que tu n'es pas une femme, allons aime-le Isabelle, laisse-toi aller c'est ton désir profond, cet homme est le grand amour de ta vie, je le sais, je le vois dans tes yeux ta voix tes gestes, tu me l'as dit, tu m'as dit je crois que je lui ai dit que je l'aimais, tu vois bien, ça t'a échappé, cesse de te défendre Isabelle, détends-toi laisse-toi faire, tout ça c'est des nerfs, il suffit de te laisser aller, ta véritable nature prendra le dessus, sois une femme, une femme ça a un trou entre les jambes, un trou noir qu'elle ne peut pas voir, ouvre les jambes Isabelle, laisse-toi baiser, étends-toi sur le lit en croix et laisse-le faire ce qu'il veut, si tu es patiente si tu te laisses aller il te donnera la jouissance, tu verras, c'est une sensation extraordinaire ça secoue le corps tout entier ça commence au sexe là, dans ce qui est caché sous les poils, ça prend tout le ventre, ça irradie dans les cuisses et dans les seins, on est clouée sur place par cette chose épaisse et habile qui vous traverse si on est bien sage avec elle, il faut être patiente Isabelle très patiente et le laisser, il sait ce qu'il a à faire, il t'apprendra petit à petit.

Non je n'en veux pas je n'en veux pas, j'en ai marre d'ouvrir les jambes pour qu'il me coule dedans son lait tourné, une mauvaise mère, cet homme est une mauvaise mère, il ne donne pas le biberon là où il faut, il fait mal, il vous fait avaler ça de force même quand je n'en veux pas, je n'ai pas faim, j'étouffe je n'en veux pas, je n'ai pas faim de lui, assez assez je vais vomir, mes mains se tendent pour repousser, mes coudes pèsent contre sa poitrine laidement velue, va-t'en va-t'en sors de moi voleur imposteur tu n'es pas chez toi ici, et lui d'une voix sourde et pressée : ouvre les jambes Isabelle, sois gentille laisse-moi entrer, pouah quelle horreur, il me fatigue, il dure trop longtemps, quand est-ce qu'il aura fini, qu'il retombera sur mes seins de tout son poids tout dégonflé avec un petit pouf ! d'air qui s'échappe ? Qu'il dorme, qu'il dorme et qu'il me laisse en paix, en paix moi Isabelle, en paix extérieurement mais tout le corps en guerre dans mon lit dévasté comme une ville après la prise, les draps par ici les couvertures par là et cette brute, ce salaud aviné qui dort auprès de moi sans plus se soucier de ma présence que si j'étais son chien couchant. Il dort il a le visage rouge la respiration forte le bras qui tombe à terre complètement abandonné, je pourrais le tuer pendant qu'il est comme ça, lui tirer une balle dans la tempe il ne s'apercevrait de rien, pourquoi est-ce que c'est à Delchiotto qu'elle a mis la bombe Lilli, il ne m'avait jamais rien fait Delchiotto, absolument rien, je m'en foutais complètement moi de Delchiotto : mais cet homme qui est là, en face de moi, qui se nourrit de moi se sert de moi me pisse dedans depuis des mois, pourquoi n'est-ce pas à lui qu'on a fait ça, pourquoi n'est-ce pas à lui qu'on a fait éclater la jambe et le sexe pendant qu'on y était, après on l'aurait mis dans un fauteuil roulant et je l'aurais poussé, moi Isabelle son unique amour, le long des routes en fleurs au printemps avec un voile sur la tête, un voile d'infirmière ou de mariée c'est la même chose, habillée tout de blanc comme une communiante éternellement blanche et pure je l'aurais poussé, j'aurais été sa jambe son morceau manquant, quel sort noble enviable et paisible, et plus jamais il ne m'aurait rentré dedans, ni lui ni personne. Mais tout ça ce sont des histoires, des histoires que je me raconte, je peux toujours me le raconter, et même en partie le leur raconter à eux, ça ne sert à rien, ça ne peut pas me tirer d'affaire face à eux en ce moment et c'est ça qui compte, parce que je ne peux pas rester ici, je ne peux pas retourner à eux qui m'ont tout pris, mon appartement mon corps ma volonté mes paroles, je ne veux pas parler avec eux, surtout pas parler avec eux calmement comme ils me demandent de le faire en ce moment, parce que si je commence alors c'est fini, je sais que c'est fini que je rentrerai dans leurs histoires, ils me tireront dans leur logique leur rhétorique à eux, leurs phrases gluantes leurs caresses visqueuses leurs arguments collants insidieux, et je rentrerai dans le moule, ils diront les premières répliques de la pièce et je la jouerai avec eux, de phrase en phrase de geste en geste ils m'entraîneront jusqu'à la conclusion qui est toujours la même c'est-à-dire un point pour eux. J'aimerais bien pouvoir penser que cette fois, cette fois que j'ai bien pris conscience de leur jeu ça ne se passera pas comme ça, que je pourrai contrôler leurs paroles et les miennes, leurs gestes et les miens, que ce sera moi pour changer qui mènerai la danse, que ce sera un point pour moi aujourd'hui mais je sais que c'est impossible, que je me ferai avoir encore une fois, qu'ils sont deux alors comment voulez-vous à deux contre une, et puis surtout cela fait deux et demi parce qu'il y a lui l'homme, lui qui compte pour une demi-part de plus parce que naturellement avec lui, c'est un homme, on ne peut pas s'empêcher de lui sourire, de chercher à lui plaire, guetter sur son visage l'ébauche d'un sourire, que ne ferait-on pas, on ferait n'importe quoi pour faire naître dans son regard une lueur de satisfaction, d'accord, parce que c'est un homme et que d'un homme les miettes sont toujours bonnes à prendre. De n'importe quel homme les miettes sont toujours bonnes à prendre, du charretier qui passe dans la rue et qui dit d'un ton gras et la main en forme de pincement oh qu'elle est mignonne, c'est toujours bon à prendre, quel honneur, il accepterait d'abriter une partie et pas n'importe laquelle de sa personne virile dans le trou infâme, le vortex noir que j'ai entre les jambes. Merci Monsieur de l'honneur que vous me faites, aimez-moi s'il vous plaît aimez-moi tous, je n'en aurai jamais assez, regardez-moi vous qui passez, dans la rue je prends l'air modeste et je me garde bien de dandiner du cul comme je saurais si bien le faire, et ça n'est que parce qu'il me semble que la modestie vous attire plus subtilement encore, les yeux baissés mais le pas long et souple et le bonnet coquin, regardez-moi voyez comme je suis belle et attirante et digne qu'on m'aime et qu'on me dise viens ici ma belle, viens sur mes genoux, je n'y vais pas, je sais que c'est défendu d'aller sur les genoux de messieurs rencontrés dans la rue et non chez des amis car on peut y attraper la syphilis ; aussi je me garde bien d'approcher mais je me sens quand même rassurée par leurs sourires tout tout tout pour l'approbation masculine, approbation de n'importe quoi, mon cul, puisqu'il semble que ce soit principalement ce qu'ils approuvent, c'est curieux mais c'est comme ça, je ne me promène pas, moi, dans la rue, les yeux rivés sur le cul des hommes pour les comparer les uns aux autres, mais eux ça leur plaît, c'est comme ça qu'ils sont, ce sont des hommes il faut les comprendre comme dirait ma mère, les comprendre, ça non, je ne peux pas, je n'y arrive vraiment pas ; mais admettre, oui, je veux bien tout admettre, n'importe quoi pourvu que je récolte leurs regards, n'importe quel genre de regard, haine ou concupiscence, ça n'a pas d'importance ; si je pouvais choisir j'en choisirais d'autres évidemment, mais puisque je ne peux pas je prendrai ceux qu'on me donne, leurs regards par lesquels j'existe, par lesquels je me constitue chair autour de mon trou, chair bourgeonnante ornée coiffée vêtue peinte chaussée montrée prolongée exhibée couchée étendue, dites-moi par vos regards que vous me reconnaissez. Et vous, vous les femmes auprès de qui je cherche autre chose, l'approbation, la reconnaissance aussi mais d'une autre sorte, reconnaissance et approbation de mes vertus, gentillesse serviabilité humilité sagesse silence politesse propreté dignité, bien se tenir bien vivre bien réparer bien écrire bien nourrir bien soigner bien se taire, être patiente ne pas se plaindre demander des conseils exécuter bêtement les ordres qu'on me donne, être sage ne pas sucer mon pouce ne pas me salir ne pas avoir d'idées apprendre par cœur répéter.

Pour un sourire approbateur de femme.

Alors contre eux deux

Je n'ai absolument aucune chance

Dès le départ

Les jeux sont faits.

Mieux vaut y renoncer tout de suite. Alors je cours. Je cours, je m'en vais, je fous le camp sans manteau, ça ne fait rien, je n'ai pas le temps de le prendre, sinon ils risquent de m'attraper par le bras, de m'asseoir sur le canapé de force, de m'entourer de leurs bras enracinants, ma petite Isabelle, non non, pas de ça, je file

avant qu'ils n'aient eu le temps de reprendre leurs
esprits, je claque la porte derrière moi dans ma hâte, je
dévale les marches qui mènent à l'ascenseur, j'ai de la
chance il est là, je descends, courant vers la sortie
j'entends des pas qui dévalent l'escalier. Trop tard. Je
tourne le coin de la rue, je cours toujours, en haut il y a
des taxis, je rentre dans un taxi et je dis rue de la
Laiterie, c'est le nom que j'ai vu en cherchant mon
chemin tout à l'heure en sortant de chez Lilli, et c'est
là que je vais retourner maintenant, où voulez-vous
que j'aille d'autre, je n'ai pas d'argent, pas d'idées, on
m'a volé mon chez-moi, je n'ai rien ni personne pour
m'aider nulle part, alors Lilli, bizarre elle-même qui a
l'habitude des gens bizarres, peut-être m'accueillera-
t-elle jusqu'à ce que j'aie eu le temps de reprendre mon
souffle. Je suis sûre qu'elle m'accueillera, elle est
gentille Lilli, gentille et compatissante sous ses airs
guerriers. Alors je dis au chauffeur rue de la Laiterie
s'il vous plaît ; quel numéro, je ne sais pas le numéro,
je dis je ne sais pas, vers le milieu, je vous dirai. Je sais
que c'est après le café où j'ai demandé mon chemin
tout à l'heure, tout à l'heure il faisait nuit et maintenant il fait jour, je ne reconnais plus rien, tant pis je me
débrouillerai, je dis c'est ici, je paie je descends,
heureusement dans toutes ces tribulations je ne suis
pas assez folle pour oublier mon sac, je sais au moins
que c'est du côté de la rue opposé au café que je
reconnais sans faute à la pancarte rouge et jaune
Buvez Viandox sur la porte, des pancartes comme ça
on n'en trouve plus nulle part ailleurs, et par la même
occasion je remarque l'enseigne peinte au-dessus de la
porte : Vins Charbons. Mais sur le côté de la rue
opposé au café toutes les maisons se ressemblent,

étroites, hautes, avec des lucarnes dans le toit et de grandes cheminées. A tout hasard je choisis une porte. Je la pousse j'entre et je me trouve dans un couloir vert et suintant qui s'ouvre sur une cour pavée où sèche du linge. Je fais encore deux portes comme ça sans succès et mon regard tombe sur une 2 CV à l'air décrépit qui pourrait bien être celle de François. Il l'avait garée juste devant la porte. Je pousse la porte. Elle donne sur un escalier tournant dont le bois vermoulu produit sous mes pas le même craquement mou qu'hier. Je monte, je monte, je ne suis pas très sûre de moi, j'ai un peu peur ; quand je ne peux plus aller plus haut je frappe à la porte qui se trouve en face de moi. Pas de réponse. Je frappe encore, plus fort. La porte s'ouvre. Dans l'encadrement se tient François. Il porte une robe de chambre de satin pêche monogrammée d'un L sur la poche de poitrine. Je ne m'attendais pas à ça. Pas seulement à la robe de chambre : à François. Pourtant ça n'a rien d'étonnant, en soi. Mais ça n'est pas lui que je cherche ; c'est une gêne qu'il soit là, dans l'encadrement de la porte ; je voudrais qu'il se pousse, qu'il s'en aille. Je balbutie : « Je voudrais voir Lilli, s'il vous plaît. » Il répond : « Elle n'est pas là. Entre ! » Je reste là, le cœur me chute ; il faut que je parte, que je redescende cet escalier vertigineux et pour aller où ? Il insiste : « Entre, viens prendre une tasse de café. » J'entre. Il dit : « Bon, assieds-toi, tu m'excuseras un instant, je vais me changer. » Il disparaît derrière un des rideaux. Son « je vais me changer » me rappelle que moi je porte toujours l'accoutrement de clown volé hier, dans la mansarde. J'ai l'air malin. Je suis affreuse, absolument affreuse, encore plus moche que d'habitude, et lui, le François, avec sa gueule de gouape, ce sont vraiment les mêmes qui ont tout : ce type, avec ses grosses lèvres et son nez de travers, et ses yeux comme du charbon, c'est incroyable, même dans une robe de chambre de femme... en satin pêche... monogrammée... un peu sale... même comme ça, alors qu'il devrait avoir l'air complètement ridicule... il réussit à avoir de l'allure... je ne sais pas comment il fait... je ne sais pas comment ces gens-là font... comment ils se débrouillent... mais ils s'en sortent toujours... c'est comme Lilli, même avec des fringues volées Lilli elle avait de l'allure... l'air d'un gavroche pour magazine sur papier glacé... alors qu'une fille comme moi... et même comme Lilas... elle est jolie Lilas, c'est une belle fille... malgré son air pincé... eh bien Lilas elle n'est pas comme ces gens-là. Pas de cette race-là, la race des gouapes qui font ce qu'elles veulent, portent ce qu'elles veulent, mangent ce qu'elles veulent, baisent qui elles veulent... ou même qui elles ne veulent pas... n'importe qui... je serais bien incapable, moi, de baiser avec n'importe qui comme Lilli... Azeta ce n'est pas n'importe qui... c'est juste comme moi... un fonctionnaire... on se va bien... même sa femme et ses mômes ça n'est pas un accident... ça m'évite qu'il demande des choses gênantes... Une fois par semaine... J'ai déjà du mal à le supporter une fois par semaine... Je ne le supporterais sûrement pas davantage, j'en serais bien incapable... Coucher une fois par semaine avec quelqu'un avec qui je n'aime pas ça... Si l'on considère qu'il semble n'y avoir absolument personne à l'horizon avec qui j'aimerais ça... C'est vraiment le maximum de ce que je puisse faire... Le maximum... Mais être putain comme Lilli... ouvrir les jambes comme on ouvre un tiroir-caisse, devant un billet de cent francs... à n'importe quelle bite, grosse, petite, médiocre, en Waterman-plume-or ou bec de théière... non ça de toute évidence ça serait au-dessus de mes forces. Déjà avec Azeta j'ai du mal à ne pas hurler de rage, devant une bite en forme de billet de cent francs je hurlerais. Mais Lilli, elle s'en fout Lilli. Pour elle c'est tout naturel. C'est ça c'est un besoin naturel. Elle doit faire ça comme elle mange, dort et pisse. Se procurer sa subsistance avec son corps, quel miracle ! Trouver en soi de quoi bouffer et vivre. Être complète. Ne rien nécessiter qui vienne du dehors. Boucler le cercle : être un cercle. Au lieu de cette racine informe qui ne sait pas où prendre pied. Ni où prendre son pied d'ailleurs. Ni comment. A propos — à propos de quoi ? — Qu'est-ce qu'il fait là le type François ? Je me demande comment il était sous sa robe de chambre celui-là. Ça tenait juste par une ceinture négligemment nouée. Ça aurait pu s'ouvrir très facilement. Il aurait suffi d'un petit geste — pas de sa part : il n'a pas cet air honteux fixe et bouffi des messieurs en chaussettes noires qui ouvrent, d'un geste ample mais brusque, leurs imperméables devant les petites filles à bicyclette, au tournant des chemins ; mais de ma part à moi, un petit geste de ma part à moi aurait suffi, je suis sûre qu'il ne s'y serait pas opposé, ou peut-être si, peut-être m'aurait-il trouvée trop moche après tout, c'est très possible. Je suis tellement moche, surtout comme ça. Peut-être aurait-il fait la coquette, pris des airs de demoiselle offensée, inversé les rôles. Non mais quelle honte. Enfin après tout ça aurait été une expérience. Une expérience vécue. Vivre. Au lieu de quoi je suis restée comme une gourde, à avoir l'air de ne pas avoir l'air. « Lilli n'est

pas là ? » Non bien sûr Lilli n'était pas là, est-ce qu'on
lui demandait quelque chose à Lilli ? Au lieu de quoi
rien du tout. Enfin. Il y met le temps à se changer,
celui-là. Une vraie cocotte. Peut-être qu'il est en train
de prendre un bain. J'entends des bruits derrière le
rideau. Le rideau s'ouvre et il apparaît, bloudjinné, et
un plateau à la main avec dessus deux bols qui fument
et du pain, et du beurre. Décidément depuis quelques
mois tout le monde me sert. Il est beaucoup plus gentil
que je ne croyais, ce garçon, il doit encore avoir un
coin de mou dans l'âme, quelque part. D'habitude ce
sont les femmes qui me servent : une femme : Lilas. Ce
n'est pas Azeta qui me servirait du café, ça non. Il se
fait servir, Azeta. François pose le plateau par terre
devant moi, je me suis assise où j'ai pu, sur un des lits
qui traînent, recouverts de tissus indiens. Il s'assoit
par terre en face de moi. Il dit : « Tu veux une
tartine ? » Il n'y a qu'un seul couteau. Je dis oui. Il
prend le couteau, coupe une énorme tartine, longue
comme la moitié de la baguette, et il beurre très
généreusement : il y a du beurre qui dépasse de
partout. Il me tend la tartine et commence à se beurrer
l'autre moitié. Pas trace d'avarice, chez ce garçon. En
tout cas, pas en ce qui concerne le beurre des autres. Je
ne sais pas quoi faire de ma tartine, je la tiens d'un air
gauche, elle est trop longue, est-ce qu'il croit que je
vais manger tout ça, j'en ai envie, je n'ose pas manger
devant lui, c'est idiot, il a fini de beurrer la sienne, il
laisse tomber le couteau plein de beurre par terre et ne
le ramasse pas, le sagouin, je le fais pour lui, ça me fait
mal au cœur de voir ça, je le remets sur le plateau. Il
dit « Laisse, ça ne fait rien ». « Comment ça ne fait
rien ? Et Lilli quand elle rentrera, elle aura plus qu'à

faire le ménage, c'est ça ? » « Mais non, t'inquiète pas, laisse tomber. » Incroyable cette désinvolture, ce culot. Je ne trouve rien à répondre, il est tellement sûr de lui, ce salaud. Il me fait peur. Il a déjà mordu dans sa tartine. Il s'interrompt, la tartine en l'air, pour dire, la bouche pleine : « C'est vachement bon. Elle est sympa Lilli, elle a dû descendre acheter ça avant de partir, c'est une fille bien, Lilli. » « C'est ça, une fille bien c'est une fille qui se lève à des heures impossibles pour aller te chercher du pain tout chaud pour ton petit déjeuner. » « Ben, entre autres. Pourquoi tu bouffes pas ? Elle a pas l'air bonne, ma tartine ? » Je mange. Maintenant il boit son café au lait, sans contrainte aucune, le visage enfoui dans le bol, il a la peau de la même couleur que le contenu. Je bois aussi, un peu. Je dis « Où est-ce qu'elle est partie, Lilli ? » « Elle est partie aux nouvelles. Il vaut mieux elle que moi, elle est moins connue. Elle est partie tôt ce matin, elle a dû partir juste après toi, moi je me suis rendormi je ne l'ai pas entendue, elle a laissé un mot sur la table de nuit. » Puis « Et toi ce matin pourquoi t'es partie comme ça comme une voleuse ? » « Vous dormiez si bien tous les deux, je ne voulais pas vous réveiller. » « Tu parles. De toute façon tu m'as réveillé quand même, je t'ai entendue partir. » « Pourquoi tu n'as pas bougé ? » « C'était ton affaire, non ? Il devait faire vachement froid dehors, mais ça te regardait. » Tiens, il n'a pas le réflexe du geôlier, celui-là. Ces gens sont vraiment bizarres. Il dit encore : « Pourquoi t'es partie comme ça, ce matin, sans dire au revoir à personne ? » « Il fallait bien que je rentre chez moi. » « Oui, ben t'y es pas restée longtemps, qu'est-ce qui s'est passé, t'avais perdu ta clé ? » « Non, mais j'avais envie de voir Lilli. » « Ah! Lilli, Lilli, tout le monde a envie de voir Lilli. Surtout au naturel. Sacré fille, Lilli. Elle te plaît? » Il m'énerve, je ne réponds pas. Il vient s'asseoir à côté de moi, au pied du matelas. « Écoute, c'est pas la peine de faire la gueule. Elle est belle Lilli, j'ai bien vu qu'elle te plaisait. Elle aussi d'ailleurs. Elle n'est pas folle, elle est du métier. Mais elle n'est pas là, elle en a pour un moment à être partie. Je ne sais pas pourquoi tu es revenue ici comme ça si vite mais ça ne fait rien, ce n'est pas la peine d'avoir l'air affolé, tu te fais toute petite comme si on allait te manger, écoute, tu ne déranges personne ici, il y a de la place ; Lilli est très accueillante, si tu veux rester tu restes, si tu veux partir tu pars, mais tu ne déranges personne, tu comprends? » Je me sens mal à l'aise. Il est gentil, ce type, mais je sais qu'il n'est pas gentil tout le temps, et par ailleurs je le trouve — comment dire — un peu trop enveloppant. J'ai la sensation d'un vague danger dans la pièce. Mais François, assis par terre à mes pieds, n'a pas l'air du tout inquiet : il est en train de couper en deux la deuxième moitié de baguette dans le sens de la longueur : « T'en veux encore? » « Non. » Alors il beurre le tout, en fait un sandwich et commence à l'avaler. Il avale ça à une vitesse incroyable, il lui en rentre dix centimètres dans la bouche à chaque fois. La bouche pleine, il marmonne : « Encore du café? » et il retourne derrière le rideau, revient la casserole et une bouteille de lait à la main. Quel appétit ce garçon. Quand il a fini, il s'allonge par terre, la tête sur le matelas, les mains croisées sur le ventre, et dit : « Ben ça va mieux. Pas bouffé hier, pas eu le temps. » Ah bon. Alors ça s'explique un peu mieux. Il reste étendu comme ça quelques instants, puis : « Bon, alors raconte-moi ce qui s'est passé chez toi, pourquoi tu es revenue si vite ici. » « J'en ai marre. » « De quoi, tu en as marre ? » « De tout. » « Comment ça de tout ? T'es prof, non ? Où ça ? » « Au lycée de Wassingues. » « Ben alors ça doit être plutôt une planque, t'as un job stable, tu bouffes à ta faim, de quoi tu te plains ? » « Je ne me plains pas. » « Ben si, tu te plains, t'en as marre, t'es pas contente. » « Oui, mais ça a rien à voir avec mon boulot, c'est moi. » « Oui, de toute façon t'es entourée de cons, ça doit pas aider. » « Comment ça entourée de cons, qu'est-ce que tu en sais ? » « C'est toi qui vis avec la fille, là, qui a un nom bizarre, la nympho ? » « Quoi, Lilas ? » « Oui, c'est ça. Et puis aussi t'es la maîtresse du type, là, un prof d'italien, un gars qui se prend pas pour une queue de mirabelle. » « Azeta ! Comment tu sais ça ? » « Ben, je sais pas, tout le monde le sait. » « Comment ça, tout le monde le sait ? » « Ben alors, c'est pas la peine de pousser des cris pareils, qu'est-ce que ça peut faire, tu t'en fous ! » C'est vrai qu'est-ce que ça peut faire, je m'en fous, je m'en fous complètement même. Le type François a levé la tête ; il me regarde : « Tu sais, t'es une drôle de fille. Pourquoi tu prends toujours un air si catastrophé ? » « Je prends pas un air catastrophé. » « Si, tu prends un air catastrophé. T'as l'air catastrophé, tout le temps. On croirait qu'on t'a tué tes père et mère. T'es pas orpheline, quand même ? » Idiot. « Je veux voir Lilli. » « J'en ai marre d'entendre ça, moi. Puisque je te dis qu'elle est pas là, Lilli. Qu'est-ce que c'est que cette fixation sur Lilli tout d'un coup. Tu la connais à peine. Et moi, alors, je ne peux pas la remplacer, Lilli ? » « Non. » « Pourquoi ? Parce que je suis un mec ? Allez, sois gentille Isabelle. Me regarde pas comme ça. » Il me regarde, lui, d'un air si pitoyable, j'éclate de rire. Il dit « Bon, ça va mieux. » Je ris, je ris et je pleure. Il s'en aperçoit, il dit « Allons, qu'est-ce qui se passe maintenant ? » Je pleure, je pleure comme une petite fille, j'ai honte, je me frotte les yeux avec mes poings. Je sens des mouvements à côté de moi, il me prend dans ses bras, il me renverse en arrière, il m'embrasse. Il essaie de m'embrasser sur la bouche, je ne veux pas, je ferme la bouche, il embrasse mon nez à la place, mes yeux. Je me défends faiblement, avec de petits mouvements de mains. Il dit « Allons, allons, calme-toi, petit clown ». Il a passé un bras autour de mes épaules, comme pour me consoler tendrement mais en fait je m'aperçois que ce n'est pas pour ça, c'est pour passer la main sous mon pull, dans le dos, il cherche la fermeture de mon soutien-gorge. Je suis bien tranquille, il ferme par-devant, celui-là. Il cherche, il cherche ; il ne veut pas avoir l'air de chercher, alors il m'embrasse sur la bouche, cette fois je me laisse faire, mais ça fait quand même un peu limace. Il a passé la tête sous mon pull, devant, il cherche mes seins. J'ai l'impression d'être enceinte, avec cette tête sous mon pull-over. Je me dis allons, du courage, de l'énergie. Je repousse sa tête, je la pousse avec les mains pour la faire descendre, sortir de mon pull-over. Il dit « Ben quoi qu'est-ce qu'il y a ? » Je dis « Non pas ça laisse-moi tranquille ». Il me regarde, il a rougi, ses cheveux ébouriffés par le passage sous le pull-over font des cornes, il a le regard vague, trouble, un peu louchant. Il n'a plus sa tête tout à fait à lui. Moi non plus d'ailleurs. Je me dis allons de la clarté. Je lui dis « Ah non, alors non ». Il dit « J'ai envie de toi ». Je ne dis rien. Il dit « Toi aussi, d'ailleurs ». Ça

ça me fait réfléchir, je m'aperçois que c'est vrai. Je dis
« Non c'est pas vrai ». Il dit « Moi je crois que si ». Je
dis « C'est quand même dégoûtant, pour une fois que
finalement, je trouve un type gentil, je lui parle, hein,
je m'imagine qu'il est gentil, je me dis que je peux
avoir confiance, que je n'ai rien à craindre, oui eh ben
tu parles, rien à craindre, tu as été gentil, oui, tu m'as
fait du café et des tartines, tu m'as mise à l'aise, et tout
ça pourquoi, pour me sauter dessus une fois que je suis
en confiance, c'est dégoûtant, c'est à vous dégoûter des
hommes ». Il me regarde, il a dérougi, il est toujours
hirsute. « Pas besoin de ça, petite, dégoûtée des
hommes t'étais déjà, le travail était déjà fait. » Je ne
réponds pas. Il se rapproche de moi, me prend par le
cou. Il est chaud, un peu collant, un peu visqueux.
« Pourquoi tu veux pas, ça ne te plaît pas que je te
touche ? » « Si, ça me plaît bien, mais j'ai pas envie de
coucher avec toi. » « Pourquoi t'as pas envie ? Tu es
sûre que tu n'en as pas envie ? » « J'ai pas envie, en
plus de toute façon je ne peux pas. » « Comment ça tu
ne peux pas ? » « Je ne peux pas parce que c'est le
mauvais moment, c'est tout, c'est le mauvais
moment. » Ce n'est pas ça que j'ai envie de lui dire, ce
que j'ai envie de lui dire, c'est : « Je ne veux pas faire
l'amour avec un type qui a fait l'amour avec Lilli cette
nuit. » C'est ça que je voudrais lui dire, mais je ne
peux pas, alors je dis n'importe quoi. « Comment ça,
le mauvais moment, qu'est-ce que tu veux dire, le
mauvais moment ? » Je me sens rougir jusqu'à la
racine des cheveux, j'ai envie de lui flanquer une paire
de claques. Il insiste. « Je ne peux pas, je ne peux pas,
j'ai mes règles. » « Quoi, tu as tes règles ? Tu as tes
règles ? C'est embêtant ça. C'est le milieu, le début ou

la fin ? » Je l'étranglerais ce type, je l'étranglerais, mais je ne fais rien du tout, je reste là comme une gourde, à répondre à ses questions. J'ai l'impression d'être sur un tapis roulant, je marche, je marche, mais le tapis m'entraîne dans l'autre sens. Je dis « C'est la fin... Plutôt la fin... » « La fin ? Bon alors c'est pas très grave. » Je dis « Si, quand même... quand même... Je ne peux pas... » « Bon, écoute, ça ne fait rien, je peux bien te caresser un peu, non ? » Il m'a renversée sur le matelas, il se blottit contre moi, il fait l'enfant, l'inoffensif, celui qui ne ferait de mal à personne, la petite bête à caresser. Ça marche, son truc, je lui passe la main dans les cheveux, pour voir. Je la retire comme si ça m'avait brûlée : c'est que ça fait étrange, ces cheveux que je ne connais pas, drôle parce qu'ils sont très doux, doux comme de la soie, de la soie vraiment ; Azeta ça faisait comme du coton. Azeta, voilà qu'il me revient, celui-là. Qu'est-ce qu'il vient faire ici ? Ou plutôt qu'est-ce que je viens faire ici, moi ? Où est-ce que je suis, ici ? Il faut que je m'en aille tout de suite. « Il faut que je rentre. » Je me dégage, je réussis à m'asseoir. Il me regarde d'un air mal assuré. « Qu'est-ce qui te prend ? Mais qu'est-ce que tu as ? » « Il faut que je rentre... C'est tout... Tu ne comprends pas... On m'attend... » « Qui est-ce qui t'attend ? Ta copine, la nympho ? Elle t'attendra, ça lui fera du bien. Le type, là, Azeta ? Il t'attendra bien, Azeta. Il est fait pour attendre, ce mec. Il te plaît, ce mec ? C'est pas un mec, ce mec. » Et toi, je pense, et toi, t'es un mec alors ? Qu'est-ce que c'est un mec alors ? Un mec c'est un type comme toi, qui plaide pendant une heure pour amener une fille dans son lit ? Tout d'un coup je le regarde, je le regarde et je me dis : le pauvre. Je me dis que je n'aimerais pas être à sa place, après tout, il a l'air, je ne sais pas moi, l'air d'avoir un besoin urgent, l'air de me vouloir vraiment beaucoup, avec ses yeux troublés et sa lèvre supérieure qui tremble, enfin je sais bien que ce n'est pas moi qu'il veut, mais enfin il a l'air, je ne sais pas, comme quelqu'un qui aurait très faim, un air d'enfant aussi, un enfant qui aurait faim. Est-ce qu'on refuse quelque chose à un enfant qui a faim ? Bon, ça va, ça va. Je ne sais pas comment m'y prendre, je suis incapable de le toucher à nouveau. Il faut que je dise quelque chose. « Écoute, ce n'est pas raisonnable, je vais finir par coucher avec toi, regarde, rien que pour te faire plaisir... Rien que parce que tu me le demandes comme ça... Par lassitude... » Je pense qu'il ne fera ni une ni deux ; qu'il va se dire le pont est levé, et se ruer à l'assaut. Pas du tout, à mon grand étonnement son regard s'éclaircit, devient très sérieux, très volontaire, il me dit : « Pas ça ! Jamais ça, veux-tu ? Promets, promets-moi que tu ne feras jamais quelque chose pour moi, par pitié ou par devoir. » Je suis très étonnée, décontenancée. Pour la première fois il me touche vraiment. Je dis « Si tu veux, je te promets ». Je l'ai à peine dit que je sais que je suis rentrée dans son truc, je n'aurais pas dû, je n'aurais jamais dû, on ne devrait jamais, seulement voilà, on se laisse avoir, et en même temps ça ne fait rien, ça n'a pas d'importance, parce que je sens couler en moi quelque chose de très doux et je décide d'oublier tout le reste : ça n'a plus d'importance. Après ça il peut bien faire ce qu'il veut, il peut m'éplucher peau après peau. Il le fait de façon inattendue, je n'ai jamais vu ça, je lui dis : « J'ai envie de faire l'amour maintenant. » Il me répond : « On n'est pas pressés. » Je

tente de le repousser, je lui dis : « Tu me fais mal. »
« Comment ça je te fais mal ? » Il demande des
explications. Je lui en donne, il ne les croit pas. Il a
raison : je mens. Alors je ne dis plus rien puisqu'on ne
peut pas lui mentir à lui, je me laisse faire à nouveau.
Il est cannibale, il me mange de partout. Je ne veux
pas le laisser faire : ce n'est pas convenable. Je l'arrête,
je le repousse. Il dit « Quoi, tu n'aimes pas ça ? » Si,
j'aime ça. Bon alors je me tais. Il veut savoir pourquoi
je l'ai rejeté. C'est quand même stupéfiant, ce garçon
qui s'arrête au milieu de choses pas convenables pour
en parler. Je ne savais pas qu'on pouvait parler en
faisant l'amour. Je croyais que voilà, on est avec un
mec assise à une table et on parle, et après on est avec
un mec couchée sur un lit et on fait l'amour. Il y a un
moment pour parler et un moment pour baiser. Et là
voilà que tout est mélangé. Non pas qu'on baise sur
des tables, non, en tout cas pas pour l'instant, mais il
semble que l'amour soit élevé à la dignité de la
conversation, puisqu'on peut faire les deux en même
temps. Quand il s'est finalement décidé à me rentrer
dedans, je ne m'en suis pour ainsi dire pas aperçue, il
n'y a pas eu de transition, pas de passage, pas ce
moment brutal où on est la planche qui résiste au clou ;
ça c'est fait tout seul, il n'y a plus de dehors et de
dedans, de lui et de moi, plus de corps étranger dans
un corps étranger, seulement une bête, une seule bête
avec plein de pattes qui se cherchent, une bête dans un
œuf ; une bête qui a plaisir de partout, qui se cherche
et se trouve partout, qui se touche partout, s'attache
partout, se colle partout, se lèche partout ; plus
d'orifices, tous les trous bouchés, plus de béances, plus
de faim, plus de soif, plus de demande, la bête est

satisfaite avant même de demander, la bête bouge dans les couloirs, dans un noir liquide plein de couleurs, et finalement la bête se fatigue et s'arrête. Le calme. De quelque part la bête marmonne : « Ça va ? » « Oui ça va. » « Sûr, sûr que ça va, petite ? » « Oui, ça va, ça va très bien. » La bête s'endort. Quand je me réveille François dort toujours. Il dort couché sur moi, ses cheveux au creux de mon épaule. Sur lui quelqu'un a posé une couverture. Qui ? Nous ne l'avions pas tout à l'heure. Avec précaution je me dégage, il glisse sur le côté avec un petit grognement. Le grenier resplendit sous le soleil qui pénètre par les lucarnes, tachant d'or les tapis. Derrière les vitres le ciel est bleu, dans l'air les grains de poussière dansent. Sur un matelas à l'autre bout de la pièce, assise en tailleur, Lilli coud. Le soleil enflamme ses cheveux pâles. Elle a l'air d'un ange, d'un ange annonciateur, un ange bleu, un Angelico. Elle coud, affairée, absorbée, avec le froncement de sourcils des petites filles sages, un chiffon bleu, un de ces somptueux oripeaux qu'elle collectionne. Je pense Lilli, Lilli. Comme je suis contente de la voir ! Je vais me lever pour courir vers elle. A ce moment-là je me rends compte de la situation et je me sens rougir de la tête aux pieds. Je ne sais pas où me mettre ; je vais me cacher sous la couverture et faire semblant de dormir à nouveau, tant qu'elle ne m'a pas vue. Et l'autre là, le mufle endormi, quel toupet de me séduire comme ça ! Ici ! Chez Lilli, sa petite amie ! Alors qu'elle pouvait rentrer d'un moment à l'autre ! Morte de honte je m'apprête à plonger sous la couverture. Juste alors Lilli lève les yeux de sa couture et me regarde avec un gentil sourire. « Ah, tu es réveillée ! » dit-elle avec son accent inimitable. « Vous étiez mignons tous les deux, à dormir comme ça. Il est très vigoureux François, hein ? » Je me sens virer du rouge au noir. « Qu'est-ce qu'il y a ? » dit Lilli. « Tu n'as pas l'air contente, qu'est-ce qui se passe ? J'ai dit quelque chose, je t'ai fait de la peine ? » Elle lâche son chiffon, se lève et vient vers moi. Elle porte une espèce de tunique grecque qui lui descend jusqu'aux pieds, un truc en crêpe blanc. Avec sa peau rose et ses frisettes elle est superbe. Elle s'agenouille à côté de moi, les mains sur les miennes. « Qu'est-ce que tu as, ça ne va pas ? » Je dis « Si, ça va, c'est lui ». Elle me passe la main sur les cheveux. « Je suis contente, il est mignon François hein, il faut être contente aussi, il est gentil François, il a été gentil avec toi ? » Je dis oui, oui, ça va. « Parfois il n'est pas gentil alors il ne faut pas faire attention. » Elle se penche vers moi, elle me regarde par en dessous : « Qu'est-ce qu'il y a qui ne va pas ? Peut-être tu veux un peignoir ? Pour aller à la salle de bains ? Oui ? » Je dis oui. Elle part et revient avec un immense peignoir d'éponge blanche. Elle montre le rideau salle de bains : « C'est par là. » J'enfile le peignoir maladroitement, en essayant de laisser voir le moins possible de ma personne, elle me regarde rieuse, elle ne me fera pas la grâce de détourner la tête. Quand je suis derrière le rideau elle me crie : « Tu peux prendre une douche si tu veux. » Je voudrais bien, je me sens fatiguée et sale, mais je n'ose pas, il n'y a qu'un rideau, ils vont entendre tous les bruits de ma toilette, peut-être même qu'ils pourraient écarter le rideau pour me regarder, qui sait ce qu'ils pourraient décider maintenant que je les ai laissés seuls tous les deux. Lilli crie « Il y a une serviette et un gant pour toi sur le bord du lavabo ». Le robinet fait un bruit épouvantable. Dès que je l'ouvre ça déclenche comme une série de coups de marteau dans les tuyaux, bom bom bom bom rroum, affolée je referme en catastrophe, puis je me souviens qu'il faut absolument que je me lave, je rouvre et ça recommence. J'ai le sperme de l'autre voyou qui me coule entre les cuisses. Sperme ? Sperme ? Qu'est-ce que c'est que ça ? Qu'est-ce que ça fait là ? Qu'est-ce qu'il a fait la brute, le salaud, ça ne devrait pas être là, c'est qu'il n'a pas utilisé de machin, de truc, là, les petits sacs dégoûtants. La brute. Le gros salingue. Merde alors. Qu'est-ce que je vais faire ? Il va me payer ça. Pour le coup complètement affolée et furieuse je me lave à toute vitesse, bom - bom - bom ou pas, et drapée dans le peignoir et ma détermination j'écarte le rideau et retourne au matelas. Ils sont là tous les deux, le François est réveillé, il a négligemment enfilé sa chemise qu'il n'a même pas boutonnée, pour le reste il est en costume d'Adam, enfin il a la couverture sur les genoux mais on devine qu'il n'a rien dessous et elle elle est toujours là assise en tailleur, ils bavardent tous les deux tranquillement, je me plante à côté, debout les poings sur les hanches pour avoir l'air forte. « Ça va » il dit le François « pas de problème, personne ne s'est fait piquer, la police n'a rien compris, ils ont juste retenu deux ou trois PSU pour la nuit, personne des nôtres, pas de problème. » « Oui, tu vois » dit Lilli « tout s'arrange très bien. » Le « Tout s'arrange très bien » est la goutte d'eau qui fait déborder le vase ; je sens les larmes me couler sur les joues, je me laisse tomber par terre et je pleure, je pleure de rage. « Qu'est-ce qu'elle a ? » dit Lilli. « Tu n'as pas été gentil avec elle ? » « Si » répond l'autre

« j'ai été très, très gentil. Tu sais bien que je suis très gentil. » « Parfois », répond Lilli, « pas toujours ». Moi je pleure, je pleure de plus belle. « Je ne sais pas ce qu'elle a, cette fille » dit François. « Elle pleure tout le temps. » « Qu'est-ce qu'il y a Isabelle ? » dit Lilli. « Dis-le-moi à moi ; je suis ton amie. » Elle me prend dans ses bras, elle me serre contre elle, elle me berce. Entre deux sanglots, je hoquette, le nez dans sa poitrine : « Je crois que je suis enceinte. » « Qu'est-ce qu'elle dit ? » demande François. « Elle croit qu'elle est enceinte. » « Enceinte de qui ? » « De qui es-tu enceinte ? » murmure Lilli, doucement. « De lui. » « De toi » dit Lilli. « Comment ça, de moi ? Déjà ? » « Comment déjà ? Tu as couché avec elle ce matin, non, tu aurais pu faire attention ! » « Mais ça n'est pas possible, elle a ses règles. Elle m'a dit qu'elle avait ses règles. » Moi : « C'était pas vrai. » Lui : « Quoi c'était pas vrai ? Quoi c'était pas vrai ? » Lilli : « Tu dois bien le savoir, toi, si elle les avait ses règles ou pas. Tu t'es aperçu de quelque chose ? » « De rien. Absolument rien. Il n'y avait rien. Mais ce n'est pas possible enfin, elle m'a raconté des histoires ! » « Je me demande ce que tu as bien pu lui faire » dit Lilli, « pour qu'elle te raconte des histoires comme ça, tu as dû drôlement l'embêter, hein ? » « Moi non, je n'ai pas beaucoup insisté. » Moi : « Si, si, il a insisté. » Lilli : « Mais oui, ma chérie, il a insisté. » A François : « Enfin tu aurais pu prendre des précautions, même pendant les règles ce n'est pas sûr... » « Je n'y ai pas pensé, ça ne m'est pas venu à l'idée, je croyais qu'elle était à la pilule, moi, comme toutes les autres filles ! » « Oui, mais elle n'est pas comme toutes les autres filles, celle-là, tu le sais bien. » « Mais enfin, elle a un mec, quand même ! » « Un mec ? Quoi ça, un mec ? Le petit prétentieux, là ? C'est pas un mec, ça, c'est un con ! » Ils insultent mon mec, maintenant. Je sanglote de plus belle. « Bon » dit François. « C'est pas la peine de s'affoler, ça sert à rien. Elle n'est probablement pas enceinte du tout, tout ça c'est des histoires, elle se raconte ça pour se punir, elle se punit d'avoir couché. » On voit bien que ce n'est pas lui qui est embêté, le salaud. Je ne trouve rien à répondre, je suffoque d'indignation, Lilli me berce. Elle dit « Bon, peut-être c'est rien, peut-être c'est quelque chose ». « Bon, si c'est quelque chose quand ce sera sûr on s'en occupera, enfin tu t'en occuperas, tu verras ça avec tes copines, ça ne doit pas poser de problèmes. » Quoi ça, les copines ? Les deux grosses putains qui étaient là hier soir ? Quelle horreur. Ils veulent me tuer, m'arracher le ventre, je ne me laisserai pas faire. « T'inquiète pas, Isabelle » dit François. « Si t'as des ennuis on s'en occupera. » Et il ajoute, pour Lilli : « C'est chiant quand même, une nana comme ça, qui ne sait rien, qui ne prend pas ses précautions. » « Tu aurais pu les prendre toi-même, tes précautions, tu as bien vu quel genre de fille c'était. » « J'ai bien vu, j'ai bien vu, j'ai pas tellement réfléchi ; tu sais bien que je ne réfléchis jamais. » « Oui, eh bien je t'ai déjà dit qu'un jour ça te causerait des ennuis. » « Des ennuis, des ennuis, il ne faut pas exagérer quand même, après tout c'est son problème, après tout elle est majeure et vaccinée. » « Elle est majeure et pas vaccinée du tout, tu le savais très bien, tu aurais pu faire attention, tu es toujours pareil, tu ne penses qu'à toi ! » « Ben oui, je ne pense qu'à moi, tu sais bien que c'est mon principe, je ne vois pas pourquoi je changerais ! » « Tu ne penses qu'à toi

271

et à côté de ça tu y vas à fond dans tes affaires politiques, un de ces jours ça se terminera mal. » « Et toi, alors, tu marches bien là-dedans aussi, non ? » « Eh, moi, moi, j'ai pris le truc dans mon sac, parce qu'une nana avec un sac ça fait plus normal qu'un mec, hein, puisque j'ai un sac de toute façon, je peux aussi bien y transporter ton machin que des poireaux. » « Oui, tu dis ça, tu dis ça, tu ne vas quand même pas me dire que t'as fait ça pour moi, maintenant ? » « Bien sûr, j'ai fait ça pour toi ! » « Comment, t'as fait ça pour moi, des clous, rien du tout, ah et puis pas de chantage, hein, je ne veux pas le savoir, je ne VEUX PAS le savoir. Et le FOUTR, alors ? Tu ne vas pas me dire que le FOUTR, c'est moi aussi ? Tu ne vas pas me dire que c'est moi qui m'occupe du FOUTR ? Tu ne vas pas me dire que tu n'as pas de préoccupations politiques ? » « Le FOUTR c'est pas de la politique. » « Comment ça, le FOUTR c'est pas de la politique ? Eh ben qu'est-ce que c'est alors ? » « Le FOUTR c'est différent. Quand on défend le FOUTR on défend nos droits, nos intérêts. » « Des droits, des intérêts, y aura jamais de droits ni d'intérêts pour les putains. Les putains ça n'a pas de droits. Pas d'intérêts non plus, d'ailleurs. Juste de l'intérêt, au singulier. » « Oh, ça suffit, toi maintenant, hein. C'est pas parce que tu n'as plus besoin de moi que tu peux me traiter comme ça, c'est pas maintenant que tu vas taper sur les putains, hein, ou alors moi, je te fous à la porte. » « Ça, ma petite, t'aurais du mal. Et puis d'ailleurs, je ne tape pas sur les putes, les putes, y'a rien de mieux. Avec les putes on n'a jamais d'histoires. Après ce qui arrive tu peux compter sur moi pour ne pas aller voir ailleurs. » « Tais-toi » dit Lilli « c'est dégoûtant de

272

parler devant elle comme ça. » « C'est dégoûtant, c'est
dégoûtant, elle n'avait qu'à ne pas faire d'histoires, ne
pas emmerder tout le monde pour rien. » « Fous le
camp, François, fous le camp ! » dit Lilli. « Fous le
camp ou je me fâche, tu sais, vraiment je me fâche ! Va
prévenir Titine et Margot, on a tous rendez-vous chez
l'Auvergnat à une heure avec les autres. » « Titine et
Margot, t'es chiante, elles sont tout le temps mon-
tées. » « Bon, eh bien nous t'attendrons cinq minutes,
il faut que tout le monde soit là pour faire le point.
Allez, vas-y, tu peux bien me rendre service un peu, je
ne vais pas ressortir ! » « Bon, ça va, ça va, heureusement que je suis un bon bougre ! » Et il sort. Lilli me
serre plus fort contre elle. « Ah, les mecs, hein » dit-
elle. « Quelquefois ils sont pas drôles. Il ne faut pas te
frapper, tu sais, il se donne des airs méchants,
François, il joue les durs, il n'est pas aussi méchant
qu'il en a l'air, il se protège comme ça. » Il se protège ?
Se protéger de quoi ? De quoi ça a besoin de se
protéger, un type comme ça ? « J'ai pas l'habitude des
types comme ça, tu sais, Lilli. » « Je sais bien, mon
chou, que tu n'as pas l'habitude ! » « Je ne m'habituerai jamais aux hommes, Lilli, jamais, je ne sais pas ce
que j'ai qui ne va pas, je ne peux pas. » « Moi non
plus, tu sais, je ne m'y suis pas encore habituée. »
« Mais toi tu es avec eux tout le temps, tu fais l'amour
avec eux tout le temps, toujours avec des différents. »
« Justement, c'est bien pour ça, c'est bien pour ça que
je n'ai jamais pu m'y faire, je ne peux pas en supporter
un seul à la fois, s'il y en a plusieurs ils se neutrali-
sent. » « Tu fais souvent l'amour avec François ? »
« Oh assez souvent, oui, enfin, de temps en temps. »
« Il t'aime ? » « Tu veux rire ! Il est comme moi,

François, tu sais, il ne sait pas aimer quelqu'un... Non, il ne m'aime pas, mais il me trouve commode, tu comprends, je ne fais pas d'histoires, je ne lui demande rien, je ne le fais pas payer, je ne suis pas comme une fille normale, il n'a pas besoin de me sortir, de m'emmener au cinéma, au restaurant, ce sont des choses qui l'énervent ; moi le cinéma je n'ai pas le temps et le restaurant il y a toujours des types qui m'invitent. Et puis François il aime bien venir ici, je m'occupe de lui un peu, il est comme tous les mecs, il aime bien ça qu'on s'occupe de lui, mais il n'aime pas avoir d'obligations en retour, et puis il aime pouvoir se barrer quand il en a envie, d'être tout seul. Moi aussi d'ailleurs ça m'arrange qu'il se barre, je ne pourrais pas supporter qu'il soit là tout le temps, j'aime bien avoir quelqu'un de temps en temps c'est tout, d'ailleurs souvent c'est moi qui le mets à la porte, il ne discute pas, il fait le malin comme ça devant toi mais quand on est tous les deux, il file. Ah, les hommes ! Il faut les faire obéir, sans ça ! On ne s'en sort pas avec eux, tu sais, on ne s'en sort pas ! » J'ai envie de lui demander si elle fait obéir ses clients, mais je n'ose pas. Elle continue : « Ce qu'il faut, tu comprends, il ne faut surtout pas les prendre au sérieux ; je veux dire, ne pas les prendre au sérieux en tant qu'hommes, en tant que ce qu'ils peuvent te faire à toi, une femme. Voilà. C'est le rapport homme-femme qu'il ne faut pas prendre au sérieux. C'est comme ça qu'ils s'en tirent, eux, les hommes. Ils ne nous prennent pas au sérieux. Ni notre rapport à eux ni nous-mêmes. C'est là qu'ils ont tort, d'ailleurs : c'est là qu'ils se foutent dedans, ils ont peur, alors ils font comme si on n'existait pas vraiment, tu vois. Mais ils ont tort ; parce qu'on existe.

Alors un jour ou l'autre à force ils vont se casser la gueule. Ce jour-là ils se feront mal, et il faudra faire attention parce qu'ils deviendront méchants. Je crois qu'il faut y aller doucement. Il ne faut pas faire comme eux : il faut accepter qu'ils existent. D'ailleurs, nous, je vois mal comment on pourrait faire autrement, ils font tellement d'efforts pour se faire remarquer. Il faut les traiter comme des personnes, tu vois, mais ne pas leur accorder plus d'importance qu'à l'épicier, au crémier, au facteur ; si vraiment on a avec l'un d'eux une relation privilégiée, ne pas lui accorder plus d'importance qu'à celle que tu as avec ta meilleure copine, tu vois : tu l'aimes bien, tu aimes bien parler avec elle : mais si demain elle devait partir pour Tombouctou, tu n'en ferais pas une maladie. Elle te manquerait un peu, bien sûr, mais tu aurais vite fait de lui trouver une remplaçante. Eh bien, pour un homme tu fais pareil : surtout pas plus. Pour commencer ça le rassure. Au début il ne comprend pas très bien, la plupart d'entre eux en tout cas, ils n'ont pas rencontré ce genre de comportement avant. Mais très rapidement ça le rassure, il se sent soulagé. Bien sûr il peut te faire de petites crises de jalousie, comme ça, des manières, ou bien il peut continuer à se conduire comme s'il se prenait pour l'astre de ta destinée, tu vois ; il ne faut pas faire attention dans ce cas, tu laisses faire, tu le rappelles juste à l'ordre quand il se laisse emporter par son rêve avec une petite phrase gentille et bien sentie, tu vois, c'est tout ; tu verras que cette situation-là, bien sûr d'un côté ça le vexe, mais aussi ça l'arrange. Il y en a quelques-uns que ça fait souffrir. C'est normal, ça. Ils souffrent de temps en temps, ça leur arrive comme aux femmes ; ça leur arrive d'ailleurs probablement plus souvent qu'on ne croit parce qu'ils le cachent, ils minimisent, ils ne veulent pas que ça se voie, et pour eux, c'est simple : si ça se voit pas ça existe pas. Ils ont un sexe qui se voit eux, tu comprends. Alors après ça il ne faut pas s'étonner s'ils ne vont jamais chercher très loin. C'est normal, c'est comme ça qu'ils sont faits. Évidemment, il y aurait bien une autre solution, ce serait d'essayer de les éduquer, de les aider à voir plus loin que le bout de leur nez. Mais ça, Isabelle, c'est une expérience très longue et très compliquée, une tâche ardue et pleine d'embûches. Le plupart des femmes se cassent la gueule à ce jeu-là. Moi, il me semble que ça ne vaut pas la peine de se donner ce mal-là, sauf si tu tombes sur la bête rare, tu vois, l'exception, le type qui t'apprend des choses à toi, sur la vie, vraiment, qui reconnaît que tu existes et qui se rend compte que ça vaut la peine de te mettre dans la confidence. Alors celui-là oui, celui-là ça doit sûrement valoir le coup, celui-là on pourrait commencer à lui montrer des choses à son tour. Moi je continue à me dire que ce genre de type-là ça doit bien exister quelque part, mais pour l'instant en ce qui me concerne ça reste du domaine de la fiction. Tu vois François, par exemple, eh bien tu ne me croiras peut-être pas mais par certains côtés il est comme ça ; il a les rudiments de ces qualités-là ; mais aussi il n'a qu'une idée : s'en débarrasser, oublier qu'il les a, qu'il y a une partie de sa personne par laquelle il est un être humain, pas seulement un mec. Il barre, tu comprends, il barre tant qu'il peut. Il y a cette partie-là de lui qui est humaine, et puis il y a tout le reste qui lui en veut, qui se venge en profitant des femmes. Il se croit très malin, François, tu sais, parce qu'il profite de moi ;

moi si je le laisse faire c'est qu'en réalité il ne comprend rien, absolument rien. Moi je m'en fous, je fais la putain alors j'ai du fric ; remarque je fais la putain au minimum, je ne veux pas me fatiguer, me crever à la tâche, tous les cas difficiles je les laisse à Titine et à Margot ; elles sont courageuses, Titine et Margot, mais elles sont folles, aussi, de se crever comme ça ; elles ne connaissent que ça, tu comprends, faire du fric, faire du fric, faire du fric encore ; c'est dingue ; mais moi à cause de tous les clients que je pourrais prendre pour moi et que je leur laisse elles sont contentes, elles me protègent, elles sont fortes Titine et Margot, elles savent se défendre. »

« Tu comprends », dit Lilli « moi j'ai de la chance, je sais pourquoi je fais ce métier, je le fais en amateur, ce n'est pas que j'aime tellement ça d'ailleurs mais enfin il faut bien gagner sa vie et moi, ouvrière, vendeuse, n'importe quoi, tiens, fonctionnaire, tu m'imagines fonctionnaire ? Non, moi il me faut un travail, tu vois, je ne travaille que trois heures par jour, trois heures, bah, ça me suffit, je suis absolument libre, je prends des vacances quand je veux. En plus je fais des économies. Bientôt je pourrai arrêter trois mois. Titine et Margot, j'appâte pour elles. Je suis plus jolie qu'elles. J'ai de la classe, elles disent. Sans elles je ne pourrais jamais travailler comme ça, librement, comme je veux. Alors ce sont mes amies. Ce sont de pauvres filles, elles sont vulgaires, et à moitié illettrées. Mais ce sont mes amies. Elles me rendent service quand je leur demande. C'est ça les amis. Pas les gens décoratifs avec qui on passe agréablement deux heures. Ça ça ne suffit pas. Moi les amis ce sont des gens en qui j'ai confiance. François aussi. C'est un salaud

François mais c'est mon ami. Il m'exploite si tu veux, quand il veut il vient ici, il couche, il ne paie pas, je le nourris, je l'écoute, il vient quand il a besoin qu'on s'occupe de lui. Je ne lui demande rien. Parce que c'est un homme, lui. Si je lui demandais quelque chose ou bien il partirait ou bien il se mettrait à me demander des choses, aussi. Ça je ne le supporterais pas. Alors j'aime mieux que les choses soient comme ça. Je me contente de ça. Je ne pourrais jamais supporter un homme à la maison, tout le temps. Une maison : ce que les gens appellent une maison, un chez-soi, un intérieur. Un appartement. Avec quatre pièces toutes pareilles, quatre boîtes. Avec du papier peint à fleurs. Avec des meubles : quelle horreur, des meubles. On n'a plus d'espace. Il faut s'en occuper tout le temps. Il faut les payer à crédit. Attention à ne pas faire de bruit à cause des voisins. Sortir le chien. Aller chercher les enfants à l'école. Faire la cuisine, manger autour d'une table à heures fixes. Moi ne je pourrais pas. Ici je suis bien. C'est royal ici. J'ai tout arrangé. Je ne paie presque rien. Au début c'était glacial l'hiver. J'ai tout isolé. C'est encore assez froid mais ça ne fait rien, j'ai de gros pull-overs, des grosses chaussettes, des sabots fourrés, des bouillottes. C'est sympa. C'est comme nulle part ailleurs. J'ai tout arrangé. J'ai mis des tapis par terre, des vieux tapis les uns sur les autres. Pour insonoriser, être tranquille. Je peux mettre la musique que je veux. Les matelas. Les vieux tapis et les matelas je les ai eus par un copain qui fait les poubelles, tôt le matin. C'est incroyable ce que les gens jettent. Tu n'imaginerais pas. Ça fait trois ans que je suis ici maintenant. J'ai fait ça petit à petit. Trois ans c'est long. Je n'aime pas rester longtemps au même endroit.

Un jour je retournerai en Allemagne. Mais ici c'est chez moi, c'est bien, c'est luxueux. J'ai de la place et du temps pour peindre. J'ai des amis, je suis protégée, je ne risque rien. Sauf avec le FOUTR et la politique de François. Un de ces jours les flics me mettront la main dessus, ils me conduiront à la frontière. Mais ça ne fait rien. Sans doute j'aime ça. Ça évite de rendre les choses définitives, l'idée qu'un de ses jours je peux avoir à quitter pour toujours. Ça rend les choses plus faciles. J'aime cette ville. Elle est laide et romantique, Ypallage. Tu as remarqué comment les mouettes volent autour du beffroi les jours d'orage ? On vit vraiment, les gens existent, ils se parlent, la vie a de l'épaisseur. C'est important. Et puis j'ai des amis. Tu vois avec des amis on ne manque de rien, les amis c'est le principal. Tu as des amis toi ? » « Oui, une, mais je ne sais pas si c'est vraiment mon amie. » « Ah oui, la brune avec un nom de fleur, je sais, François m'a parlé d'elle. » « Ce n'est pas vrai, ce n'est pas une nympho, tu sais. » « Eh, je ne sais pas moi, je ne la connais pas. De toute façon ça n'a pas d'importance. Viens. Il est une heure. On va chez l'Auvergnat manger un couscous. » « Non, moi je reste ici. » « Comment ça tu restes ici ? » « Oui, je reste ici, je ne veux pas le voir. » « Qui ça ? François ? Oh tu sais, tu as tort, il ne faut pas te faire de la peine pour lui. » « Ça ne fait rien, je n'ai pas faim ; je suis fatiguée, j'ai besoin de me reposer. » « Bon » dit-elle « comme tu voudras. » Elle va se changer, elle se met en jean et elle sort. Moi je m'allonge à nouveau sur le matelas, je me cache sous la couverture pour cacher ma honte et mon désarroi. Je comprends de moins en moins bien ce qui m'arrive. Le monde s'est mis à changer, tout est sens dessus dessous, et moi là-dedans, dans ce déluge, à peine ai-je réussi à attraper un morceau de bois flottant que le flot me l'arrache, l'emporte et me laisse perdue. J'ai couché avec François ce matin. Je ne sais pas pourquoi je l'ai fait mais pendant que je le faisais il n'y avait pas de problèmes, j'avais trouvé un port. C'est ce que je croyais. Je croyais que parce que je couchais avec lui, qu'il me faisait plaisir, il n'y aurait plus de problèmes. Enfin je ne le croyais pas vraiment mais si, je le croyais. Mais pour lui ça n'était rien, rien du tout. Une fille de plus avec qui il a couché. La deuxième de la nuit. Juste après un bon petit déjeuner pour reprendre des forces. Maintenant qu'il est entré dans ma vie il va falloir qu'il en ressorte, et plus vite que ça. Qu'est-ce que j'ai fait... Quelle idée j'ai eue... Qu'est-ce qui m'a pris... Fuir Azeta pour tomber sur François... De Charybde en Scylla... Quoi que je fasse je fais toujours des conneries. De plus en plus de conneries. Des conneries non-stop, sans arrêt. Pourtant il n'était pas mal, François. Sûrement mieux qu'Azeta. Son côté voyou, ça lui ajoutait du charme. Pourtant il va falloir fuir. Partir encore. Où ? Où est-ce qu'on peut aller pour être tranquille ? Je n'ai plus d'endroit, plus aucun endroit. Si je veux fuir François il va falloir fuir Lilli. Oui mais je veux rester avec Lilli. C'est mon amie, Lilli. Une fille comme ça on n'en rencontre pas deux. Elle va m'apprendre à vivre. Elle va m'apprendre à ne plus avoir mal, à savoir pourquoi je suis là. Elle sait, elle, Lilli, elle sait tout. Pourtant elle doit être plus jeune que moi, vingt ans, vingt et un ans. Il y a des gens qui savent tout, tout de suite. Je me demande si elle me garderait là avec elle, jusqu'à ce que j'y voie plus clair. Mais aussi il va falloir supporter la présence de l'autre. Quelle vie. En attendant je m'endors. Toujours la solution quand je ne sais pas quoi faire, m'endormir. Toujours la tête sous l'aile.

J'ai beau essayer de faire de mon mieux, je ne peux pas dormir. Je suis angoissée, je me demande ce je vais bien pouvoir faire de ma vie, j'ai le cœur qui bat. J'aurais dû aller travailler aujourd'hui, qu'est-ce que j'irai raconter au lycée demain ? Tout fout le camp. Plus d'ordre. Plus de limites. Plus de lois. Plus rien. Quelle catastrophe. Ma vie était facile avant. Mais tous ces gens bizarres qui viennent de faire irruption là-dedans ! Je ne m'en sortirai jamais, je n'arriverai jamais à joindre tous les fils ensemble. Qu'est-ce que j'ai fait ? J'ai mal fait, j'ai très mal fait, j'ai couché avec n'importe qui, un type que je ne connaissais même pas. Je vais sûrement être punie pour ça. D'abord un homme marié, ensuite un type que je ne connais pas. Je n'arrive pas à dormir. Ce n'est pas la peine d'essayer si c'est pour avoir des pensées pareilles. Je me lève. Je suis toujours en peignoir. Les autres vont rentrer, si ça se trouve il y aura toute la bande, ils me verront comme ça à deux heures de l'après-midi. J'aurai l'air encore plus ridicule. Une paumée, une folle. Complètement dingue. Il faut que je m'habille. Par terre à côté du matelas il y a un petit tas de vêtements : les miens. Culotte, soutien-gorge sur le dessus. C'est le François qui a dû les jeter là au fur et à mesure qu'il me les enlevait. Et c'est resté là, tout simplement. Je vais les remettre. Toujours les vieux vêtements de clown volés dans la mansarde. Je voudrais bien mettre autre chose : quelque chose de Lilli, par exemple. Mais je n'ose pas sans sa permission et puis, de quoi est-ce que j'aurais l'air dans les vêtements de Lilli, je vous le demande un peu. D'une grosse patate. Pauvre folle. Alors je rentre à nouveau dans le pull et le blue-jean. Autant être moche sans coquetterie qu'avec. Quand c'est fait je décide de regarder le grenier plus en détail. Il y a un rideau derrière lequel je n'ai pas bien regardé. C'est celui qui m'a semblé dissimuler tout un attirail de peintre. Effectivement il y a tout ce qu'il faut, chevalet, des pots avec des brosses, des couleurs. Et aussi une dizaine de toiles rangées le long du mur les unes sur les autres. Tournées contre le mur. Je ne peux rien voir. Qui est-ce qui peint comme ça ? François ou Lilli ? Sûrement Lilli. François c'est la musique. Et il me semble avoir entendu Lilli dire que faire la pute, ça lui laissait du temps pour peindre. C'est drôle, une putain qui peint. Quelle idée bizarre. C'est vrai que Lilli n'est pas une putain comme les autres. D'occasion, seulement. La belle occase. Je voudrais bien voir ces toiles, au moins la première. Je tire, je tire. Elle est très grande, cette toile, et bien coincée, c'est lourd. J'ai peur de faire tomber toutes les autres si je dégage celle-là. Tant pis, j'y vais, je tire. Dans un bruit de tonnerre elle tombe en arrière, côté peint sur le dessus. Comme ça je la vois au moins. Mais vu d'en haut, ça fait un peu bizarre, pour ne pas dire que ça ne va pas du tout. Bon. Je la prends par le haut, je la traîne jusqu'au mur, je l'appuie, ça va mieux. Enfin, pas encore tout à fait. Il y a quelque chose qui ne va pas dans les volumes et la perspective. J'ai dû la mettre à l'envers. Précautionneusement, côté par côté, je réussis à lui faire faire un demi-tour sur elle-même. Voilà ça y est. C'est un grand tableau bleu outremer, avec du relief dans le bleu, je ne sais pas comment c'est fait, à la main ou au couteau, ça fait comme des griffures épaisses, ou des plaques. Au milieu il y a une grande tache blanche. C'est un blanc laiteux qui frise le gris par endroits. C'est beau, ce truc-là. Moi j'y connais rien à la peinture. Ça ce truc-là j'y comprends rien mais j'aime ça. Il me semble que si on peut faire des trucs comme ça on doit être heureux. Lilli c'est une fille qui sait ce qu'elle fait. Quand elle s'envoie pas en l'air elle prend son pied avec un pinceau. Quand je pense à des filles comme moi ou comme Lilas. Surtout Lilas : parce qu'enfin moi, au moins j'ai deux excuses : je suis moche et je travaille. Lilas, elle, n'a aucune excuse. Elle est belle, elle fout rien. Et elle s'emmerde, elle pleure, et elle a pas de mec. Qu'est-ce que c'est que ces histoires de nympho ? Jamais vu Lilas ramener un mec à la maison, sauf une fois, et il a pas duré longtemps. Quelle vie, Lilas. A contempler le mur dans sa chambre dégueulasse, jamais le courage de faire son lit. Mais qu'est-ce qu'elle fait dans la vie ? De quel droit elle me fait la morale ? Elle n'existe pas Lilas, ou elle fait comme si elle n'existait pas ; Lilli, elle, existe, chaque minute de sa vie. Vive Lilli. Vive Lilli la pute. La putain au cœur d'or, la putain joyeuse. J'ai envie de regarder le tableau encore. Je m'assois par terre à deux mètres, pas trop près et pas trop loin. Je regarde, je regarde, j'ai la tête qui se perd dans le bleu. Je flotte, je dérive. Derrière moi le bruit d'une porte. C'est Lilli toute seule, en jean collant, qui revient. Elle dit « Comment ça va ? J'ai trop bouffé, tu sais, il est bon son couscous à l'Auvergnat. » « L'Auvergnat ? » « Oui, le type des vins et charbons, en face. » « Ah. » « Tiens, tu regardes *L'Arbitraire du Cygne* ? » « Quoi ça ? » « *L'Arbitraire du Cygne.* » C'est François, il a dit qu'il fallait l'appeler comme ça, cette toile, il dit que c'est un cygne, qu'il y a dessus, un cygne qui ne ressemble pas du tout à un cygne, alors il faut appeler ça *L'Arbitraire du Cygne.* Il te plaît, ce tableau ? Moi je veux bien que ce soit un cygne, si ça lui fait plaisir. Quand je peins ces trucs-là, je ne me demande pas ce que c'est. C'est pas que je ne pense pas pendant ce temps-là, mais ça, tu comprends, ça ne regarde que moi. Je ne le dis à personne... Je peins surtout le dimanche... François vient me regarder... Il s'assoit et il reste des heures... Parfois il fume de l'herbe... Comme s'il n'y avait pas assez de délire comme ça dans la vie, comme s'il fallait s'en fabriquer de l'artificiel en plus... Moi à mon avis les gens qui fument c'est parce qu'ils ne veulent pas regarder autour d'eux... Ils ne voient rien... François il est comme ça. C'est étonnant à quel point il ne voit rien... Il est très intelligent par ailleurs... Mais c'est comme ça... Il ne faut pas trop en demander... Mais il aime bien me regarder peindre... Dans ces moments-là il me fout la paix et même il me prend au sérieux. » Plus elle parle et plus je me rends compte que c'est sérieux, ce qu'il y a entre elle et François ; et plus je me demande ce qui m'a prise, à me faire baiser par son mec, chez elle. Elle se lève : « Il faut qu'on y aille. » « Où ? » « Voir Delchiotto. » « Quoi ? » « Ben oui, on a décidé ça avec les copains tout à l'heure, tu comprends toi et moi si on se cache ça fera bizarre, et par ailleurs, c'est le meilleur moyen de vérifier, 1º qu'il est pas mort, 2º qu'il va pas faire d'histoires. On verra bien, tu comprends, à la façon dont il nous accueillera. Et puis ça aura l'air normal, qu'on aille lui faire une petite visite de politesse, on était là quand il s'est fait

bousiller, non ? On achètera des fleurs sur le chemin. »
« Bien sûr, on était là quand il s'est fait bousiller !
C'est même toi qui l'as bousillé, Lilli, non ? » « Quoi ?
Oh non c'est pas moi, moi j'avais juste mis le truc dans
mon sac, par hasard, justement c'est parce qu'il n'y
avait personne alors je pensais que ça ferait moins de
dégâts, je ne pouvais pas deviner que c'était son
bureau et qu'il allait entrer comme ça tout d'un coup
et se taper du cognac tout seul, le salaud ! Moi j'ai rien
fait, c'est juste que François m'avait demandé de
transporter le machin, là, je ne sais plus comment ça
s'appelle, un Molotov un peu corsé quoi, ça n'a rien à
voir avec moi, c'est un copain de François qui l'a
fabriqué, il en fabrique dans sa cave, François dit qu'il
en a tout un stock, d'ailleurs moi je ne le connais même
pas ça vaut mieux, et alors moi François m'avait dit
que ses machins n'étaient pas très perfectionnés, la
plupart du temps ils ne marchent pas il ne se passe rien
du tout, ou alors ça fait comme un gros pétard, tu vois,
rien de plus, c'est juste que ça fout un peu la trouille
aux gens, c'est juste pour créer une atmosphère, tu
vois ? Faut croire que celui-là il l'avait soigné, parce
que ça n'aurait pas dû faire des dégâts pareils. Et puis
d'ailleurs moi tu sais je n'y étais vraiment pour rien là-
dedans, c'est juste que François m'avait demandé de le
prendre dans mon sac, tu vois, parce que c'est quand
même un peu gros et puis il faut manier ça avec
précaution. » J'essaie de me rappeler les vagues
connaissances que j'ai en matière d'engins infernaux ;
il me semble bien qu'elle se fout de moi, qu'elle est en
train de me raconter des histoires. « Mais enfin, Lilli,
ça devait bien éclater à une heure précise ce machin ?
Il y avait un mouvement, on entendait une espèce de

tic-tac. » « Tic-tac, tu parles, ça ma petite, de deux choses l'une, ou c'était ton petit cœur affolé, ou c'était ta montre, il n'y avait rien du tout, ces machins-là, justement, normalement, il faut les fracasser contre quelque chose pour que ça pète, c'est pour ça, je ne comprends pas du tout pourquoi il a éclaté comme ça, il n'aurait pas dû, juste parce que Delchiotto a ouvert le tiroir du dessus pour prendre sa bouteille de cognac, le vieux saligaud, quand je pense qu'il buvait tout seul, un homme avec des responsabilités pareilles ! Enfin ! Non, je ne sais pas ce qu'il avait ce machin, il devait être trop vieux, comment on dit, faisandé, je ne sais pas moi... Mais ce n'est pas du tout normal... » « Tu es sûre qu'il ne t'a pas raconté des histoires, François ? Par peur que tu refuses de le transporter si tu savais que c'était un truc dangereux ? Parce que quand même, il m'a bien semblé que le recteur, lui, il prenait ça très au sérieux ! » « Oh, le recteur, le recteur, on lui a raconté des histoires ; et d'abord c'était pas de notre bombe qu'il s'agissait, c'est pas nous qui avons téléphoné, c'est des cons, je ne sais pas, il y a toujours des cons pour donner des coups de big... comment on dit, bigophone ? C'est ça ? Ces coups de bigophone bidon. C'est toujours comme ça. Dans toutes les organisations extrémistes il y a des cinglés indisciplinés qui foutent le bordel ; à moins que ce ne soit une provocation policière ; c'est ce que pense François ; François met toujours tout sur le compte des provocations policières ; à mon avis c'est un peu expéditif. En tout cas c'était pas nous, nous on voulait juste faire notre petite manif, tu vois, et on avait pris le machin, là, qui a pété, tu vois, juste un, un seul, histoire de créer une atmosphère au cas où ça aurait été un peu mou, c'est tout, absolument. » « Et Vogel, alors, qu'est-ce que vous en avez fait de Vogel ? » « Vogel ? Je vais te dire, moi, où il est, Vogel. Vogel est à Düsseldorf. Chez lui en train de regarder la télé ou de lire son journal. Il s'en fout bien de ce qui se passe ici maintenant, Vogel ; n'empêche qu'il a quand même eu un méchant coup de trouille. Il a trouvé que ça sentait le moisi, toutes ces histoires de manif ; en plus il paraît qu'il avait eu des mots avec Delchiotto au déjeuner ; tu étais au courant de ça, toi ? Oui ? C'est Graham qui nous l'a dit. Il paraît qu'il était déjà complètement traumatisé par son histoire avec Delchiotto, il a dit à Anna que Delchiotto s'était mis tout d'un coup à l'insulter, qu'il l'avait à moitié étranglé, et lui, Vogel, n'avait absolument pas compris pourquoi ni comment ; il paraît qu'il ne comprend le français que quand on le parle lentement. En plus il arrive à la Fac, il tombe dans le bordel ; il faut dire qu'on ne s'était pas mal débrouillés, hein, tu ne trouves pas ? Et alors Vogel, il paraît qu'il est cardiaque, il a déjà fait trois infarctus, et il a eu peur pour sa santé ; ah oui, et en plus, j'oubliais, tu sais, j'ai l'impression qu'il m'a reconnue, parce que je me souviens maintenant, de parler avec Anna, ça m'a rafraîchi la mémoire ; Vogel, c'était lui, tu te souviens, je t'avais dit, le phonologue aux oiseaux ; le prof qui avait essayé de me sauter dessus... Il faut dire qu'ah oui... J'avais oublié de te raconter... Après je suis retournée le voir... Je lui ai fait toute une histoire... Je lui ai dit que s'il tenait à sa réputation il avait intérêt à me donner mon examen... Je lui ai monté tout un bateau... Il a eu la trouille... Ça a toujours été un poltron Vogel... Alors en plus là je l'ai vu me regarder... Changer de tête... Il a dû me reconnaître... Se dire que ça en faisait trop à la fois... Il s'est taillé... Il a réussi à sortir, juste avant que les flics ne ferment toutes les issues... Il y a un copain qui l'a vu parlementer avec les flics pour sortir... Alors tu vois ce kidnapping c'était une histoire sortie de l'imagination bouillonnante de Delchiotto... Quel con ce mec c'est à peine croyable... Et Graham, elle, n'a rien dit. D'abord parce qu'elle est de notre bord, la môme Anna, et le bordel en plus c'est toujours autant de pris — ensuite parce qu'elle avait promis à Vogel... Il avait la trouille que Delchiotto lui coure après, vienne le retrouver à l'aéroport. Alors c'est comme ça que ça s'est fait... A l'heure qu'il est la police le cherche toujours... C'est dingue... Oui alors écoute tu vas être gentille, tu vas venir avec moi à l'hosto voir Delchiotto. » « Tu n'as qu'à y aller toute seule. » « Mais non, tu ne comprends pas, je ne peux pas, ce n'est pas possible... Je ne le connais pas assez... Officiellement, je ne le connais pas du tout... Je risquerais de lui faire peur... Il pourrait se demander ce que je viens faire là... Tandis que toi c'est normal après tout, tu bosses avec lui, c'est la moindre des choses... Et alors ça aura l'air tout naturel que je vienne avec toi, parce que j'étais là, et puis je serai censée être ta copine... Allez viens... Sois gentille, ne fais pas d'histoires. » Sois gentille, fais pas d'histoires, depuis le temps qu'on me dit ça... Depuis toujours... Sois gentille, Isabelle, ne fais pas d'histoires... Sois gentille et fais ce qu'on te dit... Je ne m'en sortirai jamais... J'ai beau m'en aller, j'ai beau déménager, je retrouve toujours la même chose... De nouveaux parents... Ils changent de peau mais en dedans c'est la même chose... Maintenant c'est plus Lilas et Azeta, c'est Lilli et François... De toute façon c'est pareil... Je me suis encore fait piéger... De nouveaux parents... Une petite fille, Isabelle, tu seras toujours une petite fille... Une petite fille grosse et laide... Jusqu'à la mort... Rien à faire pour y échapper... On ne peut plus aller de l'avant et on ne peut plus aller en arrière non plus, puisqu'en arrière on va retrouver la même chose... En plus menaçant... Puisque c'est plus vieux, plus figé... Ce n'est pas au début que les situations sont menaçantes, au début on ne comprend pas... On ne voit pas le piège... On croit qu'on s'en est tiré, que c'est quelque chose de complètement différent, et puis en fait au bout d'un moment on s'aperçoit que justement on s'est foutue dedans parce qu'on ne s'était pas aperçue que c'était exactement la même chose... On avait cherché le danger ailleurs... Alors c'est comme ça que c'est arrivé une fois de plus... Comme avant... La même chose... Sous un déguisement différent... Toujours un déguisement différent... Il n'y a absolument rien à faire... Il faut accepter la situation... C'est une question de survie... Il ne faut rien dire... Jouer le jeu... Sinon on pourrait me soupçonner... De rébellion... Me laisser tomber... Je n'aurais plus personne... Je n'ai plus personne... A chaque fois c'est plus fragile... La découverte du traquenard est plus rapide... Moins bien on connaît les gens moins on peut compter sur eux... Le temps crée quand même des liens, ça les fait hésiter à aller trop loin... Mais ceux-là Lilli François ils me connaissent à peine... Ce sont des gens bizarres... Je ne comprends pas leur code de vie... Dieu seul sait ce qu'ils pourraient faire... Alors il vaut mieux leur obéir... Faire ce qu'ils disent... Observer en dessous, sans en avoir l'air, sans se laisser remarquer... Jouer jusqu'au bout la grosse gourde... Se laisser manipuler puisqu'on ne peut pas faire autrement de toute façon mais évaluer la situation, attendre le moment où on pourra essayer de s'évader... Essayer de s'en tirer... Encore... Une fois de plus... On verra bien... Et pourtant Lilli... Un ange Lilli... Mais un ange gardien, oui... Toujours en prison... D'une tôle dans une autre... Quand est-ce que je pourrai sortir... Être libre... Toute seule... Vivre... Une vie qui serait à moi... Au lieu d'être aux autres... Pour l'instant il n'y a rien à faire... Je regarde Lilli... Qui me regarde aussi d'un air songeur la tête sur le côté... Elle dit « Bonjour Isabelle, tu te réveilles ? » Je dis « D'accord, ça va on y va ». Je me lève. Je m'aperçois que je porte toujours des vêtements d'emprunt. « Je ne peux pas y aller comme ça. » Pensant que je vais peut-être échapper à la corvée après tout. Mais elle dit « Viens on va te trouver quelque chose ». « Non, non, ce n'est pas possible, ça ne m'ira pas. » « Pourquoi ça ne t'ira pas ? » « Je suis trop grosse, tu sais. » « Mais non, tu es folle. » Elle m'entraîne derrière le rideau-garde-robe. Elle décroche une robe, c'est une robe de laine bleue, ample. Elle dit : « Tu mets ça. » Elle sort un pull, bleu aussi. « Et ça. » Et un collant bleu et des sabots de cuir noir. « Et ça, et ça, ça t'ira. » Elle me met tout dans les bras, elle me pousse vers le rideau-salle de bains. Je me déshabille, je me rhabille. Je sors de la salle de bains. Elle dit « Très joli, viens te voir ». Elle me pousse vers une grande glace. C'est vrai que je ne suis pas mal du tout. La forme vague dissimule la graisse. « Il faudrait apprendre à te maquiller. Et te coiffer. Je m'en occuperai plus tard. Allez, on y va. » On sort, on va vers la deux chevaux. « Ce n'est pas celle de François ? » « Non, c'est la mienne, je la lui prête, ça l'amuse, il se sent un homme. » Elle conduit. « Et les fleurs ? » Je dis « Non, pas de fleurs ! Ça je ne peux pas, ce n'est pas possible, il ne faut quand même pas exagérer. » « Pourquoi tu te sens toujours coupable ? » On arrête devant l'hôpital-caserne. Elle demande, très à l'aise, aux renseignements, où se trouve Monsieur Delchiotto. Escalier, ascenseur, couloir. Je tente vainement de contrôler le tremblement froussard qui m'agite les mains. Rien à faire. Finalement on arrive à l'endroit, à la porte il y a une infirmière qui nous demande si nous faisons partie de la famille. « Non, des amis. » « Alors, il faudra revenir dans quelques jours, il n'est pas en état de recevoir des visites. » « Il va très mal ? » « On l'a opéré ce matin, il a fallu amputer au-dessus du genou. » Lilli et moi on se regarde, on se sent pâlir. « L'opération a réussi, il s'est réveillé il y a une heure, mais il a besoin de beaucoup de calme. » On dit oui oui bien sûr, et on quitte l'hôpital comme des voleuses. Dans la voiture sur le chemin du retour on n'arrive pas à se parler. Je n'ose même pas regarder Lilli ; je regarde par la fenêtre le paysage gris d'Ypallage en essayant de prendre un air détaché. En arrivant dans le centre je dis : « Je vais peut-être rentrer chez moi maintenant. » Elle gare la voiture, me regarde et dit : « Tu as envie de rentrer chez toi ? » « Non, c'est pas ça, mais... » « Mais quoi ? » « Ben je ne sais pas, enfin, je vais te déranger... » « Bon, écoute je ne sais pas ce qui se passe chez toi mais j'ai l'impression que tu n'as pas envie de rentrer. Alors tu sais moi tu ne me déranges pas, si tu veux habiter chez moi quelque temps, j'ai l'habitude, quand il y a des copains en difficulté je les héberge toujours, il y a la place. Si tu

veux on passe chez toi prendre quelques affaires. »
« Bon d'accord, merci Lilli, tu viens avec moi alors. »
« Écoute je ne sais pas ce qui se passe chez toi mais ça
a l'air de te faire une trouille bleue. C'est curieux. Mais
enfin, si tu y tiens je viens avec toi. Je me demande
bien ce que je vais y trouver dans cet appartement. »
On prend l'ascenseur, j'ouvre la porte. Il règne le
silence des lendemains de bataille. Précautionneusement je pousse la porte de la chambre de Lilas.
Personne ; l'armoire est ouverte et vide. « Dis donc, on
dirait qu'elle s'est fait la malle, ta copine ? » On dirait,
en effet. Bon ça ne fait rien. J'aime mieux partir avec
Lilli quand même, on ne sait jamais. Et puis j'aurais
peur de rester seule ici, dans cette atmosphère dévas-
tée. Je prends mes affaires. Dans le salon à côté du
canapé un cendrier déborde de mégots. Des gauloises
bleues, les cigarettes d'Azeta. Il a dû passer pas mal de
temps ici pour avoir fumé tout ça. De toute façon je
m'en fous, l'essentiel c'est qu'il soit parti. Avec l'aide
de Lilli je fourre à la hâte des affaires dans un sac, je
prends mon sac de cours — il faudra retourner au
lycée demain — je ferme la porte à double tour avec
satisfaction. Enfin libre. Enfin libre ? En transfert, oui.
D'une cage à une autre. Dans les cahots de la deux
chevaux sur les pavés de la grand-place je ressens
malgré tout un grand soulagement. Je me sens plus
légère. La vie est belle : la vie a changé. Il va y avoir
du nouveau, l'environnement a changé, j'ai laissé au
moins dix kilos derrière moi. Ah vivre. Couleurs,
chiffons, ciel bleu, soleil timide, parfums, encens,
pigeons, pavés luisants, jonquilles, amour du prochain, joie, satisfaction, sérénité, bonheur, folie, danger, exagération, infidélité, tromperie, pas moi, erreur,

casse-gueule ? J'observe le profil retroussé de Lilli conduisant. Lilli, mi-ange, mi-poubelle ; blanche et noire. Est-ce que cela vaut mieux que le gris uniforme ? Je crois que oui. En tout cas j'ai envie d'essayer. Elle dit : « Ça va, Belle ? » Je dis oui, je me sens belle effectivement tout d'un coup. Cigarettes, jean, élégance, décontraction, fumeuse-fumiste, fouteuse — je m'en foutiste. Au lycée demain, faire faire des dictées aux petites filles. Pas grave. Droit à une vie à moi en dehors. Nécessité d'apprendre à vivre rapidement. Pas encore à vivre : d'abord à survivre. Surnager. Avec l'aide de Lilli. Lilli aide-moi. Lilli veut bien, elle aime bien les gens, elle les laisse entrer jusqu'au fond d'elle-même. Chez Lilli le dedans est comme le dehors, tout en surface, jolie surface chatoyante, chiffons colorés. On rentre. Elle dit « On va se faire un petit thé ». Exactement comme Lilas. On croit rêver. Thé par terre sur un plateau, avec des loukoums, thé dans des bols. Lilli boit assise en tailleur sur un matelas. Elle me regarde. Elle dit : « Tu as l'air si malheureux, mais qu'est-ce que tu as ? » « Je ne sais pas. J'ai rien. C'est ça qu'il y a justement, j'ai rien. J'ai pas de vie, pas d'amour, pas de désir, pas de plaisir. Je suis moche, je ne plais pas, j'aime plus tellement mon boulot, j'ai pas d'amis, j'ai rien. Le désastre. Je commence vraiment à me demander ce que je fais sur terre. Je commence vraiment à me demander à quoi bon. Objectivement, j'ai même pas de problèmes. Je manque de rien. C'est la catastrophe. Je suis complètement ratée : une erreur. Grosse fille moche pour qui les autres parlent une langue bizarre dont les mots familiers semblent recouvrir des sens étrangers, incompréhensibles. Tu comprends Lilli, je commence à me dire que je dois être folle ; pourtant je n'ai pas l'air comme ça ; je suis sûre que j'ai l'air tout à fait raisonnable, aux yeux des autres, ils doivent se dire que je n'ai que cela de positif, d'être raisonnable. Toute en acceptation, en surface. Pas de remise en question. Isabelle-qui-ne-fait-jamais-d'histoires. Et à l'intérieur : le vide, rien. Même si je voulais en faire, des histoires, je ne pourrais pas. Il y a un rêve que je fais souvent, depuis que je suis toute petite, je me trouve dans différentes situations, ce sont toujours des situations terrifiantes, et il n'y a qu'une chose à faire pour m'en tirer, de là : crier, crier très fort pour appeler à l'aide. Je crie, je crie, j'ouvre la bouche toute grande, et il ne sort pas un son. C'est ça qui est pire que tout : c'est encore plus terrifiant que ce contre quoi j'essaie de me défendre en criant. Ce rêve, c'est ma vie : c'est exactement comme ça. Je voudrais crier et je ne peux pas. Je voudrais faire quelque chose et je ne peux pas. Je ne peux pas parce qu'il n'y a rien à l'intérieur de moi, comment est-ce que je ferais pour agir ? Et pourtant j'existe ; extérieurement j'existe ; les gens me voient et m'entendent ; je dis bien non pas me regardent et m'écoutent, mais me voient et m'entendent. J'existe comme bruit de fond. Pour mes élèves aussi, je suis un bruit de fond : pendant même qu'elles récitent leur leçon, elles pensent à autre chose, à ce qu'elles feront à la récréation, à ce qu'elles vont manger à midi. Pour mon amant aussi, je suis un bruit de fond, pour Azeta ; quand il me fait l'amour ce n'est pas moi qu'il baise puisque moi je ne suis pas là, je ne veux pas être là. Pour mon amant, je suis un lieu de passage, un lieu de passage qui ne mène nulle part, un cul-de-sac. Il n'y a personne. Chez moi il n'y a personne. C'est pour cela que je voudrais bien faire comme toi, Lilli, faire des choses inattendues, qui demandent une volonté propre : par exemple être putain, il doit falloir une volonté propre pour être putain, pour toi en tout cas, Lilli, non ? Tu me dis que tu fais ça par commodité, mais je n'en crois pas un mot, moi je crois que tu fais ça par volonté... Par perversité... Pour faire le contraire... Tu as du plaisir avec les hommes avec qui tu couches et qui te paient, là, tes clients ? » « Non. » « Ah alors tu vois, c'est par perversité que tu couches avec eux, hein, c'est pour ne pas avoir de plaisir, c'est comme moi avec Azeta. » « Mais non. Je n'ai pas de plaisir avec eux parce que je ne veux pas, ce n'est pas parce que je ne peux pas mais tu comprends ça ne vaut pas le coup, je n'ai pas le temps, et puis il faut que je veille à tout, que j'aie bien tous mes esprits pour qu'ils me paient... Et puis il faut que je m'occupe d'eux... Ils couchent avec moi pour que moi je m'occupe d'eux, pas pour qu'eux ils s'occupent de moi... C'est ça qui rend les choses plus faciles... C'est qu'ils ne font pas attention à moi... Tu vois moi ça ne m'angoisse pas, au contraire ça m'arrange... Et moi je fais attention à eux, c'est juste pour le fric, c'est un service... Ça n'a pas d'importance... C'est assez dégueulasse, en général, les gens, il ne faut pas leur en demander trop... C'est des types comme tout le monde... C'est des types d'habitude tu les croises dans la rue... Là tu baises avec eux c'est tout... C'est rien... En fait ça va parce que je ne fais pas ça à la chaîne... C'est là que c'est horrible... Titine et Margot pour rien au monde je ne voudrais être à leur place... Elles ne se rendent même pas compte... Pour elles ça ou l'usine c'est toujours la chaîne, c'est dur, c'est douloureux, c'est inconfortable... Salissant...

Abrutissant... Dangereux... Mais le tapin ça paie mieux... Alors quand elles ont fini le peu de temps qu'elles ont pour bouffer elles peuvent se mettre les pieds sous la table... Et leurs mômes ont tout ce qu'il leur faut... Et leurs mecs leur font la gueule, pas meilleur, pas pire... Alors tu vois... Elles disent toujours qu'elles vont s'arrêter, faire des économies et prendre leur retraite... Mais elles n'y arrivent jamais... Le fric fout le camp tout seul... Quoi qu'elles fassent, rivées à la chaîne... Ça ou coudre des fermetures à glissière sur des braguettes de pantalon... Et moi si je peux me permettre de ne pas faire comme elles, de limiter mes horaires, de pas bouffer tout mon fric, autrement dit de m'en sortir, de bien m'en tirer, c'est pourquoi ? Parce que je suis une bourgeoise. Parce que j'ai de l'éducation. Parce que j'ai appris à me débrouiller dans la vie, à ne pas me laisser marcher sur les pieds. Tu as beau dire, toi, que tu ne sais pas te débrouiller, ce que tu ne saurais pas faire, non sûrement non, c'est le tapin à mi-temps, comme moi : convertir le truc à ton avantage, parce que ça, ça demande du culot, que tu n'as pas ; ça c'est une question de dispositions naturelles. Mais compte tenu de ça, toi, tu ne finiras jamais dans un bordel, comme Titine et Margot. Alors tes souffrances existentielles, tout inconfortables qu'elles soient, sont sérieusement limitées. C'est des problèmes cons que tu as toi, des problèmes qui se résolvent. Tu as le système pour toi, dans ta poche ; il suffit d'apprendre à prendre tes distances avec. Ça, c'est pas terrible. Tu as besoin d'apprendre à faire des conneries, sans qu'elles te retombent sur le nez. Moi au début mes conneries elles me retombaient sur le nez ; sans ça je serais plus putain aujourd'hui, j'aurais trouvé un truc plus économique ; d'ailleurs ça n'est pas absolument sûr ; être putain, là-dedans, malgré tout, il y a quelque chose qui me plaît. Enfin de toute façon ça n'a pas d'importance, l'essentiel est que je sois plutôt contente de ma vie ; je suis plutôt contente de ma vie ; je ne me plains pas trop ; quand ça ne va pas il y a la peinture, je peins, avec les mains, je m'en fous plein les mains, j'ai un grand plastique que je mets par terre, une vieille blouse, un foulard, je m'en fous partout ; c'est chouette. Après par endroits je racle au couteau. Ça fait du bien, on oublie tout, c'est joli ce qu'on fait ; le reste n'a absolument aucune importance. C'est comme quand on est dehors, qu'il fait beau, on voudrait bien en emporter un morceau avec soi, dans sa poche, pour se le garder ; eh bien, on peut. Le ciel, là, on patouille avec. On patauge dedans. On s'en met plein la figure, si on veut. Ça fait avaler tout le reste. Ça fait passer les hommes au second plan : et ça, c'est très important. Tant que je ne peignais pas je les faisais passer avant le reste et j'étais en rage tout le temps. Les hommes sont des attrape-nigauds, on n'en a jamais pour son argent, tant qu'on s'obstine à leur donner trop de place. Tu devrais avoir quelque chose comme ça, toi. Fanfan lui il rage sur son piano. C'est la seule chose qu'il possède au monde, François, son piano ; il l'emmène partout avec lui. Il ne reste jamais très longtemps au même endroit, parce qu'il ne paie pas son loyer ; quand il s'en va il appelle les copains, pour déménager le piano. Il est devenu très mauvais, à force d'être chahuté, ce piano ; mais ça ne lui fait trop rien, du moment qu'il peut taper dessus quand même. C'est comme ça qu'il règle ses comptes. C'est là qu'il met ce qui lui reste de romantisme et de sentiment : là et dans la politique ; encore qu'en politique il ait changé en trois ans ; au début il y croyait vraiment ; maintenant j'ai l'impression qu'il n'y croit plus beaucoup, que ce qui l'intéresse surtout, c'est de jouer aux gendarmes et aux voleurs. Enfin, je peux me tromper. Mais tu vois, moi la peinture, lui le piano, ça rend la vie supportable ; et puis moi j'ai décidé une fois pour toutes, que quand j'ai envie de faire quelque chose dans la vie, je le fais. Voilà. En dehors de mon boulot, ça se passe comme ça. Je ne fais que ce que je veux. Si tu faisais un peu plus ce que tu veux, ça irait mieux. » « Je ne sais pas ce que je veux. » « Il faut apprendre. » Sur ce discours, Lilli est allée chercher son tricot, de la grosse laine et de grosses aiguilles. « Je me fais des pulls, des gros, ça va vite. Pendant ce temps-là on peut penser, ou parler. Ça occupe les mains. » Elle a mis de la musique, une musique bizarre, chuintante. « Tu aimes ça ? Ça fait planer. » Elle tricote. Elle dit : « Regarde-toi. Tu es raide. Tu bouges tout le temps. Tu ne sais pas comment te mettre. Tu devrais faire du yoga. » « Je ne pourrais pas, c'est trop difficile, je n'ai jamais su rien faire. » « Que tu es bête ! On peut faire tout ce qu'on veut, il n'y a qu'à essayer. » Oui, c'est sûr, pour les gens comme elle, il n'y a qu'à essayer. On tend la main, on cueille et on mange. Elle dit : « J'ai décidé de me prendre carrément trois jours de vacances, pour célébrer l'amputation du père La Chiotte. Amputé, c'est marrant, tu ne trouves pas ? Amputé par la faute d'une pute, c'est ce qu'on appelle : le destin ! » « Non, je ne trouve pas ça drôle du tout. Je trouve que vous êtes complètement inconscients, pour faire les trucs que vous faites. Vous avez envie de faire un truc, vous le faites, et puis vous vous foutez pas mal des conséquences que ça peut avoir pour les autres. Ce pauvre type, tu te rends compte un peu ! Une jambe de bois, il va avoir ! C'est atroce ! Et si ça t'était arrivé, à toi ? » « D'abord, moi, les choses comme ça ne m'arrivent pas. A chacun son destin : moi, dans la vie, j'ai décidé qu'il ne m'arriverait que des choses chouettes. Ensuite, ça aurait pu lui arriver autrement, je ne sais pas, moi, il aurait pu passer sous une voiture, il n'y a rien de plus fréquent, ou se faire prendre sous une avalanche aux sports d'hiver, ou se faire bouffer une jambe par un crocodile au cours d'un safari-photo. Encore que ça, un safari-photo, je crois que ce serait trop difficile pour lui. Je le vois mal faire des photos réussies, ce mec-là. Enfin, c'est pour dire, ce genre de truc, ça peut arriver à n'importe qui, n'importe quand. Il aurait pu avoir un cancer, je ne sais pas, moi, ça n'aurait pas été plus drôle. Alors que là, regarde, il va sûrement être pensionné ! Il va pouvoir prendre une retraite anticipée ! Il pourra passer tout son temps à la pêche ou à faire des mots croisés. Et puis quoi, ne fais pas une tête pareille, quoi qu'est-ce que j'ai dit ? »

A ce moment, la porte s'ouvre. C'est François. « Salut les filles ! eh bien qu'est-ce qui se passe, vous en avez des têtes toutes les deux ! Non mais parole, elles s'engueulent ! Mais il va falloir calmer ça ! Qu'est-ce qu'on va bien pouvoir faire pour les calmer ? Tonton François va leur faire la lecture ? La lecture de la presse locale ? Là où l'on raconte les valeureux exploits de Lilli, François, Isabelle, et tous leurs petits copains ? Par quoi je commence ? Je commence par *L'Étoile d'Ypallage*. " L'Université d'Ypallage a été hier le théâtre d'événements aussi graves qu'inquiétants. Une manifestation, prétendument contre le chômage et la hausse des prix, organisée par le mouvement d'étudiants gauchistes MSSA (Mao - Spontex - Super - Absorbants) et le mouvement pour la prostitution libre, le FOUTR (Finalité : Orgasme Universitaire Tétano Reichien) " — vous entendez ça, hein, les filles ? » « Quoi ? » dit Lilli. « Qu'est-ce que c'est que cette histoire ? Répète un peu ça, François. Finalité quoi ? » « Finalité : Orgasme Universitaire Tétano Reichien. » « Quoi ? Orgasme Universitaire Tétano Reichien ! Mais ils sont complètement fous ! Quand ils n'en trouvent plus ils en inventent ! Non, mais c'est pas possible ! » « Moi » m'interposai-je timidement « je trouve que finalement ça fait plutôt mieux que " Fédération pour l'Organisation Universelle du Tapin Rénové ". " Orgasme Universitaire Tétano Reichien ", je ne sais pas, moi, il me semble que ça fait plus sérieux, et puis moins vieux jeu, aussi. » « Quoi ça, qu'est-ce que tu as dit, Isabelle ? Fédération quoi, répète un peu ! » « Eh bien, Fédération pour l'Organisation Universelle du Tapin Rénové. » « Ah ! » crie François. « Elle est extra cette fille ! Absolument extra ! » Je sens la moutarde me monter au nez. Ils commencent à m'énerver tous les deux. J'ai l'impression que quelqu'un se moque de moi, quelque part. « Qu'est-ce que vous avez, à faire des têtes pareilles ? » « Qui est-ce qui t'a dit ça, Isabelle ? » demande Lilli. « On te l'a dit ou c'est toi qui l'as inventé ? » « Ben, c'est Azeta qui me l'a dit. C'est ça, le vrai nom de ton truc, non ? » « Personnellement », dit François, « il me semble qu'on pourrait apporter une petite modification : " Finalité : Orgasme Universel Tellurique et Rampant. " Chez

Lilli c'est la vie. Le FOUTR vous en donne plus. Le FOUTR, la qualité, les prix ». « Ça suffit, François », dit Lilli, « t'en remets un peu trop, mon vieux, va taper sur ton piano, mais ne te défoule pas chez moi. » « Ben, alors » dis-je « qu'est-ce qu'il en est vraiment de toute cette histoire ? Comment il s'appelle en réalité ton truc, Lilli ? » François et Lilli se regardent, d'un air mi-gêné, mi-rigoleur. « Eh bien » dit Lilli, « c'est-à-dire que... heu... On ne sait pas très bien. » « Eh non », dit François, « c'est ce qui excuse, dans une certaine mesure, nos journalistes et universitaires, je suppose que c'est un universitaire, Isabelle, qui a inventé le Tapin Rénové ; ça sent son prof à cent lieues, ce truc-là. D'où tu tiens ça ? » « C'est Azeta, qui a dit que c'était ça. » « Ah ! Azeta ! Nous y voilà ! Ce qu'il est collant, ce mec ! Azeta ou comment s'en débarras-ser ! Il ne se sent plus, ce petit connard, depuis qu'il a participé à sa chasse à la bécasse... pardon, au canard sauvage... la chasse au Vogel... Le Wonder Vogel, paix à son âme de facho, il a été pris du Wanderlust, et il s'est barré vite fait bien fait à Düsseldorf chez sa maman... Mais Azeta, ça il a du mal à le comprendre... C'est pas étonnant... Après tout le cirque qu'il a fait à propos de cette histoire... Il ne se sentait plus Azeta... Il se voyait déjà recyclé dans les Renseignements Généraux, le colt à la boutonnière. Malheureusement ça n'a pas marché, Tintin à Ypallage, ou Pan sur vos Gueules, c'est resté à l'affiche que 24 heures. Une seule représentation et tous les spectateurs se sont barrés. Alors maintenant, Azeta, on a beau lui expliquer en long et en large que c'est simple comme bonjour, qu'il ne s'est absolument rien passé, il veut pas nous croire, il veut pas croire les flics, il veut pas croire les

301

zautorités zuniversitaires, il se prend pour une hybri-
dation de Jésus-Christ et du Commissaire Bourrel, il
délire complètement, il prétend que la meilleure
preuve que Vogel n'est pas rentré chez lui de son plein
gré, comme il l'a pourtant expliqué aux flics par
téléphone, il dit que la preuve que c'est pas vrai,
Azeta, et que c'est un faux Vogel qui était au
téléphone, c'est que tu as disparu aussi, Isabelle, et
que les deux affaires sont liées. Il raconte à qui veut
l'entendre qu'après avoir disparu après la manif —
kidnappée, bien entendu, une demi-heure après Vogel,
selon lui — tu es revenue chez toi quelques instants le
lendemain matin, dans un état semble-t-il anormal, et,
toujours selon les élucubrations de Sherlock Azeta,
droguée, par les soins d'individus louches qui t'atten-
daient d'un taxi, dans lequel il prétend t'avoir vue
disparaître, évidemment sous la menace. Ce qu'il ne
comprend pas très bien encore — mais il ne va pas
tarder à élucider ça non plus, sûrement — c'est
pourquoi les individus louches, les drogueurs, émana-
tions douteuses et à l'entendre basanées du lumpen-
proletariat du quartier arabe — en quoi il n'a pas tout
à fait tort, en tout cas en ce qui me concerne —
pourquoi les individus en question t'ont laissée retourner chez toi quelques instants. Il n'est pas encore très
sûr, mais il pense qu'ils t'avaient — nous t'avions,
puisque c'est de nous qu'il s'agit — donné mission de
les surveiller tous les deux, Azeta et ta copine Lilas, la
folle mythomane, de les surveiller et aussi de faire un
peu de reconnaissance, dans le but bien entendu de les
kidnapper également tous les deux, la petite pédale
pédante et la nympho mauve et glauque... » « Azeta,
c'est pas une pédale ! C'est peut-être un con mais c'est

pas une pédale ! » « Ah ah, ma belle Isabelle, intéressante, cette saillie, heu, passionnée. Un vrai cri du cœur ! Et qu'est-ce qui te permet cette dénégation péremptoire ? » « Parce que... parce que... parce que... euh... » « Je vais te dire, moi, Isabelle, pourquoi tu crois que c'est pas une pédale, ton petit mec. Tu crois ça, parce qu'il se débrouillait, tant bien que mal et plutôt mal que bien, pour enfoncer sa vilaine petite bite ratatinée dans ton joli petit con rose — rougis pas, c'est comme ça, non ? Tu t'es commise avec des gens pas convenables, des bites inavouables, c'est ta faute si maintenant t'en rougis, c'est ta faute, c'est quand même pas la mienne, si tu es allée prendre pour amant un chancre mou... » « François » crie Lilli, les yeux écarquillés, « François, enfin, Fanfan qu'est-ce qui te prend ? Fiche-lui la paix, quand même, ça ne te regarde pas ! » François est hors de lui, les yeux lui sortent de la tête, ses bras s'agitent comme des ailes de moulin à vent, il bave, il postillonne, il écume, il crache, c'est un chien enragé. Je comprends pourquoi on l'appelle : Fanfan le Taré. « Ça me regarde pas, ça ne me regarde pas, non mais, ça regarde tout le monde ça, enfin, tu ne vas pas me dire le contraire, une fille comme ça, Isabelle, regarde-moi l'allure qu'elle a, regarde-moi ça, c'est joli, on croirait que ça marche à clé... c'est articulé... c'est raide... c'est mou et rigide à la fois... la poupée qui dit non... un vrai désastre... ça aime pas baiser... une poupée qui n'aime même pas baiser... Et tout ça à cause de quoi... A cause de cette nana glauque... là... Lilas... Quel nom ridicule... Cette espèce d'infirmière sadique et frigide qu'elle s'est choisie comme copine... C'est dingue... Et de l'espèce de pédago paumé qu'elle s'est choisi pour amant...

Comment l'esprit manque aux filles... Ah, ils t'ont bien bousillée, tous les deux, ma petite Isabelle, du beau travail, regardez-moi le résultat... C'est la catastrophe... Bonne pour l'asile... Et ça pleure... Tu pleures... Tu pleures... C'est tout ce que tu sais faire... Tu pleures et à quoi ça sert... Tu voudrais qu'on te console, hein... Ah oui... Ah oui... Tu cherches que ça dans la vie... Te faire consoler, comme un gros bébé... Non mais t'as pas honte... T'as pas autre chose à faire, dans la vie, que te faire consoler comme ça... C'est ça... C'est ça, vas-y, Lilli... vas-y, prends-la dans tes bras... Ah! ils sont accueillants, les bras de Lilli, hein, ça on peut pas dire... Une vraie mère poule, Lilli... Marie-Madeleine... T'es bien comme ça, hein, Isabelle, dans les bras de Lilli... Tu chiales à l'ombre, c'est plus agréable... C'est ça... En tout cas ma petite ne compte pas sur moi... Moi j'ai pas une vocation de nounou... Je veux bien essayer de rééduquer les demoiselles... Les pucelles amochées... Mais jusqu'à un certain point seulement... Il y a certaines limites que je ne tiens pas à franchir... Non... Quand même... Tout ça me dégoûte... Tiens... Ça suffit comme ça... Je m'en vais... Je vous laisse... Vous êtes si bien ensemble toutes les deux... Vous vous entendez si bien... Vous n'avez besoin de personne... Je vois que je suis de trop... Si, si, ne protestez pas surtout... Je m'en vais... Un dernier mot cependant, une dernière information... C'est utile quand même, les informations, ça sert, ça ouvre les yeux... Petit à petit... Ta copine glauque, là, la Lilas... Elle a eu la trouille... On ne sait pas très bien si elle y a cru, aux sornettes du pédant, ou si elle a jugé plus opportun de marcher dans ses combines... Peut-être aussi que ça lui aurait pas déplu de le mettre dans son lit à elle... Y'en a qui ont mauvais goût... Et puis faute de grives on mange des merles... Enfin... En tout cas elle a corroboré point par point ses déclarations à Azeta... Elle en a même ajouté pas mal... Que tu étais bizarre depuis quelque temps, que tu ne semblais pas toi-même, que tu avais des absences inexpliquées... Bref elle a laissé entendre que tu étais soit cinglée soit droguée, peut-être même les deux à la fois... Paraît aussi que tu aurais des opinions politiques extrémistes... voui voui voui... Paraît que tu lisais *Charlie Hebdo*... Et même à l'occasion *Libération*... Mais voui... mais voui... C'est grave, ça... C'est grave... Paraît que tu disais A Bas l'État à tes moments perdus... Et que tu as scotché un poster du Che au-dessus de ta baignoire... Oui, je sais, il y a aussi un poster d'Elvis sur l'autre mur, mais ça elle s'est bien gardée d'en parler... La police trouve pas du tout que ce soit un beau mec, le Che, trop de barbe, qu'est-ce que c'est que ça, pas leur genre... Si tu l'as au-dessus de ta baignoire, c'est forcément pour des raisons politiques... Ben voyons. C'est comme moi quand je me balade avec mon béret sur la tête, c'est pour faire basque... Bon... En tout cas, ta copine, elle a trouvé que ça sentait le brûlé... Et ça c'est sûr que ça sent pas la rose... Chez elle en tout cas... Alors elle est partie chez ses parents... Voualà... Dans les Ardennes... Bon débarras... Bon... C'est tout ce que je voulais vous dire... Je vous laisse... Je me retire... Bilitis et compagnie, c'est pas mon genre... Je vais chez l'Auvergnat faire un flip avec Simon... Je vous laisse la presse... Je vous conseille de tout lire, c'est très instructif... Allez bye... Ciao... Bon vent... » Il s'en va. Je suis abasourdie, j'ai du vent dans la tête.

Comme d'habitude je ne comprends rien, j'ai l'impression d'avoir été laissée en arrière. J'ai aussi nettement l'impression d'avoir été insultée, mais ce que François me disait, ce sont les insultes que je m'inflige à moi-même, celles qui se baladent d'habitude à l'intérieur de ma tête, qui sortaient comme ça de sa bouche, traversaient l'air et venaient méchamment s'écraser, paf paf paf paf, sur les parois de mon crâne, sans parvenir à rejoindre leurs petites sœurs qui s'agitent à l'intérieur. Voilà que je deviens comme Lilli maintenant : le dehors c'est le dedans. L'unification des contraires. Les vases communicants. Un trou dans la tête, bientôt j'aurai un trou dans la tête par où tout pourra entrer et sortir, et Lilli pourra me sortir de là les circonvolutions de la cervelle centimètre par centimètre, pendant que François tendra gentiment les mains pour lui servir d'enrouleur. Bouark, merdouille et destruction. Comment se tirer de là ? Annie la petite orpheline s'est réfugiée au fond d'une grotte dans la montagne, croyant avoir trouvé une bonne cachette et ouyouyouye les vilains bandits attirés par un aboiement intempestif du chien fidèle d'Annie sont à l'entrée de la grotte, et ils vont enlever la petite Annie, ouyouyouye, attention petite Annie, attention il est trop tard ta dernière heure est venue, et la petite Annie a le dos plaqué contre le fond coupant et suintant de la grotte, les mains plaquées contre la roche froide, et ses yeux s'arrondissent de terreur, mais à ce moment-là, juste à ce moment-là, gaffe gaffe gaffe, youpi on est sauvée ! Oui mais moi, Isabelle de Santis, je ne suis pas une héroïne de bandes dessinées mais une grosse patate conne et moche et, si je ne me tire pas moi-même de la merde, personne ne le fera à ma place. Je n'arrive pas bien à apprécier le sens des insultes de François — je veux dire le sens du fait qu'il se soit tout bonnement permis de m'insulter. Est-ce que c'est un petit salaud de fils à papa gauchiste phallo planqué qui méprise les femmes et particulièrement celles avec qui il a couché, salaud, phallo mufle brute goujat petit con, ou est-ce que c'est un brave type François, un bon type, qui essaie d'y voir clair, de détruire les faux-semblants, d'abattre les murs entre les gens et à l'intérieur des gens, un démolisseur de ces cathédrales restées inachevées, douloureuses qu'on a dans la tête... Est-ce que c'est un taré François, comme on le dit, ou est-ce que c'est un type qui ose parler vrai, est-ce que je dois m'en débarrasser, le jeter par-dessus le mur ou prendre la fuite, ou est-ce qu'au contraire c'est un bon type, un bon copain, quelqu'un qui sait se regarder en face et assume, que les autres le savent aussi ? Et puis tout ce qu'il a dit, il a dit énormément de choses, je ne sais pas combien de temps ça a duré, c'était sans doute même très court mais c'était plein, bourré à craquer, il n'y a pas eu que les injures, il y a eu Lilas, traîtresse Lilas, épiscopale salope, lâcheuse fayotte, sale don-neuse, sale menteuse, Lilas la colle, va te perdre au plus profond de la forêt d'Ardenne et ne remets jamais plus les pieds chez moi, fini fini fini, qu'est-ce que t'étais venue faire dans ma vie Lilas j'ai jamais compris, pourquoi es-tu venue te greffer sur moi comme le parapluie chinois à son rocher, moi gros bébé mou pas offrir de prise, moi pas solide, je n'ai jamais su qui était Lilas, jamais su jamais compris, maintenant moins que jamais, tout ce que je me dis c'est plus d'amis, y a plus d'amis, y a plus de parents, plus d'enfants plus de profs plus personne et je regarde

Lilli, et je me dis et elle alors, et elle non plus il ne faut pas lui faire confiance, il faut en prendre et en laisser, faut s' méfier faut s' méfier, et je regarde Lilli et je dis « J'ai plus confiance en personne ». Elle dit : « Oh, faut pas exagérer. » « J'ai plus confiance en personne, Lilas, plus en personne. » « Je ne suis pas Lilas, moi, je suis Lilli. » Je dis « Excuse-moi, Lilas ». « Lilli. » « Excuse-moi. » Elle dit « Écoute, toi tu es fatiguée, tu n'as pas l'habitude des tremblements de terre, on va te faire une tisane et tu vas dormir. Demain matin, on appellera un médecin et on lui fera constater que tu es complètement épuisée et que tu ne peux pas aller faire cours dans cet état-là. Il charrie quand même, le François. Il pourrait vraiment y aller un peu plus doucement. Dur avec lui, dur avec les autres. Il ne comprend pas que tout le monde n'est pas comme lui, tout le monde ne peut pas regarder la merde en face. Quand je dis qu'il n'a pas de sentiments, je ne veux pas dire qu'il ne souffre pas, il souffre à l'occasion, bien que de façon très contrôlée, ça ne déborde jamais. Enfin je suppose que c'est comme ça que ça fonctionne. A vrai dire, je n'en suis même pas sûre. Toute sa passion il la met dans la bagarre politique, la plus grande partie de son agressivité passe là-dedans, un jour il a trouvé ça et depuis il est heureux. C'est un homme. C'est comme ça qu'il joue. Et il gagne à tous les coups, puisque c'est pour le bien de l'humanité. Et il se sent quelqu'un, comme ça. Il organise et il se tient en arrière. C'est ça qui lui plaît. Ça l'amuse plus que de faire le clown en première ligne comme Simon. Se cacher, ne pas se faire voir, tirer les ficelles par-derrière, c'est son truc. Lui et moi on est pareils en un sens : on ne se demande pas comment tout ça va finir.

C'est comme ça qu'on perd sa vie, quand on planifie. Les gens s'empêchent toujours de faire des trucs par crainte des conséquences. Alors il ne faut pas regarder en avant, il faut apprendre à tomber. » Elle se tait, elle regarde ses mains ; elle me regarde à nouveau. Elle dit « Tu couches avec François cette nuit ? » Je dis « Certainement pas » et je pense « Ça ne te regarde pas ». « Pourquoi pas ? Tu n'aimes pas coucher avec lui ? Il fait bien l'amour François, non ? Moi je trouve qu'il fait très bien l'amour. Tu vois, la plupart des mecs ils ont peur d'un corps de femme, surtout là où ça s'ouvre, alors ils n'approchent pas trop près, ils essaient de ne pas y penser, ils te fourrent leur bite dedans comme ça à toute vitesse en fermant les yeux, ou bien alors ils s'intéressent à ton con parce qu'ils croient qu'il faut, ils l'ont lu dans les bouquins, vu au ciné, alors ils se disent que ça fait partie de la panoplie du mâle dans le vent, tu vois, et ils y mettent autant d'enthousiasme qu'à faire la vaisselle, on voit bien que ça les emmerde, et puis ils ont toujours peur de se brûler, c'est vraiment pénible. François, lui, ça lui paraît tout naturel ; il est, comment on dit ? Pervers polymorphe, voilà. Tu sais ce que ça veut dire " pervers polymorphe " ? T'as pas de culture. Mais c'est ça qu'il faut à une fille, tu comprends, un pervers polymorphe. Le jour où ils seront tous comme ça... La terre ira mieux... Enfin tu sais François tu le veux tu le prends... Moi j'ai assez à faire comme ça par ailleurs... Et puis j'ai l'habitude... Pour toi ce serait une bonne chose... J'ai l'impression que tu as dû tomber sur des types pas aidés jusqu'à présent... » Je l'écoute, je la laisse dire. Je me dis qu'il est étonnant que je ne sois pas en colère. Je ne suis pas en colère. Je me dis qu'après tout, si c'est comme ça l'échange des hommes, une commodité, tu me prêtes ton pull, je te prête mon mec, ça ne tire pas à conséquence. Pourquoi pas ? Le monde est à l'envers déjà, Delchiotto n'a plus qu'une jambe, Azeta-le-trop-sage est devenu fou, Lilas-la-colle a mis les voiles, Lilli-la-pute prend des vacances, Isabelle-la-gourde fait l'école buissonnière, et se tape un mec-mac, à la Fac les vitriers sont au travail, les cours ont repris. Il n'y a plus de bornes à l'étrange, il est partout. Il n'y a plus de bornes au corps, il est partout, le corps illimité et accueillant d'Isabelle. Il flotte aujourd'hui, il flottera cette nuit autour d'un homme. Demain ailleurs. Ailleurs où ? Il faudra s'y faire.

I.	*Ensemble vide*	11
II.	*La Jérusalem délivrée*	35
III.	*L'éléphantasme*	87
IV.	*La troisième personne*	133
V.	*On a enfermé Vogel*	175
VI.	*L'arbitraire du cygne*	235

DU MÊME AUTEUR

Aux Éditions Gallimard

PORTRAIT DE GABRIEL, *roman*.
LES ABÎMES DU CŒUR, *roman*.
LES PETITES ANNONCES, *roman*.
LA FAVORITE, *roman*.
SOLEIL, *roman*.

Aux Éditions Mazarine

HISTOIRE DE JEANNE, TRANSSEXUELLE

Aux Éditions Ramsay

LA NUIT DE VARENNES.

Impression Bussière à Saint-Amand (Cher),
le 21 novembre 1986.
Dépôt légal : novembre 1986.
1er dépôt légal dans la collection : juin 1982.
Numéro d'imprimeur : 3316.

ISBN 2-07-037383-5./Imprimé en France.

Impression à Bussière à Saint-Amand (Cher),
le 21 novembre 1996.
Dépôt légal : novembre 1996.
1er dépôt légal dans la collection : mai 1992.
Numéro d'imprimeur : 3710.
ISBN 2-07-037383-3. Imprimé en France.